本研究为岭南师范学院重点项目（2015—2017）

语言服务书系·语法研究

汉语印尼语
对比语法

胡明亮 著

暨南大学出版社
JINAN UNIVERSITY PRESS

中国·广州

图书在版编目（CIP）数据

汉语印尼语对比语法/胡明亮著．—广州：暨南大学出版社，2017.12
（语言服务书系．语法研究）
ISBN 978－7－5668－2092－1

Ⅰ.①汉…　Ⅱ.①胡…　Ⅲ.①汉语—语法—对比研究—印度尼西亚语
Ⅳ.①H14②H631.24

中国版本图书馆CIP数据核字（2017）第070128号

汉语印尼语对比语法
HANYU YINNIYU DUIBI YUFA
著　者：胡明亮

出 版 人： 徐义雄
策划编辑： 杜小陆　刘　晶
责任编辑： 刘　晶
责任校对： 何利红
责任印制： 汤慧君　周一丹

出版发行： 暨南大学出版社（510630）
电　　话： 总编室（8620）85221601
营销部（8620）85225284　85228291　85228292（邮购）
传　　真：（8620）85221583（办公室）　85223774（营销部）
网　　址： http：//www.jnupress.com
排　　版： 广州良弓广告有限公司
印　　刷： 佛山市浩文彩色印刷有限公司
开　　本： 787mm×960mm　1/16
印　　张： 18.75
字　　数： 358千
版　　次： 2017年12月第1版
印　　次： 2017年12月第1次
定　　价： 58.00元

目　录

第一部分　整体性对比

第二部分　动词短语

第三部分　介词短语、状语和定语

第四部分　特殊句型

第五部分　问句

第六部分 语篇衔接和汉语教学

第一部分　整体性对比

第1章　绪论

1.1　汉语和印尼语概况

中国和印度尼西亚（后文称“印尼”）都是世界大国，中国人口居世界第一，而印尼则是东盟国家中人口最多、面积最大的国家。目前中国已成为印尼最大的进出口贸易伙伴，两国的文化交流也在迅猛发展。汉语是中国的主要语言，印尼语是印尼的通用语言，两者都位于世界上使用人数最多的十大语言之列。汉语属于汉藏语系，其兄弟语言包括藏语、缅语、傣语、苗语等，以汉语为母语的人数多达13亿。印尼语属于南岛语系，该语系使用范围非常广，西至印度洋非洲沿岸的马达加斯加，东至东太平洋的复活节岛，北至中国台湾，南至新西兰。印尼语属于南岛语系的马来—波利尼西亚语族的西支，是印尼的官方语言，是2.3亿人口的母语或者通用语言。印尼语、马来西亚语、文莱和新加坡的马来语，过去统称为马来语，语法基本相同，词汇略有差异，可以互相交流。Prentice（1987）在描述马来语时，把印尼语作为马来语的代表语言。

有人曾试图寻找马来和汉语同源的根据。蒙斯牧（1990）认为印尼语曾与汉藏语系的泰语、侗语有密切的关系，他找出280个同源词，下面是他的一些例子：

词义	印尼语	泰语	侗语
来	mari	ma:^{33}	mal’
蚂蚁	semut	mot^{55}	mət^{2}
眼睛	mata	ta:^{33}	ta^{1}
断	putus	tat^{22}	tat^{7}
门	pintu	tu^{24}	to^{1}
咬	gigit	kat^{22}	qit^{10}

蒙斯牧（1990）强调，所调查的280个同源词，都是常用的基本词汇，所以借用的可能性较小，同源的可能性较大。但是，即使汉藏语系与印尼语所属的南岛语言同源，汉语与印尼语的差别已经非常显著，所以本书仍然用“对比”，而不是用“比较”将两者视为同源语言。

1.2 汉语、印尼语对比的意义

耶斯帕森在《语法哲学》一书中指出，语言对比可以帮助我们“更深入地了解人类语言和思维内在性质”（Jespersen，1924/1951：347；潘文国、谭慧敏，2006：5）。吕叔湘（1942/2015：1）说，“要明白一种语文的文法，只有应用比较的方法”。汉语和英语的本体研究，需要通过对比，才能发现各自的特点。赵元任是通过对比研究汉语和英语的代表，他在 *A Grammar of Spoken Chinese*（《中国话的文法》）一书中，结合英语语法，讲解汉语语法，采用了对比和翻译的方法（Chao，1968）。Sneddon（2010）在讲解印尼语语法时，常常与英语对比，以突出印尼语的特点，更方便以英语为母语的人学习印尼语。张琼郁（1993）在讲解印尼语语法时，常常与汉语进行对比。

对于普通语言学来说，对比不同的语言，可以揭示语言的普遍规律。Greenberg（1963）和 Hawkins（1980）等通过对比不同语言的语序，发现世界语言语序的规律性，如动词在宾语前的语言，一般介词也在宾语前；属有格在中心语后的语言，定语从句也在中心语后。转换生成语法，也是通过英语与其他语言的比较，才得以不断完善。正是通过对比不同的语言，学者才认识到，不同的语言都会表述时态，只是表述的方式有所不同，有的语言用动词的屈折变化，有的语言用助词和副词，而有的语言各种方式都用。又如各语言的话语中都涉及名词短语的定指性，但是不同语言所用的表述方式不一定相同，英语等欧洲语言主要通过冠词、代词，汉语通过指示代词和语序，印尼语则通过指示代词、人称代词和语序。语言对比，可以让人开阔眼界，既能发现各语言的特点，也能发现人类语言的共性。

语言对比可以帮助语言教学。近年来，国内外学者采用汉语和印尼语对比的方法，分析语言习得中的语法偏误。陈延河（2002）采用对比的方法，分析印尼学生在汉语语序方面常有的偏误。徐富平（2005）对比分析了汉语和印尼语状语差异对语言习得的影响。戴丽芳（2011）对比汉语和印尼语表达趋向的方式，并分析印尼学生学习汉语趋向补语常犯的错误。温燕强（2011）对比分析“给”的概念在汉语和印尼语中的表达方式，并分析了印尼学生习得汉语“给”常有的偏误。刘金凤（2012）分析印尼学生习得汉语语篇连接词语时，也用对比分析的方法。杨萍萍（2013）对比分析了汉语、印尼语因果复句的异同，并分析了印尼学生习得汉语因果复句的偏误。在印尼语习得方面研究较少，朱刚琴（2007）用对比的方法，分析中国学生习得印尼语常犯的错误。总之，通过对比，可以发现母语与外语的异同，更好地利用正迁移，减少负迁移，提高学习效率。

1.3　汉语、印尼语对比的现状

汉语与世界其他主要语言的对比研究较多，例如汉英对比（潘文国，2010）、汉法对比（贾秀英，2012）、汉日对比（张麟生，1993）、汉德对比（黎东良，2007）、汉西对比（赵士钰，1999）等。相比之下，国内外从事印尼语研究的学者较少，对印尼语的研究很不够，汉语和印尼语语法的对比研究也比较少。

张琼郁在《现代印尼语语法》（1993）一书中，曾采用汉语、印尼语对比的方法，讲解印尼语的某些语法现象。近十多年来，学者开始重视汉语、印尼语的对比研究。例如，陈延河（2002）结合汉语教育探讨汉语和印尼语语序的差异。姜冬梅（2012）对比汉语和印尼语语序中的顺序象似性和接近象似性。徐富平、黄兆龙（2004；2007），以及徐富平（2005；2008）结合教学探讨汉语和印尼语定语和状语的语序。肖祥忠（2007）、戴安娜（2007）、林优娜（2008）等对比汉语和印尼语的定语。孙爱玲（2010）比较全面地对比了汉语和印尼语的状语。唐慧（2009）、纳爱仁（2015）结合翻译和教学对比汉语和印尼语的被动句。刘美丽（2011）和李春风（2016）对比汉语和印尼语的比较句。

但是，相对于汉语与西方主要语言的对比，国内外研究涉及汉语和印尼语语序的对比研究偏重孤立的句子结构，较少涉及句子成分的语义，也未联系句子在语境中的功能。另外，研究也比较分散，缺乏系统性。针对这种情况，本书拟根据功能语言学的理论，从句法结构、语义关系和语用功能三个方面对汉语和印尼语的语法进行对比分析，以期为普通语言学研究、汉语国际教育、印尼语教学和汉印翻译提供参考。

1.4 对比的方法

对比语言学的方法涉及对比的基础、方向、层次等（潘文国、谭慧敏，2006）。对比的基础，就是确定要对比语言的哪些内容（许余龙，1992），也被称为对比的出发点，包括语言的体系、规则、范畴、意义等方面（潘文国、谭慧敏，2006）。本书在选择对比项目时，既考虑语言的意义，也兼顾语言的形式。如汉语和印尼语都是用某些方式强调句子的某一部分，都有所谓的强调句型，汉语用“是……的”句，印尼语则用 yang 强调句。两者的意义相似，结构都涉及名物化和句型变换，所以放在一起对比。当然，对比不仅要解释两者的共性，更要发现两者的特性。

对比的方向，是从哪种语言出发的问题，以及是单向还是双向的问题。本书一般先陈述汉语的句型或者范畴，然后介绍与其在意义和形式上类似的印尼语句型或者范畴。从汉语到印尼语只是叙述的顺序，并不是说本书对比的方向就是从汉语到印尼语的单向对比。本书的对比实际上没有方向性，如果先讲印尼语，后讲汉语，也是可以的。关键是要通过对比，寻找两种语言的异同，至于按照什么顺序进行，并不重要。或许，对于赴印尼教汉语的中国老师来说，他们更容易接受先汉后印的顺序。

对比的层次，涉及对比层次的高低问题，即选择宏观对比还是微观对比。宏观对比，就是社会、文化和思维方式等的对比。例如，讨论语言表达的“显性”和“隐性”、“具体”和“抽象”、“曲线思维”和“直线思维”等，都属于宏观对比。微观对比，就是具体语言项目，如具体的音素、词汇、语法现象、修辞手法等的对比。本书虽然着眼于汉语和印尼语具体意义的表达与句型，但是也试图把语法与语用联系起来。句子的变化，不仅与语法规则和语义关系有关，也与语用相关（屈承熹，2003；2011）。所以，本书采用的是从微观到中观①的对比层次。至于宏观对比，应该建立在微观和中观对比的基础之上。因为汉语和印尼语的微观和中观对比只是刚刚开始，所以进行宏观对比为时太早。

---

① 本书的“中观”指介于微观和宏观之间的层次，把具体的语法形式放在语义和语用中加以对比。

1.5　本书主要内容

本书主要对比分析汉语和印尼语的句法结构，重点放在语序上。对比采用句法结构、语义关系和语用功能三个方面相结合的方法。句法结构，指语言中所形成的语法规则语序的结构形式，如汉语、印尼语介词都在名词短语前，但汉语定语在中心语前，印尼语除了数量词等少数定语外，定语一般在中心语之后。语义关系，指句子（以及小句）中各成分所代表概念之间的关系，如名词短语与动词之间可以形成施事、受事、对象等关系。语用功能，指句子成分表示新旧信息、话题和评述所呈现的语序，与上下文语境的关联。

本书共分6个部分，26章，具体内容的安排如下：

第一部分（第1～5章）是整体性对比。其中第1章是绪论。第2章从类型学的角度，对比汉语和印尼语的语法特征。第3章讨论汉语、印尼语语序和语义的关系，主要对比汉语和印尼语施事、受事和对象等不同论元在句子中的相对位置。第4章讨论汉、印语语序和定指性的关系，试图说明在汉语和印尼语中，名词短语的定指和不定指对语序均有影响，只是程度不同。第5章从语用的角度出发，探讨汉语和印尼语句子中话题的结构，指出两者的共性和特性。

第二部分（第6～8章）对比动词短语。第6章对比汉语、印尼语的动词短语的句法特征、语义关系和语用功能。第7章讨论汉语、印尼语的连动式。第8章讨论汉语、印尼语表达时、体的方式。

第三部分（第9～12章）对比介词短语及状语和定语。第9章对比汉语、印尼语的介词短语。第10章专门对比汉语“在”和印尼语 di 所引导的介词短语。第11章对比汉语、印尼语的状语在语序、语义和语用功能方面的异同。第12章对比汉语、印尼语的定语。

第四部分（第13～17章）对比特殊句型。其中第13章对比汉语、印尼语的主谓倒装句。第14章对比汉语“有”字句和印尼语 ada 存现句。第15章对比汉语和印尼语的强调句。第16章对比汉语“被”字句和印尼语 di－被动句。第17章对比汉语“比”字句和印尼语 lebih 比较句。

第五部分（第18～20章）对比问句。其中第18章对比一般问句，第19章对比特指问句，第20章对比选择问句。

第六部分（第21～26章）是讲语篇衔接和汉语教学。其中第21章对比汉语和印尼语的复句。第 22 章专门对比汉语“因为”和印尼语 karena 状语从句。第 23 章对比汉语、印尼语的语篇衔接手段，包括指代、省略、重复、词汇、语序、连接词和标点等。第 24 章对比汉语、印尼语的反身代词。第 25 章讨论汉语、印尼语对比对汉语教学的影响。第 26 章是全书的结语。

第2章　汉语、印尼语的类型学对比

2.1　引言

根据语言的词形变化，语言可以分为孤立语（或独立语，isolating language）、黏着语（agglutinative language）、屈折语（inflected language）和复式综合语（polysynthetic language）等。按照 Croft（2000：39）的定义，所谓孤立语不用任何词缀，黏着语的词缀表示单一意义，屈折语的同一词缀会表示多重意义。所谓复式综合语，则是将句子的多个成分编插在一个词里（陆丙甫、金立鑫，2015：174）。

一般认为，汉语属于孤立语，主要依靠虚词和语序表示语法关系。虽然汉语词汇本身没有英语那样的词型变化，但是不同词类的后边会有不同的虚词，如动词后的“了、着、过”，名词后的“们、子”等，定语和状语后的“的”和“地”，补语前的“得”等。这些虚词，虽然有时候不像日语等黏着语言的助词那样必须使用，但也起着标记短语范畴和时态的作用。

学者们对印尼语的类型归属意见不一。考察近年来的研究，大致有黏着语、屈折语、孤立语（即独立语）三种观点。更多的学者则避免讨论这个问题。

第一种观点：印尼语属于黏着语。持此观点的学者比较多，如张金桥等（2006）、唐慧（2009）、孙爱玲（2011）、温燕强（2011）、张美（2011）、李春风（2016）等人。如唐慧（2009）谈到，“印尼语属于南岛语系，是黏着语，在词根上添加词首、词尾、词嵌、词夹等附加成分以及词根重叠（或部分重叠）等是其构词的主要手段，而且词首和词尾的形式变化多，并具有语法作用。和汉语被动句不同的是，印尼语被动句是通过及物动词的形态变化来实现的，几乎每一个及物动词都有相对应的被动句，因此，印尼语中凡谓语是及物动词的主动句，大都可以按照一定转换规则变为被动句”。孙爱玲（2011）的话比较有代表性：“印尼语属于黏着语言，形态丰富发达，形态能改变语义、改变词性和功能。

动词的主动、被动、非自主被动形态是主要的语法手段，但是动词没有表示时制的形态变化。”温燕强（2011）则称印尼语为“综合性黏着语言”。

第二种观点：印尼语是屈折语。持此观点的有徐富平（2005）、陈玉兰（2007）和叶舒雅（2011）等人。叶舒雅（2011）认为：“属于孤立语类型的汉语主要靠语序和虚词来体现语法关系，而属于屈折语类型的印尼语则主要靠其丰富多样的词缀来体现语法意义。”

第三种观点：印尼语属于孤立语（即独立语）。代表者有颜天惠、宗世海（2003）、陈光（2007）。如陈光的论文提到：印尼语是“词干独立语”，汉语是“词根独立语”。

更多的学者在论著中不提印尼语属于何种类型，如 Prentice（1987）、张琼郁（1993）、Sneddon（2010）、刘美丽（2011）、姜冬梅（2012）、伍秀玉（2013）和杨萍萍（2013）等。

可以说，汉语属于孤立语，但是也具有黏着语和屈折语的特征（叶蜚声、徐通锵，1997：122）。印尼语则是具有黏着语、屈折语和孤立语特征的一种语言。

2.2 名词、形容词和副词的形态

汉语和印尼语的名词、形容词和副词等均没有性、数、格等的变化，如例（1）。

（1）a. 学生在这里。
Siswa di sini.
学生 在这里
b. 我看见那个学生。
Saya melihat siswa itu.
我 看见 学生 那
c. 学生给我两本书。
Siswa memberi dua buku kepada saya.
学生 给 两 书 对 我

汉语名词“学生”和印尼语名词 siswa（学生）在例（1a）和例（1c）是主语，在例（1b）中分别是动词“看见”和 melihat（看见）的宾语，都没有性、数、格的变化。名词 siswa 表示一个学生还是多个学生，要根据上下文判断。汉语代词“我”在例（1b）是主语，在例（1c）是间接宾语，也没有格的变化。印尼语代词 saya（我）在例（1b）是主语，在例（1c）是介词 kepada（对，向）的宾语，也没有格的变化。

汉语代词作定语直接放在中心语前，有时加“的”。印尼语代词作定语，可以直接放在中心语后，常常弱化为-ku（我）、-mu（你）、-nya（他/她/它）等附着代词，附着在中心语之后。名词后可以附着代词，也是黏着语观点的一个根据。

（2）kakak saya（我姐姐/哥哥）；kakak-ku（我姐姐/哥哥）；
rumah kamu（你家）；rumah-mu（你家）
buku dia（他/她的书）；bukunya（他/她的书）

例（2）中，saya 和 kamu 分别是表示“我”和“你”的代词，-ku 和-mu 是相应的黏着词缀，附着在名词后。

汉语表示人的名词有时可以加“们”。其实，“们”除了表示复数外，也有定指的意思。印尼语名词没有复数词尾，但可以通过名词重叠或者加数词表示多数，如例（3）。

（3）人　　orang
人们　　orang-orang（多人）
两人　　dua orang
树　　pohon（树）
各种树　　pohon-pohon

不论是汉语的“们”，还是印尼语的重复，并不相当于英语名词的复数。“们”仅仅限于表示人的名词，而且在特定语境里表示听话者知道所指的人。如“同学们喜欢他”中的“同学们”指特定的一些学生，“他检查战士们的装备”中的“战士们”指特定的一些战士。印尼语重叠表示该事物是多个，也可以表示该事物是多种。另外，汉语加数量词后，名词后就不能加“们”。同样，印尼语重叠后，前边不能再加数词或者数量词，如 dua orang（两个人）、tiga pohon（三棵树）等可以，但是 dua orang-orang、tiga pohon-pohon 等就不行。可见，汉语和印尼语均没有专门表示复数的手段。

从名词的形式看，汉语并没有专门表示名词词类的标记。尽管“老、小”等用在名词前部，“头、儿、子”等用在名词后部，但更多名词没有任何专门的标记。印尼语的名词本身会有 pen-、pe-、-an、ke-an、pen-an 等多种词缀，如下面由动词和词缀构成的名词。

(4) menulis（写），penulis（作者）
berjalan（走），pejalan（行人）
makan（吃），makanan（食物）
datang（来），kedatangan（到达）
jual（卖），penjualan（销售）

所以，与汉语一样，印尼语名词也没有统一的词缀，而是因词而异。

汉语和印尼语的形容词也没有特殊的标记。但印尼语形容词的构成词缀可以是 pen-、ke-an、-i、se-和-an 等，例如：

(5) tidur（睡觉），penidur（嗜睡的）
kecil（小），kekecilan（太小）
alam（自然），alami（自然的）
kelas（班级），sekelas（同班的）
bulan（月亮），bulanan（每月的）

汉语副词没有专门的标记。印尼语的副词由形容词或者名词加词缀 se-nya、-an、se-an、ber-等构成，通常需要重叠词根，如：

(6) baik（好），sebaik-baiknya（尽可能好地）
benar（真的），sebenarnya（真正地）
besar（大），besar-besaran（大规模地）
hari（天），sehari-harian（整天）
jam（小时），berjam-jam（连续几小时）

以上印尼语名词、形容词和副词的词缀，大多属于构词词缀，不是语法词缀。只有附着代词-nya（他/她/它/他们）等可以看作语法词缀。

2.3　动词的形态

汉语动词没有形态变化，只能通过虚词和语序表示各种语义。印尼语动词则有多种词缀，在一定程度上表明其词性。下面例（7）是以 jatuh（落下）、lihat（看）和 istri（妻子）等词根加前缀或者后缀构成的动词：

（7）ber-　　berjatuh（突然或意外落下）
ber-an　　berjatuhan（纷纷落下）
ber-kan　　beristrikan（娶……为妻）
men-　　men-lihat（看见）
men-i　　menjatuhi（落后）
men-kan　　menjatuhkan（使……落下）
memper-　　memperistri（娶……为妻）
memper-i　　memperbarui（翻新）
memper-kan　　memperlihatkan（给……看）
ter-　　terjatuh（突然落下）
ke-an　　kejatuhan（被打中）

如果上述语素是语法词缀，那么就应该可以用在绝大多数词根上。但事实上，上述词缀的使用因词而异，并无严格的规则可以遵循。下表是动词词缀与 jatuh（落下）、lihat（看）、uang（钱）、istri（妻子）和 besar（大）等词根搭配的情况。

动词词缀与词根搭配情况（根据 Soedjito & Saryono，2014：33）

词根 / 动词词缀	动词词根		名词词根		形容词词根	
	atuh（落下）	lihat（看）	uang（钱）	istri（妻子）	besar（大）	baru（新）
ber-	+	–	+	+	–	–
ber-an	+	–	–	–	–	–
ber-kan	–	–	–	+	–	–

（续上表）

动词词缀 \ 词根	动词词根		名词词根		形容词词根	
	atuh（落下）	lihat（看）	uang（钱）	istri（妻子）	besar（大）	baru（新）
men-	−	+	−	−	+	+
men-i	+	+	+	−	−	+
men-kan	+	+	+	−	+	+
memper-	−	−	−	+	+	−
memper-i	−	−	−	−	−	+
memper-kan	−	+	−	+	名词	−
ter-	+	+	−	−	−	−
ke-an	+	+	名词	−	名词	名词
合计	6	6	3	4	3	4

上表中，“+”表示存在，“−”表示不存在。“名词”表示构成的派生词是名词，而不是动词或形容词。上表显示，这些动词词缀并不能普遍用于所有词根，而是因词而异，有的词根可以用 6 种词缀，有的可以用 3 种或 4 种。所以，有学者（Lewis，1963：212）认为，印尼语的词缀是构词词缀，不是语法词缀。动词变化虽然复杂，但是仍然属于构词变化，而不属于语法的形态变化。

但是，di-前缀类似语法屈折形式，它附着在及物动词词根前边，表示主语是受事。试比较 men-和 di-开头的动词。

（8）a. Amin mengajar bahasa Inggris.
阿明 教 语言 英语
“阿明教英语。”
b. Bahasa Inggris diajar oleh Amin.
语言 英语 被教 被 阿明
“英语由阿明教。”
c. Bahasa Inggris diajarnya.
语言 英语 被教 他
“英语由他教。”

例（8a）是主动句，动词以 men-开头，主语是施事 Amin。例（8b）是被动句，动词词缀由 men-换为 di-，主语是受事 bahasa Inggris（英语）。例（8c）仍为被动句，主语是受事 bahasa Inggris（英语），施事为代词 dia（他）的黏着形式-nya，附着在动词之后。

考虑到 men-和 di-的特殊性，Sneddon（2010：29）认为，表示主动的men-和表示被动的 di-像是语法词缀，而其他词缀更像是构词的派生词缀。就是说，men-和 di-是可以普遍用于及物动词、表示单一语法意义的词缀。黏着语和屈折语的观点，主要是根据这两个词缀的替换。从形态看，汉语的变化远远少于印尼语。但是印尼语的形态变化也不像黏着语和屈折语那么丰富，只有 men-和 di-勉强算是分别表示主动和被动的两个语法词缀。

2.4　语序类型

通过分析汉语和印尼语名词、形容词、副词和动词的形态，可以初步得出结论：汉语基本属于孤立语，而印尼语基本属于黏着语。但是，除了词语的形态以外，句子的语序也是表示语义的重要手段。下面的例（9）各句可以说明一些问题。

（9）a. 张三给书。
Amin memberi buku.
阿明 给 书

b. 张三给我书。
Amin memberi saya buku.
阿明 给 我 书

c. 张三给我书。
Amin memberi buku kepada saya.
阿明 给 书 对 我

d. 书被张三给了我。
Buku diberi Amin kepada saya.
书 被给 阿明 对 我

e. 书被张三给了我。
Buku diberi kepada saya oleh Amin.
书 被给 对 我 被 阿明

例（9a），汉语动词用“给”，印尼语用 memberi，两者的语序都是 SVO，即施事—动词—受事，“张三”和 Amin 是施事，“给”和 memberi（给）是动词，“书”和 buku（书）是受事。例（9b），汉语和印尼语的语序一样，都是施事—对象—受事。印尼语 Amin 是施事，buku（书）是受事，对象 saya（我）位置在动词和受事之间。例（9c），汉语是“张三给我书”，印尼语可将对象 saya（我）放在受事 buku（书）之后，并加对象标记 kepada（对）。而汉语一般不说“张三给书给我”或者“张三借书给我”这样的句子。例（9d），汉语用“被”字句，将受事“书”移到句首，施事“张三”在受事和动词“给”之间，并加施事标记“被”。印尼语句子的动词是 di－被动形式，语序是受事—动词—施事，即句首的 buku（书）是受事，紧跟动词的 Amin 是施事，saya 仍然由 kepada 标记为对象。例（9e），印尼语句子的施事 Amin 和对象 saya（我）都在动词 diberi（被给）之后，同时施事 Amin 在对象 saya（我）之后，故需加施事标记 oleh（被）。

可见，印尼语句子成分的基本语义关系，是由各种方式表示的。其中，动词的词缀决定动词带什么成分，甚至在某种程度上还决定这些成分的语序。此外，语序和虚词也用来表示句子成分之间具体的语义关系。

汉语和印尼语的领属关系也可以用语序表达，但是语序不同。汉语领属语在中心语前，如“西迪太太家”，而印尼语领属语在中心语后，如 rumah Bu Siti（西迪太太家）。印尼语领属语前还可以加介词 dari（从），如 rumah dari Bu Siti，意思还是“西迪太太家”。汉语的其他修饰成分也在中心语前，如“红裙子”。而印尼语一般放在中心语之后，如 rok merah（红裙子），其中表示颜色的 merah（红）在名词 rok（裙子）之后。又如 se-前缀表示“同一”，orang sekelas（同一班的人）。印尼语定语从句常用连词 yang，位于中心语之后，如 orang yang sekelas dengan saya（跟我一个班的人）。

至于句子的时和体，汉语和印尼语一般通过语序和副词等来表示，如例（10）。

（10）a. 他曾游泳。Dia pernah berenang.

b. 他游泳了。Dia sudah berenang.

c. 他正在游泳。Dia sedang berenang.

d. 他将游泳。Dia akan berenang.

例（10）各句时和体不同，主要是因为所用副词不同。当然，汉语还会用“了、着、过”等助词表示完成、进行和经验等时体意义。

2.5　小结

可以说，汉语主要是孤立语，而印尼语主要是具有黏着语特征的孤立语。汉语主要采用语序和虚词表示各种语法、语义关系。印尼语除语序和虚词以外，还采用词缀等方式表示各种语法、语义关系。但是，正如 Croft（2000：36）所说，研究语言的类型，仅仅用“黏着语”“屈折语”和“孤立语”等概念是不够的，我们更需要研究具体的语义、语用功能是由语言中的哪些具体手段来表示的。所以，用以上三个概念分别概括汉语或印尼语的类型不够具体。“黏着语”论者强调了印尼语词缀的作用，“屈折语”论者强调了主动和被动的表示形式，“孤立语”论者则强调了语序和虚词的作用，三者都忽视了其他语法手段。

第 3 章　汉语、印尼语的语序和语义

一般认为，汉语和印尼语都是 SVO 型语言（Prentice，1987：931－932；张琼郁，1993：246；Sneddon，2010：265）。但这只是一种笼统的说法，如果仔细分析这两种语言，就会发现两者有很多不同之处。本章从基本句子成分的语义出发，讨论汉语和印尼语中名词短语和介词短语的语序与语义的关系。限于篇幅，本章主要讨论汉语和印尼语动词的施事、受事、对象等核心论元的位置。

3.1　一个论元

当动词只有一个论元时，汉语和印尼语都倾向于将其放在动词前，如例（1）。

（1）a. 两个学生来了。

b. Dua orang siswa sudah datang.

两　个　　学生 已经 来

汉语和印尼语都可以用倒装句，把单个论元放在动词后，但是情况有所不同，如例（2）。

（2）a. 来了两个学生。

b. 坐着两个学生。

c. ＊正在工作着两个学生。①

① 句子前面的“＊”表示不成立（不合法）。

d. Datang sudah dua orang siswa.
来 已经 两 个 学生
“来了两个学生。”

e. Di sini duduk dua orang siswa.
在这儿 坐 两 个 学生
“这里坐着两个学生。”

f. Di sini bekerja dua orang siswa.
在这儿 工作 两 个 学生
“两个学生在这里工作。”

汉语例（2a）“两个学生”在动词“来”后，例（2b）“两个学生”在“坐着”后，均合法，例（2c）将“两个学生”放在“工作着”后，就不能接受了。印尼语例（2d）的动词是 datang（来），例（2e）的动词是 duduk（坐），主语 dua orang siswa（两个学生）在例（2d）和例（2e）都可以倒装，移到各句动词后，其中例（2e）的动词 duduk 也不需要加类似“着”的虚词。即使例（2f）用行为动词 bekerja（工作）作谓语，名词短语 dua orang siswa 仍然可以后置，这与汉语例（2c）不一样。总的来说，印尼语倒装的情况远远多于汉语。

3.2 两个论元

动词有两个论元的情况有多种，如“施事—动词—受事”“处所—动词—存在事物”“话题—动词—表语”等。本节只讨论第一种情况，即“施事—动词—受事”。一般来说，汉语和印尼语都偏好使用“施事—动词—受事”的语序，如例（3）。

（3）a. 老王 买了 书。
施事 动词 受事

b. Ali membeli buku.
阿里 买 书
“阿里买书。”

再看汉语将受事放在动词前的情况，如例（4）。

（4）a. 书（被）老王 买了。
受事　　施事 动词
b. 老王（把）书　买了。
施事　　　受事 动词
c. 黑熊豹子咬了。

例（4a），汉语受事“书”和施事“老王”都在动词“买”之前，同时受事“书”在施事“老王”之前。这时，可以用“被”将“老王”明确标记为施事。例（4b），施事和受事也都在动词前，同时施事“老王”在受事“书”之前。这时，可以用“把”将“书”明确标记为受事。例（4c），动词前的两个名词“黑熊”和“豹子”都没有任何论元标记，会产生歧义，可能表示“黑熊咬了豹子”，也可能表示“豹子咬了黑熊”。如果要避免歧义，可以在“豹子”前加“把”将其明确标记为受事，或者加“被”将其明确标记为施事。在一定语境里，不加“把”和“被”也可以消除歧义。

印尼语将受事移到动词前，一般需要用 di-动词形式，同时需要将非人称代词施事移到动词后，人称代词施事则需要在动词前，如例（5）。

（5）a. Buku itu dibeli（oleh）Ali.
书　那 被买　被　阿里
“那本书被阿里买了。”
b. Buku itu saya（kau/dia）beli.
书　那 我（你/他）买
“那本书我（你/他）买了。”
c. Dibeli buku itu oleh dia/Ali.
被买　书　那 被　他/阿里
“那本书被他/阿里买了。”或者：“他/阿里买了那本书。”
d. Dibelinya buku itu.
被买 他　书　那
“那本书被他买了。”或者：“他买了那本书。”
e. Oleh dia dibeli buku itu.
被　他 被买 书　那
“那本书是被他买的。”

例（5）印尼语各句的动词形式，除例（5b）外均为 di-被动形式。例（5a），受事 buku itu（那本书）直接放在句首，施事 Ali 则放在动词被动形式 dibeli 之后，形成“受事—动词—施事”的语序，施事前可以加介词 oleh（被）作为施事标记。例（5b），施事是第一人称 saya、第二人称 kau 等代词的时候，一般放在动词前，这时动词需用词根形式，形成“受事—施事—动词”的语序。第三人称代词 dia 则既可在动词前，也可在动词后。例（5c），受事 buku itu（那本书）在动词 dibeli 和施事 dia（他）之间，这时施事 dia（他）前需加介词 oleh（被）。例（5d），施事紧跟动词，可以变为附着代词-nya，附着在动词 dibeli（被买）之后，受事 buku itu（那本书）虽然在动词后，但也不需用任何标记。例（5e），强调施事 dia（他），故移到动词前，并加介词 oleh（被）。

总的来说，除了倒装句以外，汉语施事一般在动词前。印尼语主动句的施事在动词前，被动句的施事则多在动词后，有时也可在动词前。另外，印尼语被动句的施事紧跟动词时不需要加介词 oleh（被）作标记。汉语受事在句首时，与施事可加“被”；受事在施事和动词之间时，其前之间可加“把”。印尼语主动句的受事在动词后，被动句的受事可在句首，也可在动词后。印尼语受事在任何位置都不需要加介词 oleh（被）。汉语和印尼语的主要区别如例（6）所示。

（6）汉语：施事—动词—受事
施事—（把）受事—动词
受事—（被）施事—动词
印尼语：施事—men 动词—受事（主动句）
受事—施事—动词词根（被动句）
受事—di 动词—（oleh）施事（被动句）
di 动词—施事—受事（被动句）
di 动词—受事—（oleh）施事（被动句）
oleh 施事—di 动词—受事（被动句）

从以上句型看，汉语和印尼语主动句的施事一般在动词前，受事在动词后。汉语如果将受事移到动词前，需加“被”或“把”与施事加以区别。而印尼语被动句的施事第一、二人称代词一般在动词前，第三人称代词则既可在动词前，也可在动词后；受事则一般在动词被动形式之前。总的来说，汉语的语序相对稳定，印尼语的语序相对多变。

3.3 三个论元

当句子的动词有三个论元时，除了施事和受事以外，可增加对象（接受者）。汉语和印尼语主动句的施事都在动词前，而对象和受事一般在动词后。先看汉语例（7）：

（7）a. 老师给那个学生两本书。
　　b. ＊老师给两本书那个学生。
　　c. 两本书老师给那个学生。
　　d. ?① 老师两本书给那个学生。
　　e. 那个学生被老师给了不及格。

例（7a），施事“老师”在动词“给”前，对象“那个学生”在动词后，最后是受事“两本书”。例（7b），受事“两本书”在对象“那个学生”前，句子不合法。例（7c），在某种情况下，将受事“两本书”放在句首，句子也合法。施事“老师”可以用“被”作为标记，如“两本书被老师给了那个学生”。例（7d），受事“两本书”在施事“老师”和动词“给”之间，不太好，一般需要用“把”将“两本书”标记为受事，即“老师把两本书给那个学生”。例（7e），对象“那个学生”可以作主语，但多含有不利的意义，故将受事改为“不及格”。

我们再看印尼语的情况。例（8a～d）四句为主动句，例（8e～h）四句为被动句。

（8）a. Guru memberi (kepada) siswa itu dua buku.
　　老师 给 对 学生 那 两 书
　　“老师给那个学生两本书。”
　　b. Guru memberi dua buku kepada siswa itu.
　　老师 给 两 书 对 学生 那

① 句子前面的“?”表示句子对一些人不成立。

"老师给那个学生两本书。"

c. ＊Guru dua buku memberi kepada siswa itu.
老师 两 书 给 对 学生 那
"老师给那个学生两本书。"

d. ? Guru kepada siswa itu memberi dua buku.
老师 对 学生 那 给 两 书
"老师给那个学生两本书。"

e. Dua buku diberi guru kepada siswa itu.
两 书 被给 老师 对 学生 那
"两本书被老师给了那个学生。"

f. Dua buku saya beri kepada siswa itu.
两 书 我 被给 对 学生 那
"两本书被我给了那个学生。"

g. Siswa itu diberi dua buku oleh guru.
学生 那 被给 两 书 被 老师
"这个学生，老师给了他两本书。"

h. ? Oleh guru siswa itu diberi dua buku.
由 老师 学生 那 被给 两 书
"是老师给了这个学生两本书。"

例（8a）与汉语例（7a）的语序一样，对象 siswa itu（那个学生）紧接动词 memberi（给），其标记 kepada（对）可有可无。例（8b），对象 siswa itu（那个学生）和动词之间隔着受事 dua buku（两本书），所以需加对象标记 kepada（对）。例（8c），受事 dua buku（两本书）在施事 guru（老师）和动词之间，句子不成立。例（8d），对象 siswa itu（那个学生）移到施事和动词之间，加对象 kepada（对），句子基本成立，但不常用。例（8e），受事 dua buku（两本书）在句首，施事 guru（老师）紧跟动词 diberi（被给），不需要施事标记 oleh（被），但是对象需标记 kepada（对）。例（8f），施事 saya（我）为第一人称，置于动词前，动词用词根形式 beri。例（8g），对象 siswa itu（那个学生）放在句首，动词 diberi（被给）后是受事 dua buku（两本书），施事被受事隔离在最后，所以需要施事标记 oleh（被）。例（8h），施事 guru（老师）和对象 siswa itu（那个学生）都在动词前，故非常少用。

以上例子再次证明：汉语主动句的施事只能在动词前；而印尼语主动句的施事在动词前，被动句的施事则可在动词后，有时（比如是代词时）也可以在动词前。此外，汉语主动句的对象紧跟动词，没有任何标记。印尼语主动句对象在动词后不必加 kepada，在其他位置时则需加 kepada。两者被动句的受事和对象都可以置于句首。

3.4 小结

汉语和印尼语均有多种语序可供选择。具体选择哪种语序，与句子成分的语义有关。汉语和印尼语有许多相似之处，比如，通常情况下，施事都在句首，受事都在动词后。不同的地方是，汉语受事也可以放在句首或者动词前，这时可以加介词“被”和“把”将受事与施事区别开。印尼语则有 di-动词形式，将受事放在句首，而将施事放在动词后。不论是两个论元还是三个论元，汉语的语序相对稳定，印尼语的语序较为多变。从标记看，汉语的“把”和“被”等标记根据不同情况可用可不用，但是印尼语标记在某些位置是必不可少的。当然，除了语义，语用因素也会影响语序，汉语和印尼语在这方面也会有同有异，值得进一步研究。

第4章　汉语、印尼语的语序和定指性

语言的语序不仅与句子成分的语义有关，而且也与句子成分在语境中的地位有关。本章拟从语序和名词短语定指性的关系入手，探讨汉语和印尼语的语序在表现定指性方面有何共性和特性。学界早已发现汉语名词短语[①]的位置与其定指性有关。如赵元任（1968：76）就提到，例（1）两句的“火”在动词前为定指，在动词后为不定。

（1）a. 火着了。
　　b. 着火了。

因此，汉语被称为“话题突出”的语言，这是相对于英语“主语突出”而言的（Li & Thompson，1981：15）。下面先介绍汉语和印尼语表示定指性的一些词汇手段，然后讨论两者的语序和定指性的关系。

4.1　汉语、印尼语表示定指性的词汇手段

名词的指称性分为无指和有指，其中有指又分不定和定指，如例（2）所示（Croft，2000：116）。

---

① 名词短语包括名词、名词性词组、代词等。同样，动词短语亦包括动词和动词性词组等。下同。

（2）

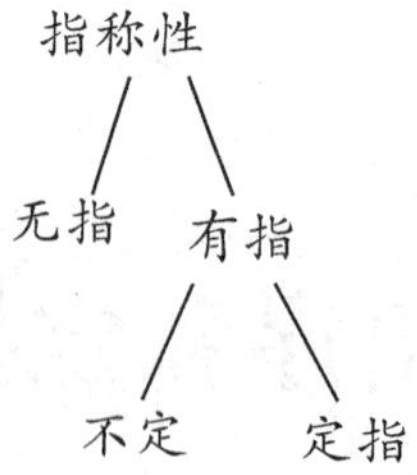

所谓无指，就是名词短语的所指不是某一特定的事物，或者为泛指，或者仅仅表示特性或者身份。有指，则表示名词短语有特定的所指。不定，就是说话人认为听话人不知道名词短语的所指。定指，就是说话人认为听话人知道名词短语的所指，如例（3）所示。

（3）a. 他买了书，但是不看。
　　b. 他买了两本书，又卖了。
　　c. 书被他卖了。

例（3a）的“他”是双方知道的人，故为定指；“书”则可能是泛指，即“任何书”，也可能是定指，如“老师让买的书”。例（3b），“他”是定指，“两本书”虽然是有指，但是不定，即说话人认为听话人不知道是哪两本书。例（3c），“书”在句首，一般被理解为交际双方根据语境可以判断所指的书，如昨天他买的那本《水浒传》，或者他拥有的全部书籍等。

从例（3）发现，汉语可以用词汇手段（如“两本”）表示名词短语的指称性。汉语和印尼语表示定指性的词汇手段有人称代词、指示代词“这”和“那”、名词重叠等，分别如例（4）和例（5）所示。

（4）人称代词：我们，他们，你，我（的书），咱们（学校）
　　指示代词：这，那，这（个人），那（本书）
　　数量词：一本（书），三百个（学生）
　　名词重叠：人人，个个
（5）人称代词：saya（我），mereka（他们），（buku）nya（他的书）
　　指示代词：ini（这），itu（那），（orang）ini（这个人），（buku）itu（那本书）
　　数量词：tiga ratus orang（mahasiswa）（三百个大学生）

数量词……指示代词：tiga ratus orang（mahasiswa）ini（这三百个大学生）
名词重叠：pohon-pohon（一些树、很多树），sayur-mayur（各种蔬菜）

对比例（4）和例（5），汉语和印尼语呈现相当大的相似性：都可以用人称代词、指示代词表示定指；都可以用数量词表示不定；都可以用名词重叠表示多数。印尼语-nya 和 itu 具有“那个”的意思，但是前者表示语境中可以推断的事物，后者回指上文提到的事物（Sneddon，2010：155）。另外，汉语和印尼语名词重叠的意义有所不同，如汉语“人人”表示每个人，而印尼语 orang-orang 则表示一些人或者多人。下面，我们先看汉语和印尼语名词短语不用任何修饰语的情况，即光杆名词的定指性。

4.2　无修饰语的名词短语

有学者注意到，当汉语名词前没有任何修饰语的时候，其在动词前后的位置可以表示其定指性，如例（6）所示。

（6）a. 人来了。
　　b. 来人了。
　　c. 学生买了书。
　　d. 书学生买了。

例（6a），“人”在动词“来”前，表示上文提到的人，或者听话者根据语境知道其所指，如“我们邀请的人”来了。例（6b），“人”在动词“来”后，则表示听话者不知道所指的人是谁，反正来了一个人或者一些人。例（6c），句子开头的“学生”，一般理解为定指，即听话者根据语境可以判断是哪些学生，但动词“买”后的“书”，或为定指（即双方知道的书），或为不定（即说话者不知道对方买了什么书）。例（6d），“书”和“学生”都在动词“买”之前，一般都为定指。

印尼语光杆名词的位置也与其定指性有关系。如 Sneddon（2010）提到，主语通常为定指。他（Sneddon，2010：240－317）所举的例句，主语绝大多数是代词、专有名词或者其他定指的名词短语。当然，他没有说的是：其他位置的名词短语可能是定指，也可能是不定，如例（7）。

(7) a. Pemerintah mengumumkan bahwa harga beras akan naik.
政府 宣布 (连词) 价格 大米 将 上升
"政府宣布米价将上涨。"

b. Ibu membuatkan Siti rok.
妈妈 做 西迪 裙子
"妈妈给西迪做裙子。"

c. Anak-anak sedang menyanyikan lagu.
孩子 正在 唱 歌
"(那些)孩子们在唱歌。"

d. Sopir menghentikan bus di depan gedung sekolah.
司机 停 公交车 在前 楼 学校
"司机将公交车停在学校楼前。"

例(7a),pemerintah(政府)没有任何修饰语,但在语境中指印尼政府,所以是唯一和定指的。例(7b),ibu(妈妈)虽然也没有修饰语,但在语境中也是定指;后边的 rok(裙子)则是泛指,Siti(西迪)是人名,是定指。例(7c),anak-anak(孩子们)依上下文来看是定指。但是动词后的 lagu(歌)却可能是定指,如"老师要求唱的歌",也可能是不定,如"一些歌"或"某首歌"。例(7d),三个名词短语 sopir(司机)、bus(公交车)和 gedung sekolah(学校大楼)都没有修饰语,但是在语境里都是定指。

我们统计了汉语 7 万字语料中无修饰语的名词短语在动词前后的情况(杨红樱,2010),进一步证明汉语名词短语在动词前倾向于定指,在动词后倾向于不定,如表 4-1 所示。

表 4-1 汉语无修饰语的名词短语

定指性	动词前(例)		动词后(例)	合计(例)
定指(施事)	15(48.4%)	"被"2(4.8%)	0(0)	17
定指(受事)	16(51.6%)	"把"40(95.2%)	148(51.4%)	204
不定	0(0)	0(0)	55(19.1%)	55
泛指	0(0)	0(0)	85(29.5%)	85
合计	31(100%)	42(100%)	288(100%)	361

上述调查包括陈述主句中作为施事和受事的无修饰语的名词短语，排除了代词、专有名词和从句。如表 4－1 所示，汉语无修饰语的，不论是定指、不定还是泛指，大部分出现在动词后（共 288 例），动词前一共 73 例。但是，动词前所有的无修饰语的名词短语都是定指，不论是带“被”或者“把”的 42 例，还是不带介词的 31 例。再看动词后，定指和不定（含泛指）分别为 148 例（51.4%）和 140 例（48.6%），差别较小。就是说，动词前的无限制名词短语均为定指，动词后定指和不定指几乎各占一半。各类例句如例（8）。

（8）a. 女孩子推门进去，我看见妈妈也在里面。（杨红樱，2011：153）
b. 因为他们班每次换新老师，总是不出三天，肥猫的妈或是肥猫的爸就会被老师叫到学校里去。（杨红樱，2011：91）
c. 脑袋都敲痛了，还没想出什么辙来。（杨红樱，2011：146）
d. 米兰提着一个漂亮的纸袋，她把纸袋交到豆芽儿的妈的手中，说：“这是我给黄豆豆买的。”（杨红樱，2011：122）
e. 一看姜校长在敲脑门儿，他就知道姜校长又遇到麻烦事儿了。（杨红樱，2011：130）

例（8a），句首的“女孩子”在原书此句上文提到过，是定指。例（8b），句子后半部分中“被”后的“老师”也是定指。例（8c），受事“脑袋”放在句首，根据原书此句是定指。例（8d），“把”后边的“纸袋”，前面提到，是定指。例（8e），动词“敲”后的“脑门儿”指姜校长自己的脑门儿，是定指，动词“遇到”后的“麻烦事儿”是不定的。

我们又考察了 5 万个单词的印尼语语料（Muakhir & Firdaus，2009a），统计了几种句型中无修饰语的名词短语的语序和定指性，结果如表 4－2 所示。

表 4－2 印尼语无修饰语的名词短语

定指性	动词前（例）		动词后（例）		合计（例）
	一般动词	di 动词	一般动词	di 动词	
定指	18（85.7%）	3（75.0%）	39（56.5%）	4（40.0%）	64
不定	3（14.3%）	1（25.0%）	22（31.9%）	6（60.0%）	32
泛指	0（0）	0（0）	8（11.6%）	0（0）	8
合计	21（100%）	4（100%）	69（100%）	10（100%）	104

同样，印尼语例子仅限于陈述主句，名词短语包括所有无修饰语的施事和受事，未包括时间处所词语、代词和人名地名，也未考虑状语从句、宾语从句、定语从句的情况。从表 4 – 2 可以看出，印尼语的无修饰语的名词短语多出现在动词后，多达 79 例，在动词前只有 25 例。在一般动词和 di 动词前，定指分别约占 85.7% 和 75.0%，是绝对多数，而表 4 – 1 汉语动词前的光杆名词都是定指。在一般动词后，定指占多数（约 56.5%），不定和泛指占少数（约 43.5%）；在 di 动词后，不定比定指多，分别为 60.0% 和 40.0%。动词后的情况类似汉语。表 4 – 2 的例句如例（9）。

（9） a. 一般动词前，定指

Sirup pun mengalir dan menaburi puding. （Muakhir & Firdaus，2009a：29）
糖浆 也 流 并 盖满 布丁
"糖浆流出来，盖满了布丁。"

b. di 动词前，定指

Kaisar benar-benar dimuliakan. （Muakhir & Firdaus，2009a：40）
皇帝 的确 被尊敬
"皇帝的确受到（人民的）尊敬。"

c. 一般动词后，定指

Induk Pipi menggeleng-gelengkan kepala.
妈妈 皮皮 摇 头
（Muakhir & Firdaus，2009a：20）
"皮皮的妈妈摇着头。"

d. di 动词后，定指

Maka dipanggilnya Juru masak. （Muakhir & Firdaus，2009a：41）
然后 被叫他 头 厨师
"然后，他把大厨叫来。"

e. 一般动词前，不定

Gelembung udara memenuhi permukaan air saat kepala Bill terbenam.
泡 气 充满 表面 水 当 头 比尔 被淹没
（Muakhir & Firdaus，2009a：45）
"比尔的头没入水中，气泡布满了水面。"

f. di 动词前，不定

Sedikit saja rakyat melakukan kesalahan, hukuman pancung akan diberikannya.
一点 仅 人民 做 错误 惩罚 砍头 将 被给他
(Muakhir & Firdaus, 2009a: 40)
"人民稍微犯错,他就判(他们)死刑。"

g. 一般动词后,不定
Ia baru saja mendapat puding besar. (Muakhir & Firdaus, 2009a: 28)
他刚 仅 得到 布丁 大
"他刚得到一块大布丁。"

h. di 动词后,不定
La Hia merasa kasihan. Diambilnya batu. (Muakhir & Firdaus, 2009a: 77)
拉夏 感到 同情 被拿 他石头
"拉夏很同情(金毛鼠),他拿起一块石头。"

i. 一般动词后,泛指
"Oh, maafkan hamba," ucap Sri Thanonchai memberi hormat.
哦 原谅 鄙人 说 先生 塔农查依 致 礼
(Muakhir & Firdaus, 2009a: 25)
"哦,请原谅我。"塔农查依行着礼说。

表4-1和表4-2显示,汉语和印尼语无修饰语的名词短语的语序均与其定指性有关,动词前的名词短语多为定指,动词后的名词短语约一半为定指。印尼语动词前的不定名词短语比汉语多。

4.3 有修饰语的名词短语

上文提到,汉语和印尼语都可以利用指示代词、数量词等修饰语将名词短语标记为定指、泛指或者不定,下面我们需要考察一下,修饰语和语序会有什么关系。下面先看汉语的例子。

(10) a. 那个人是学生。
b. 我喜欢那个人。
c. 来了一个人。

d. *来了那个人。

e. 我批评了一个人。

f. 这个人我喜欢。

g. *一个人我喜欢。

例（10a），“那个人”由于有修饰语“那个”而成为定指名词短语，其位置在判断动词“是”前，修饰语和语序没有冲突，都表示定指，所以句子合法。例（10b），“那个人”在动词“喜欢”后，由于有修饰语“那个”而理解为定指，其动词后的位置也可以接受定指名词短语，故该句也合法。例（10c），存现句动词后应该是不定词语的位置，数量词“一个”将“一个人”标记为不定，所以语序与修饰语不冲突，句子合法。例（10d），存现句的动词后应该是不定名词短语的位置，但是“那个”又将“人”标记为定指，语序与修饰语发生冲突，故该句不合法。例（10e），“一个人”被数量词“一个”标记为不定，位置在动词“批评”后，语序与修饰语不冲突，该句也合法。例（10f），“这个人”是定指，所在句首又是定指的位置，两者和谐，句子合适。例（10g），“一个人”由数量词“一个”标记为不定，但是汉语句首是定指的位置，两者有冲突，句子一般不被接受。

印尼语有修饰语的名词短语同样与语序相关，看例（11）。

（11） a.（定指—定指）

Sri Thanonchai memperhatikan Raja.（Muakhir & Firdaus，2009a：25）
先生 塔农查依 注视 国王
“塔农查依先生注视着国王。”

b.（定指—不定）

Ia baru saja mendapat puding besar.（Muakhir & Firdaus，2009a：28）
他刚 仅 得到 布丁 大
“他刚得到一块大布丁。”

c.（不定—定指）

Suatu hari，seorang fakir menghadap Raja.
一 天 一个 苦行者 拜见 国王
（Muakhir & Firdaus，2009a：56）
“一天，一个苦行者来拜见国王。”

d.（定指—定指）

Pudingnya diletakkan di meja，lalu diambilnya baskom itu.
布丁　他被放　在桌子　然后　被拿　他盆子　那
（Muakhir & Firdaus，2009a：28）
"（他）把自己的布丁放在桌子上，然后拿起那个盆子。"

例（11a），Sri Thanonchai（塔农查依先生）是人名，为定指；Raja（国王）在原文上文提到过，也是定指。两者的语序是"定指—定指"。例（11b），ia（他）是人称代词，定指；puding besar（大布丁）刚出现，不定。两者的语序是"定指—不定"。例（11c），seorang fakir（一个苦行者）是不定名词短语，Raja（国王）是定指，语序是"不定—定指"。例（11d），第一个小句里，pudingnya（他的布丁）在原文上文提到过，是定指，meja（桌子）在语境中也是定指；第二个小句里，附着代词 -nya（他）是定指，baskom itu（那个盆子）也是定指。此句语序是"定指—定指"。

为了调查定指和不定名词短语的相对位置，我们统计了 7 万字的汉语语料（杨红樱，2010）和 5 万单词的印尼语语料（Muakhir & Firdaus，2009a）。范围仅限于含有主语的陈述主句，名词短语包括所有施事和受事，未包括时间词语和处所词语等，也未考虑状语从句、宾语从句和定语从句等的情况。名词短语包括光杆名词、代词、带修饰语的名词短语等。调查结果如表 4-3 所示。

表 4-3　汉语、印尼语名词短语的相对位置

		定指—不定	定指—定指	不定—不定	不定—定指	合计
汉语	施事—V—受事	167 例	336 例	3 例	3 例	
	施事—把—受事 V	1 例	84 例	0 例	0 例	
	受事—被—施事 V	1 例	9 例	0 例	0 例	
合计		169 例（28.0%）	429 例（71.0%）	3 例（0.5%）	3 例（0.5%）	604 例
印尼语	施事—V—受事	44 例	143 例	1 例	2 例	
	受事—diV—施事	8 例	12 例	1 例	0 例	
	diV—施事—受事	4 例	16 例	0 例	0 例	
合计		56 例（24.2%）	171 例（74.0%）	2 例（0.9%）	2 例（0.9%）	231 例

表4－3进一步证实了表4－1和表4－2的结果，即汉语和印尼语句子动词前的名词短语都倾向于定指。汉语和印尼语中“定指—定指”的情况都是最多的，分别约占71.0%和74.0%。“定指—不定”的情况次之，分别约占28.0%和24.2%。而“不定—不定”和“不定—定指”的情况，在汉语和印尼语中都极少。汉语和印尼语的区别主要在于：①汉语“定指—不定”的语序比印尼语占比略多（28.0%：24.2%）。②汉语“定指—定指”的语序比印尼语占比略少（71.0%：74.0%）。③印尼语不定在前的情况比汉语占比多一些，印尼语为1.8%，汉语为1%。

4.4　小结

上面分析了汉语和印尼语的语序与定指性的关系。可以说，汉语和印尼语句首的名词短语都倾向于定指，充当话题，不定的名词短语则难以放在句首。汉语“定指—不定”的语序占比比印尼语略多一些，“定指—定指”的语序占比比印尼语略少一些。可以说，两者都是“话题突出”的语言，只是汉语更喜欢定指在前、不定在后的语序。印尼语比汉语更允许不定在前的情况。

第 5 章　汉语和印尼语的话题结构

汉语和印尼语都是 SVO 型语言，“主语—谓语”即 NP – VP 是常式语序。但两者还是有所不同，印尼语是中心语前置的语言，除一些副词外，状语通常在动词后，定语在名词后，如例（1）。

（1）a. 我现在坐着。

Saya duduk sekarang.

我　坐　现在

b. 这是我的书。

Ini buku saya.

这 书　我

例（1a）的汉语与印尼语的语序相同，主语“我”和 saya（我）在前，动词“坐”和 duduk（坐）在后。但是，汉语的状语“现在”在动词前，印尼语的状语 sekarang（现在）在动词后。例（1b）的主语“这”和 ini（这）也在句首，“我的书”和 buku saya（我的书）在后。但是汉语定语“我的”在中心语“书”前，印尼语定语 saya（我）在中心语 buku（书）后。

汉语和印尼语的常式语序都是 SVO，但出于语义和语用的原因，也会使用其他语序。出现在语境中的句子，其语序与定指性有关系，与句子的话题表达也有关系。一般来说，汉语和印尼语句子的话题出现在句首，但实际情况更为复杂，需要进一步探讨。

5.1　常式句的话题结构

汉语和印尼语常式句的句首是句子话题的标记，都表示旧信息（徐烈炯、刘丹青，2003；Prentice，1987）。如上述例（1a ~ b）中，出现在句首的“我”和

“saya”、“这”和“ini”都是句子的话题。

此外，汉语和印尼语的存现句（2b），都将处所词语作为话题放在句首。试比较例（2a）的“在”字句和例（2b）的存现句。

（2）a. 他在家。

Dia ada di rumah.

他（存在） 在家

b. 学校有教学楼。

Di sekolah ada gedung kuliah.

在 学校（存在） 楼 教学

例（2a）汉语和印尼语句首的人称代词“他”和dia都是定指，是句子的话题，动词短语“在家”和ada di rumah（在家）构成句子的评述部分，进一步说明话题。在例（2b）中，汉语动词“有”前的“学校”和印尼语ada前的sekolah（学校）也都是定指，是句子的话题；动词短语“有教学楼”和ada gedung kuliah（有教学楼）则是该句的评述部分，其中“教学楼”和gedung kuliah（教学楼）是不定的。总之，汉语和印尼语存现句中的处所词语是定指的话题，动词后面的存在事物是不定的，是评述的一部分。

句子的话题结构与上下文有关。我们看下面存现句出现的语段，如例（3）。

（3）a. 很久以前，长白山上有一户人家，家中只有奶奶和孙子小虎子，虽然家里很穷，可小虎子非常孝顺奶奶。他们过得很快乐。

b. Mama dan Ian lalu mengumpulkan mainan-mainan yang sudah

妈妈 和 依安 然后 集中 玩具 （连词）已经

tak terpakai.（顾作峰，2009：31）

不 用

Banyak juga mainannya. Di antara mainan-mainan Ian ada satu bus

多 也 玩具 他 在中间 玩具 Ian 有 一辆 公交车

besar berwarna hijau. Bus itu kesayangan Ian.

大 有颜色 绿 汽车 那 心爱 依安

（Muakhir & Firdaus，2009a：72）

“妈妈和依安把不用的玩具集中起来。他的玩具真多呀，其中有一辆绿色的大公交车。它是依安心爱的玩具。”

在例（3a）的汉语语段中，“很久以前”是整个句子的话题，其余是评述。在评述中，“长白山”是句子的第二话题，“有一户人家”是对其的评述。紧接着的处所词语“家中”指上文提到的“一户人家”的家中，是旧信息，作为该部分的话题，后面的“只有奶奶和孙子小虎子”则是对其的评述，说明家庭的情况。接着用让步状语“虽然家里很穷”引出背景信息，可看作该复句的第一话题，主句的“小虎子”则是第二话题，“孝顺奶奶”是对“小虎子”的评述。最后一句“他们”是话题，“过得很快乐”是对其的评述。例（3b）的印尼语语段中，第一句的话题是 mama dan Ian（妈妈和依安），在评述部分引出 mainan-mainan（玩具）。第二句谓语 banyak（多）前置，强调这个新信息。第三句为存现句，动词 ada 前的处所短语 di antara mainan-mainan Ian（在依安的玩具中）为话题，后边 ada satu bus besar berwarna hijau（有一辆绿色的大公交车）为评述，引出新信息“绿色的大公交车”。下一句接着以“公交车”为话题，进一步评论，“是依安心爱的玩具”。所以，汉语和印尼语存现句的语用功能非常类似，都有承接上文，引出下文的衔接作用。

5.2　变式句的话题结构

汉语和印尼语有时会改变句子的语序。如，汉语和印尼语都会将谓语等放在句首，或者用强调句把某一成分放到句首。张琼郁（1993）、陈延河（2002）、徐富平（2005）等多次用“强调”这个字眼来解释上述现象。但是他们没有说明强调的成分是新信息还是旧信息，是话题还是评述。笔者认为，前置的成分仍然是评述，是得到强调的评述，即焦点。我们下面对比汉语、印尼语的倒装句和强调句。

5.2.1　倒装句

汉语和印尼语都会将谓语移到主语前，构成倒装句。谓语前移，改变了句子的话题结构。下面例（4a）和例（4c）为常式语序，例（4b）和例（4d）则将谓语部分移到主语前面，是倒装句。

（4）a. 骄傲的海燕，飞翔吧！
b. 飞翔吧，骄傲的海燕！
c. 客人走了。
d. 走了，客人。

例（4a）常式句的话题是“骄傲的海燕”，评述是“飞翔吧”，话题在前，评述在后。例（4b）是倒装句，评述部分“飞翔吧”移到句子开头，而后边的“骄傲的海燕”仍然是话题。例（4c）是常式句，话题是“客人”，评述是“走了”。例（4d）变换了语序，将评述“走了”移到话题“客人”之前。从语体看，书面语的例（4b）同时强调前移的评述“飞翔吧”和后边的话题“骄傲的海燕”。而口语的例（4d）只强调前移的评述“走了”，不能强调后边的话题“客人”。再看印尼语倒装句的情况，如例（5）。

（5）a. Mereka sudah pulang.
他们　已经　回家
“他们已经回家了。”
b. Sudah pulang mereka.
已经　回家　他们
“他们已经回家了。”

例（5a）是常式句，例（5b）是倒装句。两句的话题均为 mereka（他们），评述都是 sudah pulang（已经回家），但是语序不同。例（5a）中话题 mereka（他们）在句首，而例（5b）则将评述 sudah pulang（已经回家）移到句首，加以强调。所以说，汉语和印尼语的倒装句都是将谓语移到主语前，改变了话题和评述的语序，同时都保持了原来话题和评述的成分。但汉语有书面语和口语之分，而印尼语倒装句不论是书面语还是口语，都是只强调移到句首的评述。我们看汉语倒装句出现的具体语境，如例（6）。

（6）那年，秋天的喇叭花，开得太过磅礴。放学后，他和她在小城的城墙根儿下漫步，看见墙头爬满了紫色的喇叭花；他说：真好看，这喇叭！她说：紫色其实是一种极其忧伤的色调，要是这么多的喇叭吹起来，那曲调一定是悲伤至极，怕要凉了半个秋天吧？（许冬林，2008）

例（6）中的汉语倒装句“真好看，这喇叭”是在口语语境中出现的。在该例中，移到后边的话题“这喇叭”是旧信息，承接上文提到的“喇叭花”，故不能强调。需要强调的是移到句首的评述“真好看”。而“真好看”又与下文的负面评述“极其忧伤的色调”形成对比。我们再看印尼语的倒装句，如例（7）。

（7）“Hamba telah memberikan labu itu pada seorang musafir yang hendak
在下 已经 送 南瓜 那 给 一个 旅人 （连词） 要
pergike kota suci Benares.” “Sangat beruntunglah orang yang telah
去 到 城 圣地 博纳勒斯 很 幸运 人 （连词） 已经
mendapatkan labu itu，” ucap Raja，sambil tersenyum.
获得 南瓜 那 说 国王 一边 笑
（Muakhir & Firdaus，2009a：37）
“‘我已经把南瓜送给一位要去圣地博纳勒斯的旅人。’国王笑着说，‘拿到南瓜的人太幸运了。’”

例（7）画线句中，评述 sangat beruntunglah（太幸运了）放在话题 orang yang...（……的人）之前，使该句的评述部分“太幸运了”得到强调。后移的话题 orang yang...（……的人）是旧信息，回指上文 seorang musafir（一个旅人）。可见，汉语和印尼语倒装句的功能主要都是强调评述部分。

5.2.2 **强调句**

汉语和印尼语都有强调句。汉语强调句采用“是……的”结构，将“是”放在强调的成分前，如例（8）。

（8）a. 是我在公园找狗的。
b. 我是在公园找狗的。
c. 九色鹿走近国王，对国王说：“尊敬的国王陛下，能告诉我您是怎样找到我的吗？”国王指着带路的人说：“是他告诉我的。”（顾作峰，2009：5）

例（8a），“是”将施事“我”标记为焦点加以强调。这样，“我”就成了评述的一部分，不再是话题。“在公园找狗”则成了话题。例（8b），“是”将

“在公园”标记为焦点，而其余部分“我找狗”就成了该句的话题。显然，“是……的”的作用，就是将句子的某一成分标记为焦点，从而可以改变原来话题在前、评述在后的语序。例（8c）的实际语境中用了两个“是……的”强调句。九色鹿的问句“您是怎样找到我的”将“怎样”标记为焦点，国王的回答“是他”将施事“他”标记为焦点，都与常式句话题在前、焦点在后的情况不同。

印尼语的构成方式是将需要强调的短语放在连词（或称关系代词）yang 前，如例（9）。

（9）a. Ma Lilah yang paling pandai di kelasnya.
马丽 （连词） 最 聪明 在 班 她
“他们班最聪明的就是马丽。”

b. Aku sangat kagum pada kerja kerasmu. Orang sepertimulah yang aku butuhkan untuk kemajuan negeri ini. Maukah engkau menjadi salah seorang penasihatku?（Muakhir & Firdaus，2009a：33）
我 很 钦佩 对 工作努力你 人 像你 （连词）我 需要 为 进步 国家 这 愿意 你 成为 其中 一个 顾问 我
“我很钦佩你的勤奋。我就是需要像你这样的人，使我们国家进步。你愿意当我的顾问吗?”

例（9a），Ma Li（马丽）放在 yang 前，是句子的焦点，同时-lah 也表示强调。翻译成汉语时，将印尼语的焦点 Ma Li（马丽）的信息放到汉语句子的末尾，即评述和新信息的一般位置。这种译法说明印尼语 yang 强调句的句首是新信息的位置。例（9b）将 orang sepertimulah（像你这样的人）放在第二句句首，成为该句的焦点，强调“像你这样的人”。

5.3 被动句和特指问句

被动句和特指问句的语序更为多变，情况有些特殊，既不同于常式句，也与上述变式句不同。

5.3.1　被动句

汉语表示被动，可以用“被”字句，如例（10a）；也可以直接将受事移到句首，如例（10b）；还可以用“把”字句将受事标记为第二话题，如例（10c）。

（10）a. 短腿兔说：“趁老狼不在，快点儿逃走吧！”“不行，如果再被老狼抓住，我就没命了！”（顾作峰，2009：47）

b. “我是山神。这个山泉的秘密你不能告诉别人，否则我就杀了你！”（顾作峰，2009：76）

c. 她看见一口井边到处都是枯叶，她就拿起扫帚把枯叶打扫了；她看见一座炉子马上就要塌了，她急忙把它修好了。（顾作峰，2009：52 – 53）

例（10a）的“再被老狼抓住”是“被”字句，省略的话题是下一小句的话题“我”。使用“被”字句，保持了该复句各小句的话题一致。例（10b）是“宾语前置句”，表示被动的意义，受事“这个山泉的秘密”放在句首充当句子的话题。例（10c）用了两个“把”字句，第一话题都是施事“她”，“把”后的“枯叶”和“它”为第二话题，分别为上文提到的定指的受事。汉语的上述三种句型都是将受事提升为话题或者第二话题的手段。

印尼语没有类似“把”字句的句型，只有将受事提升为话题的 di-V 谓语形式。请看例（11）各句。

（11）a. Ia sudah membaca buku itu.

他已经 读 书 那

“他已经读了那本书。”

b. Buku itu sudah dibaca olehnya.

书 那 已经 被读 被 他

“那本书他已经读了。”或者：“那本书已经被他读了。”

c. Diam-diam ia memerintahkan seorang putranya mengisi sebuah

暗中 他 命令 一个 王子 装满 一个

labu dengan emas. Labu itu lalu diberikannya pada si Saudagar.

南瓜 用 金子 南瓜 那 后来 被送 他 对 商人

(Muakhir & Firdaus, 2009a: 36)
"他（国王）暗中命令一个王子用金子装满一只南瓜，然后把南瓜送给商人。"

例（11a）是主动句，例（11b）是其相应的被动句。什么时候用主动句，什么时候用被动句，要根据语境来判断。例（11c）的一段故事，提供了使用被动句的语境。其中，第一句是主动句，labu（南瓜）和 emas（金子）是新信息，出现在句尾。第二句是被动句，受事 labu itu（那只南瓜）是上文提过的旧信息，在句首充当话题。可见，汉语和印尼语表示被动的句子都可将上文引入的受事标记为句子的话题和旧信息，起着重要的衔接作用。

5.3.2 特指问句

汉语的特指问句不必改变语序，只需用疑问词代替有关句子成分即可，如例（12）。

（12）a. 谁在公园找狗？
b. 你在哪儿找狗？
c. 你在公园找什么？
d. 老婆婆站在门口，向四处张望，可没看见一个人，她自言自语地说："这是谁帮了我这个忙呢？我一定要谢谢他。"（顾作峰，2009：162）

例（12a），疑问词"谁"在句首，表示未知信息，应该是评述，而其余部分"在公园找狗"才是话题。例（12b），句首的"你"是话题，其余部分"在哪儿找狗"是评述。例（12c），疑问词"什么"在动词"找"后。"你"是话题，其余部分"在公园找什么"是评述。例（12d），疑问词"谁"在动词"帮"前，是问句的施事。作者在"谁"前加了"这是"，用"这"回指上文叙述的情况，将"谁"明确标记为评述。这也说明，疑问词总是句子评述的一部分。如果疑问词在句首，会改变常式句话题在前、评述在后的语序。

印尼语的特指问句，一般将疑问词放在句首，如例（13a）；有时也可以像汉语那样保持原来的语序，如例（13b）。

（13）a. Ke mana kita meminjam buku?
去 哪儿 我们 借 书

“我们去哪儿借书呢？”

b. Kita　meminjam buku ke mana?

我们　借　　书　去哪儿

“我们去哪儿借书呢？”

例（13）两句都是疑问句，意思也类似，但是语序不同。例（13a）的疑问短语 ke mana（去哪儿）在句首，仍然是句子的焦点，即评述的一部分。但是例（13b），同样的疑问短语 ke mana（去哪儿）在句尾，正好在评述的位置。疑问词不论在哪儿，都是焦点的位置，不是话题的位置。例（14）是用了疑问词 apa 的两段话。

（14）a. Ada satu　buku　yang　aku suka，judulnya“Jalan-Jalan ke

有　一　书　（连词）我　喜欢　书名它　逛　　去

Supermarket”．“Supermarket itu apa，Ayah?”tanyaku kepada Ayah

商城　　商城　　那什么爸爸　问　我对　爸爸

karena aku tidak tahu.（Muakhir & Firdaus，2009a：12）

因为　我　不　知道

“有一本书我很喜欢，名字叫‘逛商城’。我不懂‘商城’的意思，就问爸爸：‘商城是什么？’”

b. “Bandul jam ini jatuh. Talinya putus，”ucap teko. “Apa　yang

钟摆　钟　这　掉　绳子它断　　说　茶壶　什么(连词)

dapat kita　lakukan?”“Kita　harus memasang bandul itu kembali，”

能　我们　做　　我们　必须　安装　　钟摆　那　回

cetus weker.（Muakhir & Firdaus，2009a：52）

建议　闹钟

“茶壶说：‘这只壁钟钟摆的绳子断了，掉了下来。我们该怎么办？’闹钟建议道：‘必须把钟摆安回去。’”

例（14a），问句的话题 supermarket itu（那个商城）在前，疑问词 apa（什么）在后，正好也是评述的位置。这样句首的话题 supermarket 与上文衔接。同样的疑问词（什么）apa 在例（14b）的问句 apa yang dapat kita lakukan 里却放在了句首，作为焦点得到进一步强调，反映茶壶急着帮助壁钟的心情。

5.4 小结

总之，汉语和印尼语的语序都表示话题结构。汉语和印尼语的常式句如 SVO 和存现句中，句首是话题的位置，其余部分说明话题，是评述。汉语和印尼语的强调句会改变话题结构。汉语强调句的焦点可在不同位置，但印尼语强调句的焦点一般在句首。汉语和印尼语的被动句都将话题移到句首，是该句的焦点。汉语和印尼语的特指问句的相同之处是，疑问词不论在哪个位置，都是句子的焦点；不同之处是汉语的语序一般与陈述句相同，而印尼语的疑问词一般用在句首，也可以出于语篇衔接的考虑移到不同位置。

第二部分　动词短语

第 6 章　汉语和印尼语的动词短语

本章介绍汉语和印尼语的动词短语，首先讨论动词短语的构成，其次讨论汉语、印尼语动词短语的使用，最后讨论动词短语的语序所涉及的语用问题。

6.1　动词短语的构成

汉语和印尼语动词短语的核心是动词，后边可以加宾语，前边可以加助动词和副词，如例（1）。

（1） a. 他应该在书店买书。
　　 b. 张三没能用信用卡买书。

例（1a），动词短语“应该在书店买书”，其中“买”为核心动词，“书”为宾语，“在书店”为处所状语，“应该”是能愿动词。例（1b），动词短语“没能用信用卡买书”，其中“买”为核心动词，“书”为宾语，“用信用卡”为方式状语，“能”为能愿动词，“没”为否定副词。

印尼语动词短语的例子请看下面的例（2）。

（2） a. Kuku-kuku kita　kalau dipotong pasti tumbuh lagi.
　　 指甲　咱们 如果 被剪　一定 长　再
　　 (Muakhir & Firdaus，2009a：20)
　　 “咱们的指甲剪了，一定还会长。”
　　 b. Ia meminta diizinkan menimbang gajah. (Muakhir & Firdaus，2009a：48)
　　 他请求　被允许　称　大象
　　 “他请求被允许称大象。”

例（2a），动词短语为 pasti tumbuh lagi（一定还会长），其中 tumbuh（长）是核心动词，lagi（再）是副词作状语，pasti（一定）为助动词。例（2b），谓语由三个动词短语构成：meminta（请求），diizinkan（被允许），menimbang gajah（称大象）。其中，动词 meminta 为主动形式，动词短语 diizinkan 为被动形式，动词短语 menimbang gajah（称大象）又为主动形式。但是这三者并不是并列关系。两个动词短语构成动补关系，与第一个动词构成动宾关系。

6.2 动词短语的用法

动词短语由动词和其他成分构成。汉语和印尼语的动词短语呈现出许多相似之处，也有不同的地方。如例（3），汉语的动词短语可以充当谓语［如例（3a）］、主语［如例（3b）］、动词宾语［如例（3c）］、介词宾语［如例（3d）］、定语［如例（3e）］、状语［如例（3f）］和补语［如例（3g）］等（刘月华等，2001：451－642）。

（3）a. 他看书。

b. 看书也是学习。

c. 他喜欢看书。

d. 他为看书专门来这里。

e. 他看书的时间不少。

f. 一只老鹰张开翅膀，在半空中一动不动地停着。（刘月华等，2001：513）

g. 这本书我到处托人买，今天可买到了一本。（刘月华等，2001：535）

例（3）说明，汉语的动词没有特别的标记，而且不论其作什么句子成分，都不会有词形变化。判断动词在句中的功能，一是通过动词本身的意义，二是通过动词前后的词语以及其在句中的位置。个别时候，如例（3f），动词前可以加助词“地”表明其状语的身份。

印尼语的动词短语大致也具有上述语法功能，如例（4）。

（4）a. Dia membaca buku.（谓语）
他　读　　书
"他读书。"

b. Membaca buku adalah belajar.（主语）
读　　书　是　　学习
"读书是学习。"

c. Dia suka membaca buku.（动词宾语）
他　喜欢读　　书
"他喜欢读书。"

d. Dia datang ke sini （untuk）membaca buku.（介词宾语）
他　来　　到这里　为　　读　　书
"他为了读书来到这里。"

e. Waktu membaca buku dia banyak.（定语）
时间　读　　书　他　多
"他读书的时间多。"

f. Dia pergi ke kota（untuk）menjual sayur.（状语）
他　去　到城市　为　　卖　　菜
"他去城里卖菜。"

g. Tentu mudah sekali membuat Tuan naik ke darat.（补语）
一定　容易　很　　使　　陛下　登上　到岸
（Muakhir & Firdaus，2009a：25）
"一定很容易使陛下上岸。"

例（4a），动词短语 membaca buku（读书）作谓语。例（4b），动词短语 membaca buku（读书）是句子的主语，词形没有变化。例（4c），动词短语 membaca buku（读书）是另一动词 suka（喜欢）的宾语。例（4d），动词短语 membaca buku（读书）是句子的目的状语，前边的介词 untuk（为）可有可无。例（4e），动词短语 membaca buku（读书）和代词 dia（他）都是 waktu（时间）的定语。例（4f），动词短语 menjual sayur（卖菜）可看作前一动词短语 pergi ke kota（去城里）的目的状语，但是如果没有介词 untuk（为）的话，也可以看作连动式的第二个部分。例（4g），动词短语 membuat Tuan naik ke darat（使陛下上岸）是谓语形容词 mudah（容易）的补语。动词短语本身为兼语句，其中 Tuan（陛下）为动词 membuat（使）的宾语，另一动词短语 naik ke darat（上岸）则是补语。

下面具体对比分析汉语和印尼语动词短语作各种句子成分的情况。

6.2.1 谓语

动词短语作谓语时，汉语和印尼语很相似，前边都可以加助动词，如例（5a）；前边也都可以省略主语，如例（5b）；都可以有连动式，如例（5c）。但是，印尼语主语和谓语倒装的情况比汉语多得多，如例（5d～e）。

（5）a. 我必须读书。

Saya harus membaca buku.

我 必须 读 书

b. 读书时，我发现很多生词。

Membaca buku，saya menemukan banya kosakata baru.

读 书 我 发现 多 词 新

c. 我去读书。

Saya pergi（untuk）membaca buku.

我 去 为了 读 书

d. Bekerja banyak orang di sini.

工作 多 人 在 这里

"这里很多人工作。"

e. "出发了，同学们！"

印尼语动词短语前可以加 harus（必须）、bisa（可以）、mau（要）、boleh（可以）、dapat（能够）等助动词，以表示各种情态和语气，如例（5a）。例（5b），在上下文清楚的情况下，membaca buku（读书）省略了主语 saya（我），汉语也有类似的用法。例（5c），pergi membaca buku（去读书）与汉语"去看书"很相似，但印尼语的两个动词间可以加介词 untuk（为了），而汉语"去为了看书"就有点不自然。例（5d），将动词短语 bekerja banyak orang（很多人工作）放在句首加以强调，这在汉语里比较罕见。只有表示强烈感情的时候才用例（5e）这样的倒装句。

6.2.2　定语

汉语、印尼语的动词短语作定语的情况有所不同。汉语动词短语作定语时放在中心语之前，而印尼语动词短语作定语时放在中心语之后。另外，汉语动词短语作定语一般需要用“的”作为定语标记，但是印尼语动词短语作定语，可以用连词 yang 作为标记，也可以不用，如例（6）。

（6） a. 看书的学生是谁？
　　b. ？看书学生是谁？
　　c. Siapa siswa　yang　membaca buku?
　　　谁　　学生（连词）读　　　书
　　　“读书的学生是谁？”
　　d. Siapa siswa membaca buku?
　　　谁　　学生 读　　　书
　　　“读书的学生是谁？”

例（6a），“看书的”作定语，句子合法。例（6b），不用“的”，“看书”直接作定语，句子不合法。例（6c），yang membaca buku（读书）作 siswa（学生）的定语，在中心语之后。例（6d），定语省略了连词 yang，句子也合法。

6.2.3　状语

汉语动词短语作状语时，往往表示状态，位于中心语（动词或者整个句子）之前，而且需要加状语标记“地”，如下面刘月华等（2001：513）举的例子。

（7） 吃惊地问；抱歉地笑了笑；踉踉跄跄地走回了家；无声地往下飘着；
　　连说带比画地对我讲了起来；挨得紧紧地站着；一动不动地停着

印尼语动词短语作状语，可以将动词短语置于中心语之前，或者之后，而且不需要特别的状语标记，如例（8）所示。

(8) a. Pipi si Harimau kecil senang sekali punya kuku yang panjang.
皮皮老虎 小 高兴 很 有 指甲(连词)长
(Muakhir & Firdaus, 2009a: 20)
"小老虎皮皮长了长长的指甲，感到非常高兴。"
b. Aku tersenyum mendengar penjelasan ayah.
我 笑 听到 解释 父亲
(Muakhir & Firdaus, 2009a: 12)
"听到父亲的解释，我笑了。"
c. Mendengar jawaban Pipi, induknya tersenyum.
听到 回答 皮皮 妈妈 笑
(Muakhir & Firdaus, 2009a: 20)
"听到皮皮的回答，妈妈笑了。"

例(8a)，动词短语 punya kuku panjang（有长指甲）表示小老虎高兴的原因，没有用任何连词，直接放在谓语 senang sekali（非常高兴）后边。汉语可能需要在"有长指甲"前加"因为"之类的连词，或者像例（8a）的汉语译文一样，把这个动词短语移到谓语之前。例（8b），动词短语 mendengar penjelasan ayah（听到父亲的解释）是 tersenyum（笑）的原因状语，直接放在谓语动词 tersenyum（笑）之后，也没有用任何连词。例（8c）将作状语的动词短语 mendengar jawaban Pipi（听到皮皮的回答）放在主语之前，也不需要用连词。

6.2.4 补语

汉语和印尼语动词短语充当补语时，都放在句子的其他成分之后，如例（9）和例（10）。

(9) a. 他昨天看到老王修自行车。
b. 马东生早就把书搬进来了。
c. 烟呛得他睁不开眼。

根据刘月华等（2001）的分类，例（9a），"到"是"看"的结果补语。例（9b），"进来"是"搬"的趋向补语。例（9c），"睁不开眼"是"呛"的情态补语。这些句子的意思如果用印尼语表达，例（9a）补语会与谓语动词合并为一个动词，如 melihat（看到）；例（9b）补语用处所状语表示，如 ke dalam（进来）；例（9c）补语用结果状语表示，如 tidak dapat membuka mata（不能睁眼）。

下面是印尼语动词短语作补语的例子。

（10） a. Lalu aku minta Ayah mengantarku ke supermarket.
后来 我 请求 爸爸 带 我 去 商城
（Muakhir & Firdaus，2009a：12）
"后来，我求爸爸带我去商城。"

b. Jadi，lebih baik kamu duduk di pinggir lapangan，melihat kami main sepak bola.（Muakhir & Firdaus，2009a：16）
那么 更 好 你 坐 在边 操场 看 我们 玩 足球
"那么，你最好坐在场边，看我们踢球。"

c. Saya benar-benar tidak bisa membuat Tuan mau terjun ke sungai.
我 真 不 能 使 陛下 要 跳下 去 河
（Muakhir & Firdaus，2009a：24－25）
"我真的不能使陛下跳到河里去。"

d. Aku ingin puding ini ditaburi sirup yang nikmat.
我 想 布丁 这 被撒上 糖浆（连词）香甜
（Muakhir & Firdaus，2009a：28）
"我想在布丁上撒上甜甜的糖浆。"

例（10a），动词短语 mengantarku ke supermarket（带我去商城）是谓语 minta Ayah（请求爸爸）的补语。例（10b），动词短语 main sepak bola（玩足球）是 melihat kami（看我们）的补语。例（10c），动词短语 mau terjun ke sungai（将跳到河里）是 membuat Tuan（使陛下）的补语。例（10d），动词短语 ditaburi sirup yang nikmat（被撒上甜甜的糖浆）是 ingin puding ini（希望这个布丁）的补语。以上句子的意思用汉语表达，往往用兼语句。

6.2.5　主语

动词短语作主语时，汉语和印尼语很相似，都不需要特别的标记，如例（11）。

（11） a. 每天读书可以扩大知识面。
b. Membaca setiap hari memperluas pengetahuanmu.
读 每 天 扩大 知识 你
"每天读书可以增加你的知识。"

6.2.6 动词的宾语

汉语和印尼语的动词短语都可以作另一个动词的宾语，如例（12）和例（13）。

（12） a. 他喜欢去江河湖海游泳。
b. 我们要继续开展校际合作。

（13） a. Akhirnya Ali selesai makan juga.（Muakhir & Firdaus，2009a：4）
终于 阿里 结束 吃 也
"阿里终于吃完了饭。"
b. Coba minum yang banyak，Sayang.（Muakhir & Firdaus，2009a：5）
尝试 喝 （连词） 多 亲爱的
"亲爱的，尽量多喝水。"
c. Aku ingin mengetahuinya.（Muakhir & Firdaus，2009a：12）
我 想 了解 它
"我想了解它。"
d. Kita tidak sadar menggaruk badan kita.（Muakhir & Firdaus，2009a：21）
我们 不 意识 抓挠 身体 我们
"我们没有意识到在抓挠自己的身体。"
e. Namun，baskom tak mau berhenti mengalirkan sirup.
但是 盆子 不 要 停 流出 糖浆
（Muakhir & Firdaus，2009a：29）
"但是，盆子一直往外流糖浆，停不下来。"

例（12a），"去江河湖海游泳"是动词"喜欢"的宾语。例（12b），"开展校际合作"是"继续"的宾语。印尼语例（13a），动词 makan（吃）是另一动词 selesai（结束）的宾语。例（13b），minum yang banyak（多喝水）是动词 coba（尝试）的宾语。例（13c），mengetahuinya（了解它）是动词 ingin（想）的宾语。例（13d），menggaruk badan kita（抓挠我们的身体）是动词 sadar（意识）的宾语。例（13e），mengalirkan sirup（流出糖浆）是动词 berhenti（停止）的宾语。

6.2.7　介词的宾语

汉语和印尼语的动词短语作介词的宾语，都没有特别的标记，汉语如例（14）所示。

（14）a. 为了搞好工作，我们需要调整一下领导班子。
b. 除了打扫卫生，他们还负责摆放桌椅。
c. 从请客吃饭到游山玩水，一律禁止。

例（14a），介词“为了”带动词短语“搞好工作”。例（14b），介词“除了”带动词短语“打扫卫生”。例（14c），介词“从”和“到”分别带动词短语“请客吃饭”和“游山玩水”。下面例（15）是印尼语动词短语作介词宾语的例子。

（15）a. “Ali lapar，Ma，” kata Ali sambil duduk di meja makan.
阿里 饿 妈妈 说 阿里 一边 坐 在 桌子 餐
（Muakhir & Firdaus，2009a：4）
“阿里坐在餐桌边，说：‘妈妈，我饿了。’”
b. Sebelum makan，Ali berdoa terlebih dahulu.
在前 吃饭 阿里 祈祷 最 先
（Muakhir & Firdaus，2009a：4）
“吃饭前，阿里先祈祷。”
c. Setelah mencuci tangan Ali menemui Mama yang masih membaca.
在后 洗 手 阿里 去见 妈妈（连词） 正 读书
（Muakhir & Firdaus，2009a：4）
“阿里洗了手，去见妈妈，她在读书。”
d. Keli sedih，tetapi ia tidak bisa berbuat apa-apa selain menuruti apa
克里 难过 但 他 不 能 做 什么 除了 遵照 什么
yang dikatakan Pepi.（Muakhir & Firdaus，2009a：16）
（连词）说 波皮

"克里没有办法，只能按照波皮说的去做。"

e. Raja bermaksud untuk mendatangi Sri Thanonchai.
国王 意图 为 会见 先生 塔农查依
(Muakhir & Firdaus, 2009a: 24)
"国王想见一下塔农查依。"

例（15a），动词短语 duduk di meja makan（坐在餐桌边）是介词 sambil（随着）的宾语。例（15b），动词短语 makan（吃饭）是介词 sebelum（在……之前）的宾语。例（15c），动词短语 mencuci tangan（洗手）是介词 setelah（在……之后）的宾语。例（15d），动词短语 menuruti apa yang dikatakan Pepi（按照波皮说的去做）是介词 selain（除了）的宾语。例（15e），动词短语 mendatangi Sri Thanonchai（会见塔农查依）是介词 untuk（为）的宾语。

总之，汉语和印尼语的动词短语都可以直接作主语、谓语和宾语，不需要特别的标记。但是汉语动词短语作定语需要结构助词"的"，作状语需要结构助词"地"，而印尼语相对自由一些，定语标记 yang 可有可无。

6.3 动词短语的语用

6.3.1 主谓倒装

汉语倒装句将谓语放在主语之前，在语境中起强调作用。印尼语也可以将谓语前移到句首，除了强调，还有其他作用。请看例（16）。

(16) a. 快走吧，同学们！

b. 早就出线了你。

c. "Ali lapar, Ma," kata Ali sambil duduk di meja makan.
阿里饿 妈妈 说 阿里 一边 坐 在桌子 餐
(Muakhir & Firdaus, 2009a: 4)
"阿里坐在餐桌边，说：'妈妈，我饿了。'"

d. Coba Ali hirup udara sebanyak-banyaknya, lalu tahan.
试 阿里 吸 空气 多 然后 憋气

(Muakhir & Firdaus，2009a：5)
“阿里试着尽量多吸气，然后憋住。”

e. Tahukah kalian mengapa aku mau menghitung kalian? Aku hanyalah
知道　你们　为什么　我　要　数　你们　我　仅仅
ingin menyeberang ke pulau ini，tahu?(Muakhir & Firdaus，2009b：36)
想　渡过　到岛　这　知道
你们知道我为什么要数你们吗？我只是想到海这边的岛上来，懂吗？”

f. Kabul pergi ke toko itu. Ia mengintip melalui jendela. <u>Tampak</u>
喀布尔　去　到商店　那　他偷看　通过　窗户　出现
sebuah baskom besar. Di baskom itu tertera tulisan ‘sirup’.
一个　盆子　大　在盆子　那印着　字　糖浆
(Muakhir & Firdaus，2009a：28)
“喀布尔到那个商店，从窗户往里偷看，发现一个大盆子。”

汉语使用谓语倒装的情况极少，只有用在祈使句中，如例（16a），或者其他口语中，如例（16b）。这两例的倒装都是为了强调动词短语，将其移到主语之前。相比之下，印尼语主谓倒装的情况很多，如上面例（16c ~ f）。例（16c），因为直接引语在句首，故需要倒装。例（16d）是祈使句，将动词放在句首加以强调。例（16e）是疑问句，常把动词或者助动词放在句首，并加疑问助词-kah。例（16f），后续句的动词 tampak（出现）放在句首，以便与上文“偷看”等信息相联系，在叙述中产生一气呵成的效果。

6.3.2　省略主语

汉语和印尼语的动词短语作谓语时，有时可以省略主语。省略有两种情况：承前省略和蒙后省略。请看下面的例（17）。

（17）a. 田中正却没有接画匠的话，他看着金狗，<u>突然冷冷地说</u>：“金狗，你现在从报社到白石寨了？”（贾平凹，1993：244）

b. 石华说：“我这老头子，人都说不配我，我却看着亲哩！这家里除了烧菜他干，拖地呀，洗衣服呀，全是我包了！老头子，你说是不是？”<u>和这家人接触</u>，金狗渐渐忘却了别的烦恼，他几乎是逃避性

地到这家来消磨自己。(贾平凹，1993：223－224)

c. Sri Thanonchai berpikir. Diperhatikannya sungai, lalu diperhatikannya
塔农查依 想了想 注视 他河 然后看看 他
raja. Menggaruk-garuk kepala, ia lalu berkata “Saya
国王抓挠 头 他然后说 我
benar-benar tidak bisa membuat Tuan mau terjun ke sungai. Sukar
真的 不 能 使 您 要 跳下 到河 难
sekali,” keluhnya. (Muakhir & Firdaus, 2009a：25)
很 叹息 他
“塔农查依看看河，又看看国王，连连挠头。他说：‘我真的没法让您跳下河。太难了。’他叹息着。”

d. Mendengar itu, Raja cepat terjun ke sungai.
听 那 国王快 跳下 到河
(Muakhir & Firdaus, 2009a：25)
“国王听了，立刻跳到河里。”

例（17a）的“突然冷冷地说……”属于承前省略，省略的主语照应前面的“田中正”和“他”。例（17b）是蒙后省略，在汉语中较少见。动词短语“和这家人接触”省略了主语（话题）“金狗”，“金狗”出现在后面的小句里。这种省略是为了凸显“这家人”的话题性，与原文上文对石华的描述衔接。例（17c）印尼语第一句用主动语态。第二句用被动语态，以动词开头，施事-nya（他）和受事 sungai（河）、Raja（国王）都在动词后，也是为了与上句衔接。第三句是被动句，又以动词 menggaruk-garuk（抓挠）开头，主语 ia（他）出现在后面的 ia lalu berkata... （他然后说……）里。不论是承前省略主语，还是蒙后省略主语，都是为了加强段落内部各部分的衔接。例（17d）也是蒙后省略的例子，这次用动词的主动形式 mendengar（听到）。这种省略是为了突出动词 mendengar（听到），同时使代词 itu（那）更靠前，与原上文内容互相照应。

6.3.3 宾语前置

有时，汉语和印尼语都可以将动词短语内的宾语前置到句子开头，以便与上文衔接。在汉语中，这也算是一种被动句，只是没有“被”字句那样有明确的标记，如例（18）。

（18）a. “……这些大理石玩意儿是别人送的。”“谁？谁送的？”“高洋。”警察的六只眼睛顿时像通了电的灯光一样亮了起来。“哟哟哟，怎么了？”“这些东西他什么时候送你的？是在那次吃饭前还是之后？”（王朔，2004：12）

b. 我伸手去拿刀，警察缩回手把刀入鞘交给另一个警察：“这刀我们要带走。”（王朔，2004：13）

c. “去广州贩衣服？我记得你好像去过一次广州。”“这事我也记得，可警察说那是第二年的事，在这之前咱们刚回北京不久我还去过一回，当然他们记得清，咱们得以他们的说法为准。”（王朔，2004：21）

例（18a），动词“送”的宾语“这些东西”前置到句首，与上文的“这些大理石玩意儿”照应。例（18b），“带走”的宾语“这刀”也前置到句首，与上文的“刀”照应，加强衔接。例（18c），“记得”的宾语“这事”前置到句首，回指上文提过的“去广州贩衣服”的事情。

印尼语也会将动词的宾语前置到动词前，但不像汉语那样直接放在动词前。印尼语会采用 yang 强调句的形式，或者采用 di-动词形式，如例（19）。

（19）a. Aku sangat kagum pada kerja kerasmu. Orang sepertimulah yang
我 很 钦佩 对 工作 辛苦你 人 像 你 （连词）
aku butuhkan untuk kemajuan negeri ini.
我 需要 为 推进 国家 这
（Muakhir & Firdaus，2009a：33）
“我非常佩服你这么辛勤地工作。我需要的就是像你这样的人，来促进我们国家的发展。”

b. Diam-diam ia memerintahkan seorang putranya mengisi sebuah labu
悄悄 他 命令 一个 王子 装入 一个 南瓜
dengan emas. Labu itu lalu diberikannya pada si Saudagar.
用 金子 南瓜 那 后来被给 他 对 商人。
（Muakhir & Firdaus，2009a）
“（国王）悄悄地命令一个王子把金子装在一只南瓜里，把南瓜送给商人。”

例（19a）的第二句是 yang 强调句。动词 butuhkan（需要）的宾语 orang sepertimu lah（像你这样的人）移到此句开头，得到强调，是该句最重要的信息。例（19b），第一句用主动语态，第二句用被动形式将动词 berikan（送）的宾语移到句首，同时动词也变成被动形式 diberikan。在句首的 labu（南瓜）可以更好地回指上文提到过的 labu（南瓜），从而加强语篇的衔接。

6.4 小结

本章讨论了汉语和印尼语动词短语的结构与用法，以及在语境中可能发生的变化。一般来说，汉语和印尼语的动词短语都可以直接充当谓语、主语和宾语。充当定语时，汉语需要在动词短语后加“的”等助词，印尼语可以加 yang 等连词。充当状语时，汉语动词短语位于中心语之前，后加助词“地”；充当补语时，汉语动词短语都放在句子的其他成分之后，需在前边加“得”。而印尼语的动词短语则可以直接充当状语和补语。汉语和印尼语的补语有不同定义，所以并不能对应。动词短语或者宾语的前移，都与信息的强调有关，起着语篇衔接的作用，印尼语宾语（受事）前置的情况更多。

第 7 章　汉语和印尼语的连动式

7.1　连动式的定义

连动式，通常指“由两个或两个以上的动词构成，在动词中间没有停顿，也没有关联词语，两个动词共用一个主语”的谓语（刘月华等，2001：701），如“他去商店买东西”等，也称为“连谓式”（黄伯荣、廖序东，2002：125）。本章用“连动式”，并采用更宽泛的定义，即由两个或更多动词短语组成，共用一个主语，这样就包括了“他一去商店就买东西”之类的句子，但是排除了“他一去商店，我就回家”之类的句子。

甄芙菁（2008）认为印尼语没有汉语那样的连动式，理由是两个动词之间总是可以插入一个介词表示其语义关系。而 Chaer（2009：174）提到，汉语和印尼语两个动词之间的介词可以省略，如例（1a～c）。

（1）a. Dia datang（untuk）menolong.
　　他 来 为 帮
　　“他来帮忙。”

b. Beliau duduk（sambil）membaca koran.
　　他 坐 同时 读 报纸
　　“他坐着看报。”

c. Mereka gagal（dalam） mempertahankan prestasinya.
　　他们 失败 在……中 保持 成绩 他们
　　“他们没有保持自己的成绩。”

d. 我端着自己的酒笑着走过去坐在他们一桌冲所有人点头。（王朔，2004：2）

例（1a~c）各句括号内的介词可有可无。例（1a），没有 untuk（为），就是连动式；加了 untuk（为），其与 menolong（帮）就组成介词短语。同样，例（1b）没有 sambil（同时），就是连动式；加了 sambil（同时），其与 membaca koran（读报纸）组成介词短语。例（1c）也是一样，没有 dalam（在……中），就是连动式，加了 dalam（在……中），其与 mempertahankan prestasinya（保持他们的成绩）组成介词短语。但是，无论加不加介词，例（1a~c）各句的谓语都有两部分，而且前一部分是谓语的主要部分，后一部分则表示主要谓语的目的［例（1a）］，或者同时行为［例（1b）］，或者范围［例（1c）］。只是，加了介词后，两个动词之间的语义关系更为清楚。汉语例（1d）的连动式比较复杂，由“端着自己的酒”“笑着”“走过去”“坐在他们一桌”“冲所有人点头”5 个动词短语组成，而且其中“笑着”首先跟“走过去”构成一个连动式，然后与以“端着”“坐”和“点头”为中心的三个动词短语并列。本章主要考虑由两个动词短语构成的连动式。

7.2 连动式的句法形式

连动式内每个动词短语都可以有自己的状语、宾语或者补语。连动式可以由两个或更多的动词短语组成。为了与印尼语进行对比，下面讨论由动词短语和形容词短语组成的结构。

7.2.1 动词短语和动词短语

先看由两个动词短语组成的连动式，如例（2）。

（2）a. 我坐着看书。

b. Saya duduk（sambil）membaca buku.
我 坐 同时 读 书
“我坐着看书。”

c. 他去城里卖菜。

d. Dia pergi ke kota（untuk）menjual sayur.
他 去 到 城市 为了 卖 菜
“他去城里卖菜。”

例（2a），连动式由两个动词短语“坐着”和“看书”组成。例（2b），如果没有介词 sambil（同时），就是连动式，由动词 duduk（坐）和 membaca buku（看书）组成。如果加了 sambil（同时），就不是连动式，其与后一短语组成介词短语，作前一动词短语 duduk（坐）的状语。例（2c），汉语连动式由“去城里”和“卖菜”组成。例（2d），如果没有介词 untuk（为了），就是连动式；如果加了介词 untuk（为了），就不是连动式。

有时，汉语的连动式，在对应的印尼语句子里则不用连动式，如例（3）。

（3）a. 我穿好衣服去朋友家。

b. Saya memakai baju lalu/kemudian pergi ke rumah teman.

我 穿 衣服然后 去 到 家 朋友

（甄芙菁，2008：24）

c. 老大娘拉住我的手不放。

d. Nenek itu menarik tangan saya dan tidak mau melepaskannya.

奶奶 那 拉 手 我 并且 不 想 放开 它

（甄芙菁，2008：25）

例（3a），连动式谓语由动词短语“穿好衣服”和“去朋友家”组成。在对应的印尼语例（3b）里，两个动词短语之间一般要加 lalu（然后）或者 kemudian（然后）；如果不加，就是连动式，但需要用逗号，在口语里停顿。例（3c），汉语连动式由“拉住我的手”和“不放”组成。但在对应的印尼语例（3d）里，通常需要连词 dan（并且）；如果不加就是连动式，但需要逗号，在口语里停顿。

有时，印尼语的连动式，在对应的汉语句子里不是连动式，如例（4）（甄芙菁，2008）。

（4）a. Motorku hancur ditabrak truk.（甄芙菁，2008：18）

摩托车－我 坏 被撞 卡车

b. 我的摩托车被卡车撞坏了。

c. Ani berteriak bingung.（甄芙菁，2008：22）

阿尼 叫喊 不知所措

d. 阿尼惊慌失措地叫喊。

例（4a），印尼语连动式由动词 hancur（损坏）和 ditabrak truk（被卡车撞）

组成。而对应的汉语例（4b）则用“被”字结构表示，“撞坏”是动补结构。例（4c），印尼语连动式由动词 berteriak（叫喊）和 bingung（不知所措）组成。对应的汉语例（4d），则用状语加动词的结构表示。

7.2.2 动词短语和形容词短语

汉语由形容词和动词组成的结构，严格来说应该是“连谓式”。这种结构对应的印尼语可以是连动式，也可以在后一部分前加介词，使其成为介词短语，如甄芙菁（2008）所给的例（5）。

（5）a. 这个问题容易解决。
b. Masalah ini mudah（untuk）diselesaikan.
问题　这 容易　为　被解决
“这个问题容易解决。”
c. 他学习很努力。
d. Dia belajar（dengan）sangat giat.
他 学习　用　很　努力
“他学习很努力。”

例（5a），连动式谓语由形容词“容易”和动词“解决”组成。例（5b），印尼语谓语由 mudah（容易）和动词 diselesaikan（被解决）组成。例（5c），汉语谓语由动词“学习”和形容词短语“很努力”组成。例（5d），印尼语谓语由动词 belajar（学习）和形容词短语 sangat giat（很努力）组成。印尼语的例（5b）和例（5d）中，如果加了介词 untuk（为）和 dengan（用），谓语的后一部分就成了介词短语，不再是连动式了。

7.3 连动式的语义关系

连动式两个动词短语之间，大致呈现三类不同的语义关系。第一是并列关系，两个事件或状态同时或者交替发生，两者之间没有修饰关系。第二是先后关系，前边的动词短语表示更早的事件，后边的表示晚些的事件。第三是偏正关系，其中一个动词短语是中心，另一个动词短语是它的状态、条件和原因等。三种句法关系分述如下。

7.3.1 并列关系

并列关系指两个动词短语之间没有互相修饰的关系，两者表示的事件或状态同时或者交替发生，如例（6）。

（6）a. 他每天看书写字。

b. 他只是卖旧书，收购旧手机。

c. Daun turun naik di udara. （Muakhir & Firdaus，2009b：68）
树叶 下 上 在空中
“树叶在空中上下飞舞。”

d. Cepat saya berbaring memeluk bantal，pura-pura tidur.
马上 我 躺 抱 枕头 假装 睡觉
（张琼郁，1996：263）
“我躺下，抱着枕头，假装睡觉。”

e. Ali sehat，tidak sakit. （Muakhir & Firdaus，2009a：4）
阿里 健康 不 生病
“阿里身体好，没有病。”

例（6a），“看书”和“写字”两件事的先后顺序不重要，也可以说“他每天写字看书”。例（6b），“卖旧书”和“收购旧手机”的先后顺序也不重要，反过来说“收购旧手机，卖旧书”也可以。例（6c），印尼语的 turun（下）和 naik（上）的顺序只是习惯，两者表示的行为也不分先后。例（6d），berbaring（躺）和 memeluk bantal（抱枕头）的先后顺序也不重要，也许先躺下，也许先抱上枕头。例（6e），两个动词短语，一个从正面说身体好，一个从反面说没有病，中间不需要连接词 dan（和）等。

7.3.2 先后关系

时间顺序关系，第一个动词短语表示更早的事件，第二个动词短语表示更晚的事件。两者的相对顺序反映客观事件的顺序或者主观认定的顺序，如例（7）。

（7）a. 他到老师办公室告状。

b. 她高兴地走过去，没注意到脚下有台阶，一脚踏空，把脚扭了。（杨红樱，2011：41）

c. Titik-titik hujan berjatuhan menimpa atap rumah.
点滴 雨 掉 砸在 顶 房子
（Muakhir & Firdaus，2009a：68）
"雨点滴滴答答地落下，掉在房顶上。"

d. Juru masak memeras otak mencari jalan keluar.
厨师 挤压 头脑 找 路 出
（Muakhir & Firdaus，2009a：41）
"厨师绞尽脑汁想办法。"

例（7a），"到老师办公室"在前，"告状"在后。例（7b），四个动词短语的顺序，与实际动作的顺序相同，先开始"走"，中途"没注意到脚下有台阶"，所以"一脚踏空"，最后"把脚扭了"。例（7c），雨水先 berjatuhan（掉落），然后才 menimpa（落在……上）。例（7d），厨师先 memeras otak（绞尽脑汁），然后才能 mencari jalan keluar（找到出路）。

汉语连动式的顺序往往是行为在前，结果在后，遵循先后的时间顺序，如例（8a）和例（8b）。但是，印尼语的语序往往会不同于事件实际发生的顺序，如例（8c）和例（8d）。

（8）a. 他看到这种情况，觉得应该做点什么。

b. 我参观博物馆，有新的发现。

c. Pak Sujud kelihatan membakar kemenyan.（Sneddon，2010：282）
先生 被看到 烧 香
"有人看到苏祖德先生烧香。"

d. Kabul sangat takjub melihat itu.（Muakhir & Firdaus，2009a：29）
卡布尔 很 惊讶 看 那
"卡布尔看到，非常惊讶。"

例（8a），第一个动词短语"看到这种情况"表示行为，第二个动词短语"觉得应该做点什么"是结果。例（8b），第一个动词短语"参观博物馆"先发生，第二个动词短语"有新的发现"是"参观博物馆"的结果。例（8c）的印尼语例子，动词 kelihatan（被看到）表示行为，动词短语 membakar kemenyan（烧香）表示“看到”的结果，与汉语先行为后结果的语序一样。当然，也可以把“烧香”看作第一个动词的补语。但是例（8d），顺序则相反，第一个动词短语 sangat takjub（很惊讶）表示结果，第二个动词短语 melihat itu（看到那）表示行为。

7.3.3　偏正关系

在连动式中，以第二个动词短语为主，表示某些事件，第一个动词短语表示该事件的状态、条件和原因等，汉语和印尼语都有，如例（9）。

（9）a. 我点头同意他说的话。

b. Saya menganggguk membenarkan katanya.

我　点头　同意　话　他

“我点头同意他说的话。”

c. 爸爸伸开双手，比画着商城的大小。

d. Ayah merentangkan tangan menggambarkan betapa besarnya supermarket.

爸爸　伸开　手　比画　多么　大　商城

“爸爸伸开双手，比画着商城的大小。”

例（9a），谓语由“点头”和“同意他说的话”组成。例（9b），谓语由menganggguk（点头）和 membenarkan katanya（同意他说的话）组成。例（9c），用“伸开双手”描述“比画”的情况。例（9d），用 merentangkan tangan（伸开双手）说明后一动词短语 menggambarkan betapa besarnya supermarket（比画商城的大小）的方式。

但是，印尼语的连动式还会以第一个动词短语为主，表示某事件、状态等，第二个动词短语表示该事件的方式、原因等，如例（10）。这是汉语没有的。

（10）a. Ia　berlari membongkok ke sana.（张琼郁，1993：259）

他　跑　弯腰　到　那儿

“他弯腰跑到那儿。”

b. Kami berjalan berbimbingan tangan.（张琼郁，1993：259）

我们　散步　拉　手

"我们携手散步。"

c. Aku tersenyum mendengar penjelasan ayah.
我 笑 听 解释 父亲
(Muakhir & Firdaus, 2009a: 12)
"我听了爸爸的解释就笑了。"

d. Ali pun datang memenuhi (undangannya).
阿里 也 来 实现 邀请 他
(Muakhir & Firdaus, 2009a: 33)
"阿里应邀到来。"

例(10a), 前一动词 berlari(跑)是主要谓语, 后面的 membongkok(弯腰)则表示跑的方式, 是状语。例(10b), 前一动词 berjalan(散步)是主要谓语, 后面的 berbimbingan tangan(携手)则是 berjalan(散步)的方式。例(10c), 前一动词 tersenyum(笑)是主要部分, 后面短语 mendengar penjelasanayah(听了爸爸的解释)表示原因。例(10d), 前一动词 datang(来), 后一动词短语 memenuhi undangannya(实现他的邀请)表示目的。

汉语一般将状语放在中心谓语之前, 所以例(10a~d)的译文均将表示方式的"弯腰"和"拉手", 以及表示原因的"听了……"、表示目的的"应邀"等置于另一动词之前。

7.3.4 其他

汉语和印尼语中, 动词短语都可以作另一个动词的宾语。这样的结构一般不被看作连动式, 而是动宾结构。如例(11)。

(11) a. 开始给人看病(刘月华等, 2001: 264)

b. 喜欢到湖边散步(刘月华等, 2001: 264)

c. Siti mulai menangis. (Sneddon, 1996: 280)
西迪 开始 哭
"西迪哭起来。"

d. Siti ikut membantu ayah. (Sneddon, 2010: 280)
西迪 参与 帮助 父亲
"西迪也和别人一起帮助父亲。"

e. Saya sudah berhenti merokok. (Sneddon，2010：280)
我　已经　停止　吸烟
“我已经戒烟。”

f. Keputusan pemerintah mulai dibicarakan. (Sneddon，2010：280)
决定　政府　开始　被讨论
“开始讨论政府的决定。”

g. Tesisnya selesai diperbaiki. (Sneddon，2010：280)
论文　完成　被修改
“他已经完成了论文的修改。”

汉语例（11a）和例（11b）的第二个动词短语，“给人看病”和“到湖边散步”，分别是第一个动词“开始”和“喜欢”的宾语。例（11c ~ g）5 个句子中，各句第二个动词短语也被 Sneddon 看作第一个动词短语的 complement，其可以译作“补语”或者“宾语”。例（11f）和例（11g）的第二个动词短语用被动语态。

总之，汉语和印尼语连动式两个部分的语义关系可以是并列，也可以是偏正。并列时，两者的区别不大。偏正式，汉语一般将修饰性动词短语放在前，将主要动词短语放在后。但印尼语的偏正式，两种情况都有。

7.4　连动式的语用功能

7.4.1　时序和信息结构

两个动词部分的相对位置，除了以上语义的限制以外，也与句子的信息结构及上下文有关。戴浩一（1985：206 - 207）指出：汉语的两个不同动词短语之间，如果没有“着、了、过”等时态助词，也没有“以前、以后”等表示时间的副词，两者的关系往往与事件实际发生的时间一致，即所谓“时序原则”（temporal sequence principle），下面是他的例子。

（12）a. 张三骑自行车走了。
b. *张三走了骑自行车。

c. 他坐公共汽车到这儿。

d. 他到这儿坐公共汽车。

例（12a），张三先“骑自行车”，然后才“走了”，前者是后者的方式。例（12b），顺序颠倒，先“走了”，再“骑自行车”，所以听起来很怪，戴浩一加了 *，表示语义不通。例（12c），先“坐公共汽车”，然后才“到这儿”，前者为后者的方式。例（12d）颠倒了两者的顺序，意思变成先“到这儿”，再“坐公共汽车”。处于第一个位置的动词短语，往往表示先发生的事件。处于第二个位置的动词短语，往往表示新发生的事件。而从上面例（12）可见，先发生的事件，可以理解为后发生事件的方式；后发生的事件，也可以理解为前一事件的目的。

因为汉语句子一般是话题和旧信息在前，评述和新信息在后。如“结婚生子”，是先结婚后生子，同时强调“生子”重要。而“奉子结婚”则强调后边的“结婚”，前边的“奉子”则是原因。又如“屡战屡败”强调的是后边的“屡败”，而反过来说“屡败屡战”则强调虽然屡次失败，仍然继续拼搏。

高增霞（2005）分析汉语肯定—否定连动式的句法特征，同时也考虑了这种连动式的语用功能，她以连动式“光笑不说话”为例，认为“不说话”就是指出“光笑”这个动作行为的异常性。就是说，通过第二部分“不说话”的否定，解释了第一部分“光笑”的意义，因而“整个句式具有强调作用”，如例（13）。

（13）“试试吧，怎么样？不行就拉倒，什么也不影响。我问你，你讨厌我吗？”晶晶摇摇头。“那就这么定下了。”晶晶光笑不说话。“别光笑。”我说。“试试就试试。”晶晶说，“以后你对我好吗？”“当然要比现在好。”（王朔，沈旭佳，1985）

高增霞将句法与语用联系起来解释连动式，对我们很有启发。特别是她认识到这类连动式与只说一个部分“光笑”或者“不说话”，作用是不一样的。值得进一步考虑的是连动式两个部分的语序是否与语境有关。

张琼郁（1993：257－258）指出，印尼语中没有介词连接的两个动词短语，第二个被理解为主要谓语。请看她对下面例（14）各句的汉语翻译。

（14）a. Ia duduk dan mendengar radio.
他坐 并 听 收音机

"他坐着并在听收音机。"

b. Ia duduk untuk mendengar radio.
他坐 为了 听 收音机
"他坐下来(以便)听收音机。"

c. Ia duduk mendengar radio.
他坐 听 收音机
"他坐着听收音机。"

(15) a. Aku bersepeda dan memanggil dia.
我 骑自行车 并 叫 他
"我骑自行车并且叫他。"(并列结构)

b. Aku bersepeda sambil memanggil dia.
我 骑自行车 一边 叫 他
"我一边骑自行车一边叫他。"

c. Aku bersepeda untuk memanggil dia.
我 骑自行车 为了 叫 他
"我骑自行车去叫他。"

d. Aku bersepeda memanggil dia.
我 骑自行车 叫 他
"我骑着自行车叫他。"

例(14a)的两个动词短语是并列关系，可以颠倒位置。例(14b)在第二个动词短语 mendengar radio 前加了介词 untuk，该短语成了动词 duduk(坐)的目的状语。例(14c)的两个动词短语之间没有介词，第一个动词短语理解为方式，第二个动词短语理解为主要谓语。再看例(15)。例(15a)是并列结构。例(15b)用了表示"同时"的 sambil，两者仍然是并列关系。例(15c)用了介词 untuk(为了)，第二个动词短语 memanggil dia(叫他)成了目的状语。例(15d)没有任何介词，第一个动词短语表示方式，第二个动词短语是主要谓语。总之，如果印尼语一个句子中两个动词短语之间没有任何介词或者连词，那么第二个动词短语倾向于被理解为主要谓语，即句子的焦点。

因此，汉语和印尼语连动式的第二部分可以作为新信息，是交流的重点。

7.4.2 语篇衔接

在实际语篇中，两个动词短语的相对位置与信息结构有关，自然也与语篇衔接有关。有学者提到，连动式的语用功能是强调（高增霞，2005）。但是讨论强调的语用功能，一定要联系语境。请看下面的汉语例子。

（16）a. 我在鞋盒子盖上写了几个粗字：我是方言。举着它迎着人流站在车站出站口。出站的和接人的路过我身边都看我，就像看傻子。（王朔，2004：2）

b. 我大声干笑着走进屋里一屁股坐在沙发上，随即又跳起来里外奔跑着找茶杯、茶叶、开水，沏茶拆烟拿糖拿瓜子，不停地寒暄说笑话把更舒服的地方让警察。"你别忙活了。"一个警察说，"你转来转去闹得我头都晕了。"（王朔，2004：6）

c. 我颇为诧异呆若木鸡怔了半天认出对方是那天送那对新人来我家住的女子李江云。我想溜被她叫住："别不好意思装作头一回干这种事，这样并不打动人，我知你是老手。"我强笑着干咳着东张西望着脸红红地说："人总是有纯真的一面。"后面有点虚，我不知道究竟怎么过渡的。（王朔，2004：56）

例（16a），连动式谓语由"举着它""迎着人流""站在车站出站口"三个动词短语组成。"举着它"放在第一，除了音节少的原因外，另一个原因就是使"它"靠近其先行词语——鞋盒子上写的"几个粗字"。同时"站在车站出站口"放在最后，是为了与下文"出站的和接人的"等衔接。例（16b），一段很长的连动式"又跳起来里外奔跑着找茶杯、茶叶、开水，沏茶拆烟拿糖拿瓜子，不停地寒暄说笑话把更舒服的地方让警察"，其中"把更舒服的地方让警察"放在最后，可以更好地与下文"一个警察说"相联系。例（16c）中有四个连动式谓语，第一个连动式"颇为诧异……"内各动词短语是按照事件发生的顺序排列。第二个连动式"想溜被她叫住"也是按照事件发生的顺序，先"想溜"，然后"被她叫住"。第三个连动式内的顺序是先因后果，先是"不好意思"，然后才有"装作头一回干这种事"。最后一个连动式是"说"的状语，四个动词短语所代表的行为可以同时进行，也可以先后进行。作者将"强笑着"放在第一位，与上文"不好意思"相联系；将"脸红红地"放在最后，一是因为要接后边的宾语从句，二是要接后边的“纯真”和“虚”等令说话人尴尬脸红的描述。

可见，汉语连动式内部的语序，除了句法和语义的限制以外，的确也与上下文、与语篇的衔接密切相关。再看下面印尼语的例子。

（17）Pipi mengerutkan kening tidak mengerti. Lalu，induknya cerita kalau
皮皮皱　眉　不　明白　然后 妈妈　讲　如何
kadang-kadang，ketika tidur，kita tidak sadar menggaruk badan kita.
有时　当　睡觉　我们不　自觉 挠　身体 我们
（Muakhir & Firdaus，2009a：21）
“皮皮皱着眉头，不明白。妈妈就解释说，我们睡觉时，有时会不自觉地挠自己的身体。”

例（17），mengerutkan kening（皱眉）和 tidak mengerti（不明白）构成连动式，作者把 tidak mengerti 放在后边，可与下文 induknya cerita...（妈妈讲……）相衔接。如果颠倒语序，就会突出“皱眉”，衔接的效果就差一些。

7.5　小结

汉语和印尼语都有将两个或更多动词短语串在一起使用的句式，即连动式。汉语、印尼语两种语言呈现一些共性：连动式各部分之间有时序、因果、伴随等各种语义关系。连动式内部的语序除了表示语义关系外，也与语境有关。内部语序可以根据语境表示强调，并通过强调与上下文衔接。汉语和印尼语的不同之处主要是：印尼语连动式往往可以在两部分之间加连词或者介词，汉语连动式则没有这么自由；从语义关系看，汉语倾向于将修饰性的动词短语放在主要动词短语之前，而印尼语动词短语的位置更为灵活。

第 8 章　时、体的表述

时，指事件与外部时间或者参照时间的关系，大致分为过去时、现在时和将来时。体，指事件内部的时间关系，如起始体、进行体、完成体等。本章对比汉语和印尼语中时与体的表述。

8.1　时的表述

汉语和印尼语的动词本身都没有时态变化。有关变化由副词、助词和上下文表示，先看汉语例（1）。

（1）a. 他们昨天买书。
　　b. 他们正在买书。
　　c. 他们明天将买书。

例（1）三句的谓语均用动词“买”，虽然三句的时间不一样，但是动词“买”本身没有变化。时间是通过其他方式表达的。例（1a），买书的行为发生在“昨天”，时间名词“昨天”起到表示过去的作用。例（1b），买书的行为发生在现在，动词“买”仍然无变化，副词“正在”起到表示现在时间的作用。例（1c）的“买书”将发生在“明天”，副词“将”和时间名词“明天”一起表示将来的时间。

同样，印尼语的动词也没有时态变化，有关变化由副词和上下文表示，如例（2）。

（2）a. Mereka sudah membeli buku kemarin.
　　　他们　已经　买　书　昨天

“他们昨天买书。”

b. Mereka sedang membeli buku.
他们 正在 买 书
“他们正在买书。”

c. Mereka akan membeli buku besok.
他们 将 买 书 明天
“他们明天将买书。”

例（2a），副词 sudah（已经）和时间名词 kemarin（昨天）一起表示过去。如果上下文清楚，即使省略这些词语也不影响交流。例（2b），副词 sedang（正在）表示现在。例（2c），副词 akan（将）和时间名词 besok（明天）一起表示将来的时间。所以，在时间的表达上，汉语和印尼语非常相似。

8.2 体的表述

下面看汉语、印尼语表示起始、进行、完结和未进行的情况。汉语和印尼语动词本身没有表示体的形态变化，主要依靠其他助词和副词等虚词表示。

8.2.1 起始

汉语用动词“开始”“起……来”或者“了”表示事件的开始，印尼语用动词 mulai（开始）表示，如例（3）。

（3）a. 他开始读报纸。
b. 他读起报来。
c. 他读起报来了。
d. 他读报了。
e. Beliau mulai membaca koran.
他 开始 读 报纸
“他开始读报纸。”

例（3a）用“开始”加动词短语表示有关事件的开始。例（3b）用“起……

来”也表示事件的开始。例（3c）用“起……来”连同“了”明确表示事件已经开始。例（3d）只用“了”会有歧义，在不同的语境里，可能单纯表示开始“读报”，也可能表示“读报”已经完成。印尼语例（3e）只用 mulai（开始）表示开始“读报纸”，类似于汉语例（3a）。

8.2.2 进行

表示事件正在进行，汉语和印尼语的动词都没有专门的语素。汉语一般用时态助词“着”和副词“正在”“正”“在”等表示，动词保持原来的形式。印尼语一般用 sedang（正在）、sekarang（现在）或者 masih（还在）、lagi（还）、tengah（正）和 dalam（在……中）等副词放在主语和主要动词之间表示，主要动词本身也没有词形变化。

（4）a. 我正在写论文。
　　b. 我正写论文。
　　c. 我在写论文。
　　d. 我在写着论文。

（5）a. Saya sedang tesis.
　　　我 正在 写 论文
　　　“我正在写论文。”
　　b. Saya masih menulis tesis.
　　　我 还在 写 论文
　　　“我还在写论文。”
　　c. Saya dalam menulis tesis.
　　　我 在……中 写 论文
　　　“我正在写论文。”

例（4）的汉语句子都表示正在进行的行为，分别用“正在”“正”“在”“在……着”等方式表示。例（5）的印尼语句子也表示正在进行的行为，分别用副词 sedang（正在）、masih（还在）和介词 dalam（在……中）表示。

8.2.3　完成

汉语一般用时态助词“了－1”和“了－2”表示完成，其中“了－1”附着在动词后，强调时间本身的结束，而“了－2”附着在动词短语后，强调总体情况的变化（胡明亮，2015b）。同时汉语也可以加上副词“已经”“刚刚”等表示行为的完成。如例（6）。

（6）a. 张三参加了考试。
　　b. 张三参加（了）考试了。
　　c. 张三已经参加（了）考试（了）。
　　d. 张三刚参加考试。
　　e. 张三（曾经）参加过考试。

例（6a），“了－2”表示通过考试这件事已经完成。例（6b），可以只用“了－2”，也可以用两个“了”。例（6c），同时使用“了”和副词“已经”。例（6d）用副词“刚”表示最近完成体。例（6e）用副词“曾经”和时体助词“过”表示过去的经验，即一段时间以前完成的行为。

印尼语可以用 sudah（已经）表示完成，用 baru（刚）表示最近完成，用 pernah（曾经）表示一段时间以前完成的行为，相当于汉语的“过”，如例（7）。

（7）a. Ali　sudah/selesai mengikuti ujian itu.
　　　阿里　已经/完成　参加　考试 那
　　　“阿里已经参加过那场考试。”
　　b. Ali　baru mengikuti ujian itu.
　　　阿里　刚　参加　考试 那
　　　“阿里刚参加了那场考试。”
　　c. Ali　pernah mengikuti ujian itu.
　　　阿里　曾经　参加　考试 那
　　　“阿里（曾经）参加过那场考试。”

例（7a），sudah（已经）表示完成，也可以用动词 selesai（完成）表示完成的意思。例（7b），副词 baru（刚）表示最近完成。例（7c），pernah 表示曾经的经验。

8.2.4 未然

表示未然和将来的事件，汉语用“将”“要”等副词表示，印尼语用 akan（将）、mau（要）、bakal（将）等副词表示。印尼语还有一个专门表示未开始的副词 belum（还未）。如例（8）。

（8）a. 他将学习印尼语。
b. 他要学习印尼语。
c. Dia akan/mau/bakal belajar bahasa Indonesia.
他 将/ 要/ 将 学习 语言 印尼
“他将要学习印尼语。”
d. Dia belum belajar bahasa Indonesia.
他 还未 学习 语言 印尼
“他还没有学习印尼语。”

从以上时态的表达方式看，汉语和印尼语都不改变动词本身的词形，都利用虚词和时间副词等表示时间和时体。汉语的时态还通过两个时态助词“了”表示，“了 -1”附着在动词后，“了 -2”附着在动词短语后。印尼语则一般用时间副词，其位置在主语和谓语之间。

8.3 时间副词的位置

汉语副词一般都用在主语和谓语之间。印尼语表示时间的副词一般放在主语和谓语动词之间，但是有时出于语用考虑，印尼语的时间副词可以放在句首或者句尾。如例（9）。

（9）a. Perintahkanlah ia agar memasak sup buntut yang menjadi
命令 他为 烹饪 汤 尾巴 （连词）成为
kesukaanku. Sudah lamasekali aku tak menikmatinya.
喜欢的 我 已经 久 很 我 没 享用 它
（Muakhir & Firdaus，2009a：40）

“命令他做我喜欢的牛尾汤，我很久没有享用它了。”

b. Malang—! Musibah kembali menimpa penduduk. Sudah berbulan-bulan
不幸　　灾难　又　袭击　村民　　已经　多月
hujan tak turun di daerah baru. Sungai-sungai kering.
雨水 不 落　在土地　新　河流　　干涸
(Muakhir & Firdaus, 2009a: 76)
“不幸的是，灾害又一次降临到村民头上。连续几个月，新土地没有下雨。河床都干涸了。”

c. “Aku tak mau belajar lagi! Aku tak mau lagi membaca buku!” Fu Sen
我　不要　学习　再　我　不要　再　读　书　福生
memaki dalam hati. “Besok, akan kubakar semua buku!”
骂　在……里 心　明天　将　我烧　所有　书
(Muakhir & Firdaus, 2009a: 48)
“福生在心里骂道：‘我再也不学习了，再也不读书了。明天就把书都烧掉。’”

例（9a），先说国王命令人给他做他喜欢的牛尾汤。后一句将 sudah lama-sekali（已经很久）放在句首，强调“已经很久”的意思。例（9b），讲了“灾难重新降临这里的居民”后，下一句讲“雨点没有落在新的土地上”，该句将 sudah（已经）放在句首，也是为了强调变化，并且与上文的灾难相关联。例（9c），福生不喜欢读书，所以他最后将 akan（将）放在主谓结构 kubakar（我烧）之前，强调他焚书弃学的决心。

8.4　小结

汉语和印尼语的动词本身都不通过形态变化表示时、体等概念，主要通过时间副词表达时和体。汉语除了用“已经”“正在”“将”“要”等副词表示以外，也采用附着在动词后的助词“了”“着”“过”表示。而印尼语则没有专门附着在动词后的虚词表示时和体。另外，汉语时间副词的位置一般在主语和谓语之间，而印尼语时间副词除了常在主语和谓语之间以外，还可以放在句末和句首，表示不同的语用功能。

第三部分　介词短语、状语和定语

第 9 章　介词短语

汉语和印尼语的介词短语在句法、语义和语用功能方面呈现许多相似之处和不同之处。本章从句法构成和位置、语序的语义功能以及语序的语用功能三个方面，讨论汉语和印尼语介词短语的异同。限于篇幅，主要集中讨论汉语“为”“到”“从”“用”四个介词和对应的印尼语 untuk（为）、ke（到）、dari（从）和 dengan（用）。

9.1　介词短语的句法特征

9.1.1　介词短语的构成

汉语和印尼语的介词都必须带宾语，一般不能单独使用。汉语介词的宾语一般是名词短语（如名词和代词），有时也可以是形容词短语、动词短语或者小句等（刘月华等，2001：269 - 270），如例（1）。

（1）a. 介词加名词短语：在张三家（聊天）
　　b. 介词加代词：对我（不错）
　　c. 介词加形容词短语：从好（变坏）
　　d. 介词加动词短语：至于种棉花（我们还没有研究）
　　e. 介词加小句：为了我们能顺利毕业（老师们一直辛苦工作）

名词短语是典型的介词宾语，其他宾语，如形容词短语、动词短语和小句等，是非典型的介词宾语。后者实际上在说话人的心目中被当作一种事物的名称，而弱化了这些宾语原来表示的状态和行为。这些非典型介词宾语一般代表着抽象事物，如“从好（变坏）”中的“好”指的是“好情况”，“种棉花”指的是“种棉花的工作”，“我们能顺利毕业”指的是“我们能顺利毕业这个目的”。这些短语和小句后边都可以加名词，成为名词短语。

印尼语介词的宾语主要也是名词短语（包括名词和代词等），但有时也可以是形容词短语和动词短语等（张琼郁，1993：145），如例（2）。

（2）a. 介词加名词短语：dengan siswa（跟学生）
b. 介词加代词：denganmu（跟你）
c. 介词加形容词短语：dengan baik（好好地）
d. 介词加动词短语：dengan membawa labu（带着南瓜）

一般认为，只有名词短语（包括代词）可以充当介词宾语（张琼郁，1993：140；Chaer，2009：108）。如果宾语是动词短语，那么该引导词应该看作连词，而不再是介词（Sneddon，2010：199）。但是，在印尼语中，连词和介词的界线有时不太清楚。比如，在同一印尼语法家的同一本语法书里，untuk（为）引导动词短语时，有时被称为 preposisi（介词）如例（3a），有时又被称为 konjungsi（连词），如例（3b）。

（3）a. Dia berlari untuk mengejar pencuri itu.（Chaer，2009：174）
他 跑 为 追捕 小偷 那
“他跑着追那个小偷。”
b. Jembatan penyeberangan ini dibuat untuk memudahkan anggota
桥 横渡 这 被建造 为 使……容易 成员
masyarakat menyeberang.（Chaer，2009：181）
社会 过河
“建造这座跨河大桥是为了方便群众过河。”

例（3b）中，untuk 后加动词短语 memudahkan...（使……容易）。例（3a）中，untuk 后加动词短语 mengejar pencuri（抓小偷）。Chaer 将例（3a）的 untuk 称为介词，将例（3b）的 untuk 称为连词。为了方便与汉语对比，本章将此类短语都看作介词短语。

9.1.2　介词短语的位置

汉语介词短语的位置多在主语和谓语之间，如例（4a），有时在句首，如例（4b）。有的介词短语用在动词后，如例(4c)。

（4）a. 我为这件事跑了好几个部门。
　　b. 为这件事，我跑了好几个部门。
　　c. 我跑到学校。

印尼语的介词短语一般用在谓语后，也可以用在句首和谓语前，如例（5）各句的 ke Huangshan（到黄山）。

（5）a. Kami pergi ke Huangshan untuk bertamasya.
　　我们 去 到 黄山 为了 旅游
　　“我们去黄山旅游。”
　　b. Kami pergi ke Huangshan bertamasya.
　　我们 去 到 黄山 旅游
　　c. Kami pergi bertamasya ke Huangshan.
　　我们 去 旅游 到 黄山
　　d. ＊Kami ke Huangshan pergi untuk bertamasya.
　　我们 到 黄山 去 为了 旅游

上述例（5a ~ c）均可以接受，意思都是“我们去黄山旅游”，但是像例（5d）那样把介词短语放在 pergi（去）等动词前的情况很少见，会被判为错句（甄芙菁，2008：5 – 13）。

9.2　介词短语的位置和语义

我们对 14 万个汉字的语料中“为、到、从、用”四个介词所引导短语的位置进行了统计，得到的结果总结为表 9 – 1。

表9－1　汉语介词短语的位置

介词短语	主语前（例）	谓语前（例）	谓语后（例）	其他（例）	合计（例）
“为”类	4（9.5%）	32（76.2%）	2（4.8%）	4（9.5%）	42
“到”类	19（9.8%）	8（4.2%）	165（85.5%）	1（0.5%）	193
“从”类	4（2.1%）	186（97.4%）	0	1（0.5%）	191
“用”类	0	50（100%）	0	0	50

表9－1中，“谓语前”指主语和谓语之间的位置。“其他”指用于定语等结构。“为”类介词短语没有包括“为了……”和“为什么”。“到”类介词短语没有包括“想到、看到”等。从表9－1可见，汉语大多数介词短语一般用在谓语前，少数介词短语用在谓语后。具体地说，表示目的和对象的“为”多在谓语前，有时也在谓语后。表示结果的“到”多在谓语后。表示来源的“从”一般在谓语前，偶尔在主语前。表示方式、工具的“用”只用在谓语前。由此可见，汉语介词短语的位置与其语义相关。

我们又统计了1.2万个单词的印尼语语料，调查由untuk（为）、ke（到）、dari（从）和dengan（用）等引导的的位置，结果如表9－2所示。

表9－2　印尼语介词短语的位置

介词短语	主语前（例）	谓语前（例）	谓语后（例）	其他（例）	合计（例）
untuk（为）类	0	0	51（98.1%）	1（1.9%）	52
ke（到）类	3（1.8%）	0	160（96.4%）	3（1.8%）	166
dari（从）类	2（3.1%）	1（1.5%）	61（93.9%）	1（1.5%）	65
dengan（用）类	8（8.9%）	1（1.1%）	79（87.8%）	2（2.2%）	90

表9－2显示，印尼语介词短语不论何种语义，一般都在谓语后，个别情况会放在谓语前。但印尼语介词短语的位置也受语义的一些影响。例如，表示目的的untuk（为）所引导的介词短语几乎总是在谓语后，与汉语“到”的情况类似。表示目的的ke和表示来源的dari所引导的介词短语绝大多数也在谓语后。而表示方式、工具的dengan所引导的介词短语虽然也多在动词后，但还有少量出现在主语前或者谓语前。

总之，从位置看，汉语的介词短语多在谓语前，而印尼语的介词短语几乎都在谓语后。从介词短语的语义看，汉语和印尼语介词短语的位置都受到语义限制，但是汉语的语义限制比印尼语多一些。

9.3　介词短语的语用功能

9.3.1　汉语

如表9－1所示，汉语的介词短语作状语，主要在主语和动词之间，有时在句首，也可在动词后充当补语，下面是“为、到、从、用”四个介词所引导的短语出现的语境如例（6）～例（9）。

（6）为

a. 我们是在北京飞广州的飞机上认识的，我们邻座。那是春天，我为出版社组稿。他说他是作家，语调低沉有半音阶，面目矜持有儒者风度。（王朔，2004：100）

b. 你边哭边说，说什么我没听清，当时我们都知道你在谈恋爱，为这事儿我们没少在背后取笑你。（王朔，2004：88）

c. 我们一直保你，说你在广州就和高洋分手了第一个走的，为这我甚至把我在昆明遇见高洋的时间提前到广州分手后，以便使你找到充分证据证明你当时在北京。（王朔，2004：125）

d. 他说要找我套汇，帮人换点港币，赚点差价，我还当什么事呢，原来就为这个，急急地把我找来，还说有重要事。（王朔，2004：170）

e. 好在我爷爷这么些年没少抓挠皇上一时用不着的东西，衣食是不愁，置了房置了地娶了我奶奶意思意思，不为别的就为看上了我奶奶肚里有我爸。（王朔，2004：173）

上面例（6a）中“为”所引导的介词短语在谓语前，是最常见的状语位置。例（6b），为了使回指上文“你边哭边说”等的“这事儿”更靠近上文信息，将“为这事儿”放在主语“我们”之前。例（6c），出于与例（6b）同样的理由，为了使“这”更靠近上文所指信息“保你”和“你……第一个走的”等，也将“为这”放在主语之前。例（6d）的“为这个”和例（6e）的“不为……就为……”分别在谓语“套汇”等和“置了房……”等之后。与其说这两个介词短语作其他动词的补语，不如说它们本身就是谓语。如果把这样的“为”所引导的介词短语看作谓语，那么这种短语在谓语后的频率就更低了。

（7）到

a. 下班的人潮已过，街上很冷清。我步行到东单路口，这儿热闹些，长安街上灯火通明，数条车龙相对川流。（王朔，2004：4）

b. 她妈是拣废纸的，从小到大没刷过牙……（王朔，2004：78）

c. 火车开了，那对新人从车窗里向我们招手。我们全没注意，直到站台变得空空荡荡了才往外走，仍然边走边说，完全忘了来这儿的目的。（王朔，2004：63）

上面例（7a），“到”所引导的介词短语在谓语“步行”之后，是最常见的语序，可使宾语“东单路口”与下文“这儿……”离得更近。例（7b），“刷过牙”为动宾结构，故“从小到大”必须移到谓语之前。当然，“从小到大”在谓语前，就与上文“她妈是拣废纸的”距离更近。例（7c）的“直到站台变得空空荡荡了”短语，可以说是描写上文的“全没注意”，也可以说是修饰下文的谓语“才往外走”。当然，也可以把“直到”看作动词，那样的话，“直到……”就是动词短语了。

（8）从

a. 他的身体在中国人里算是高大的，在人群中尤其明显，他的头总是露在上面。他从小就是同辈人中的高个子，因而在发育过程中有些驼背，这使他在行走时有些上身前倾，看上去总像是很清楚前边等着他的是什么。（王朔，2004：131）

b. 一个人穿着大衣迈下马路走过来，走过路灯时我看清了他的脸，是高洋。后面又有一个人大步追了上来，从军装式样上我认出是卓越。他们毫不停顿地走，消逝在黑夜中。（王朔，2004：103）

c. 马路下面的闹市区广告招牌、霓虹灯比比皆是，繁华商业街一条挨一条，人群熙攘车辆川流，形成一大片五光十色跳动着活力的花花世界到处充溢着阳光。从这个城市热闹非凡的市内景象和人群穿戴举止以及说话口音我还是相信我没到错地方，但我仍摆脱不掉一种异域感和隔世感。（王朔，2004：136）

上面例（8a），介词短语“从小”在谓语“是同辈人……”之前，是常见的位置。例（8b），小句“后面又有一个人大步追了上来”用“有”字句引入“一个人”，接着自然就是这个人的外貌和表现，如“大步”，而下句把“从军装式样上”放在句首，继续谈论那个人的外貌。例（8c），介词短语“从这个城市……”放在句首，是为了与上文对“城市”的描写相衔接。

（9）用

a. 高洋吹着吸着烟喝着可乐不歇气地比划着手势迷人地笑，他拿出一样物件给那帮港客传看，不时用夹烟的手点着这个物件神情肃穆地说着什么。（王朔，2004：172）

b. “可能，”许逊笑着说，“能拴住你七天不露面的我看也只有女人，就像要拴住一条狗光用链子它还老叫上蹿下跳，还得有根骨头它才不吭声。”（王朔，2004：36）

c. 让我自己来让我自己来，你慢点，你把这个都扯坏了，这儿还有个暗扣，这种机关就是专门设计用来防范你这种人的。（王朔，2004：104）

上面例（9a），“用夹烟的手”放在动词“点”前，是常见的位置。例（9b），“光用链子”可以看作动词短语，也可以看作介词短语，在“它还老叫上蹿下跳”前边作状语。“光用链子”放在小句之前，是为了与上文“拴住一条狗”衔接。例（9c），“用”的逻辑宾语“这种机关”回指“这个”和“暗扣”等，所以移到小句之首，是为了缩短它与同指词语“暗扣”的距离。

9.3.2　印尼语

表9－2显示，印尼语介词短语主要用在谓语后，但有时候也可以出现在其他位置。下面以介词 untuk（为）、ke（到）、dari（从）和 dengan（用）引导的介词短语为例，看介词短语的不同位置与语境的关系。除例（10a）外，下面例句均出自表9－2依据的语料。

（10）untuk

a. Namun sementara terjadi polemik, mayat-mayat hidup terus nongol di
但是　同时　发生　争论　尸体　活动　继续　出现　在

mana-mana. Para petugas ingin membereskan dengan cepat.
处处 （复数） 人员 想 平息 用 快
Untuk itu, rudal memang paling tepat. （SEAsite. com）
为 此 导弹 显然 最 合适
“但是，争论发生时，僵尸还在四处出没。官员们试图迅速平息。为此，使用导弹显然最合适不过了。”

b. Waduh, Ali menepuk kepalanya. Lupa! Akhirnya, Mama
呃咯 阿里 拍 脑袋 他 忘 最后 妈妈
mengambilkan air untuk Ali. （Muakhir & Firdaus, 2009a: 5）
拿 水 为 阿里
“‘呃咯。’阿里拍拍自己的脑袋，又忘了！最后，妈妈给他拿来水。”

例（10a），最后一句话的 itu 回指上文的情况，而将介词短语 untuk itu（为此）放在小句首，可以与上文更好地承接。这样的语序比较少见。例（10b），untuk Ali（为阿里）放在最后，是印尼语一般的语序。

（11）ke

a. Kasihan, ke mana pun mereka pergi, anak-anak selalu menertawakan
可怜 到 哪儿 也 他们 去 孩子们 总是 嘲笑
mereka. Teriak anak-anak, “Botak! Botak!”
他们 喊 孩子们 秃子 秃子
（Muakhir & Firdaus, 2009a: 60）
“不管他们去哪儿，孩子们都会嘲笑他们，‘秃子，秃子！’”

b. “Ufh! Akhirnya aku bebas!” seru sehelai daun, penuh suka. “setelah
呵呵 终于 我 自由 叫喊 一片 树叶 满 欢喜 在……后
begitu lama aku menempel kuat pada ranting itu, kini aku lepas
这么 久 我 依附 紧 对 树枝 那 现在 我 自由
darinya! Aku kini dapat pergi ke mana aku suka!” “Oho, tidak! Kau
从 他 我 现在 可以 去 到 哪儿 我 喜欢 哎呀 不 你
tak bisa ke mana-mana!” tukas angin. （Muakhir & Firdaus, 2009b: 68）
不 能 到 哪儿 接着 风
“一片叶子高兴地叫道：‘好呀，我终于自由了！我在树枝上沾了这么久，现在离开它自由了！现在我想去哪儿就去哪儿！’风接着说：‘哎呀，不能！你哪儿也不能去！’”

例（11a），ke mana（到哪儿）在主语前得到强调，其后的强调词 pun（也）也证明这个位置是强调信息的位置。例（11b），ke mana（到哪儿）放在动词 pergi（去）后边，是常见的语序，没有特别强调的意味。

（12）dari

a. Pada masa lampau，Raja Negeri Cina mendapat kiriman seekor gajah
在 时候 过去 王 国 中国 得到 礼物 一头 大象
dari sebuah negeri di daerah selatan. Ketika itu penduduk Cina belum
从 一个 国 在地方 南 时候 那 居民 中国 还未
pernah melihat gajah.（Muakhir & Firdaus，2009a：48）
曾 看见 大象
“古时候，中国皇帝收到南方国家赠送的一头大象。那之前，中国人还没有见过大象。”

b. Rara menjadi satu－satunya anak perempuan yang ikut balap karung.
拉拉 成为 唯一 孩子 女 （连词） 参加 赛跑 布袋
Akan tetapi，jangan salah. Dari kemarin Rara sudah menyiapkan diri
但是 不要 错 从 昨天 拉拉 已经 准备 自己
untuk ikut. Dia juga sudah latihan.（Muakhir & Firdaus，2009b：7）
为 参加 她 也 已经 练习
“拉拉是参加布袋赛跑的唯一个女生。但是，别误会。她从昨天就开始准备参赛了。而且她也练习过。”

c. Lalu，anak perempuan berkuncir lucu itu cerita kalau dia dari dulu ingin
然后 孩子 女 梳辫 可笑 那 讲 如何 她 从 以前 想
punya seorang kakak，tetapi tidak dikasih juga. Padahal，kalau punya
有 一个 哥哥 但是 不 被给 也 其实 如果 有
kakak，dia akan sangat sayang.（Muakhir & Firdaus，2009b：11）
哥哥 她 将 非常 喜爱
“接着，那个梳着可笑辫子的姑娘说，她从小就渴望有一个哥哥，但是没有那个福气。其实，假如有哥哥的话，她会很爱他的。”

例（12a），介词短语 dari sebuah negeri di daerah selatan（从南方一个国家）放在谓语之后，是常用语序。例（12b），介词短语 dari kemarin（从昨天）放在句首，是为了强调“拉拉”昨天就开始练习布袋赛跑了。例（12c），介词短语 dari dulu（从以前）放在主语 dia（她）和谓语 ingin...（想……）之间，一是因为 ingin（想）的宾语太长，二是因为没有必要突出这个状语。

（13）dengan

a. Raja bermaksud untuk mendatangi Sri Thanonchai. Dikenakannya
国王想 为 见 先生 塔农查依 被穿 他
pakaian yang lusuh. Dengan mengendarai gajah kesayangannya,
衣服 （连词） 褪色 用 骑 大象 喜爱 他
ia lalu pergi ke rumah Sri Thanonchai yang berada di tepi
他然后 去 到 家 先生 塔农查依 （连词） 在 在边
sebuah sungai.（Muakhir & Firdaus，2009a：24）
一 河
“国王想见一下塔农查依先生。他穿上旧衣服，骑上心爱的大象，去位于河边的塔农查依家。”

b. Setelah memberi bekal yang cukup，Abu dan istrinya dengan berat hati
在后 给 盘缠（连词） 够 阿布 和 妻子 用 沉重心
menyuruh Ali pergi jauh-jauh. Tahun-tahun berlalu. Jauh di Negeri
吩咐 阿里 去 远远 年年 过去 远 在国
Syam，Ali telah menjadi seorang saudagar kaya.
叙利亚 阿里 已 成为 一个 商人 富
（Muakhir & Firdaus，2009a：32）
“阿布和妻子给了阿里足够的盘缠，依依不舍地吩咐阿里走得远远的。岁月流逝，在遥远的叙利亚国，阿里成为一位富有的商人。”

c. Si Fakir mengajarkan permainan itu kepada Raja. Dalam waktu singkat
苦行者 教 游戏 那 给 国王 在内 时间 短
Raja sudah bisa memainkannya dengan baik. Ia menyenangi permainan itu.
国王已经 能 玩 它 用 好 他喜欢 游戏 那
“Wahai，Fakir，” Raja berkata，“permainanmu sungguh sangat
我说 苦行者 国王 说 游戏 你 真正 很
mengasyikkan. Sekarang，katakan hadiah apa yang engkau
迷人 现在 说 奖品 什么（连词） 你

inginkan."（Muakhir & Firdaus，2009a：56－57）
想要
"苦行者教国王游戏。没用多少时间，国王就玩得很好了。国王非常喜欢这种游戏，说：'苦行者，你的游戏的确有意思。现在就说一说，你想得到什么奖品。'"

例（13a），介词短语 dengan mengendarai gajah kesayangannya（骑上喜爱的大象）放在小句之前，是为了与上文 dikenakannya pakaian yang lusuh（他穿上旧衣服）形成对比。例（13b），介词短语 dengan berat hati（依依不舍地）放在主语和谓语之间，加以弱化，同时也突出了后边的谓语 menyuruh Ali pergi jauh-jauh（吩咐阿里走得远远的），后者又接着下文 Jauh di Negeri Syam（在遥远的叙利亚国）等。例（13c），dengan baik（好好地）放在第二小句句尾，是通常的位置。

9.4 小结

汉语和印尼语介词短语的宾语主要是名词短语，在句中的位置均受语义的限制，也会受语境的影响。汉语和印尼语也有一些不同之处。首先，汉语绝大多数介词短语用在主语和谓语之间，但以"到"引导的介词短语因其语义为目的，一般用在谓语后。而印尼语绝大多数介词短语用在谓语之后，有时用在句首，很少用在主语和谓语之间。其次，汉语介词短语的位置受其所表示语义的影响较大，而印尼语介词短语的位置受语义影响较小。最后，汉语介词短语在主语前被话题化，而印尼语介词短语在主语前是为了强调介词短语本身，汉语通过话题化达到衔接的目的，而印尼语则通过强调达到衔接的目的。在下一章，我们将专门讨论汉语介词"在"和印尼语介词 di（在）在句法、语义和语用方面的异同。

第10章　汉语“在+处所”和印尼语“di+处所”的对比

汉语和印尼语的基本语序都是SVO，但是汉语的定语和状语一般在中心语前，印尼语的定语和状语一般在中心语后。汉语常用来表示存在的介词短语是“在+处所”，印尼语常用来表示存在的介词短语是“di+处所”。两者在句法特征、语义关系和语用功能方面有同有异，值得对比研究。

10.1　“在+处所”和“di+处所”的句法特征

10.1.1　“在+处所”短语和“di+处所”短语的构成

汉语“在+处所”短语的构成是：在　+　名词　+　方位词。其中“在”或“方位词”可能会省略。有些名词后面还不能加方位词。如例（1）。

（1）a. 在桌子上；在他身边；在屋里；在国外
　　b. 在北京；在印度尼西亚；在农村；在乡镇；在游览区
　　c. 在教室（里）；在学校（里）；在运动场（上）；在天空（中）
　　d. 教室里；学校里；运动场上；天空中

第一类例（1a），普通名词后需要方位词，如“上、下、里、外、前、后”等，不能说“在桌子、在他身、在屋、在国”等。第二类例（1b），有些名词后面不能加方位词，主要是专用名词，如“北京、印度尼西亚”，以及一些普通名词，如“农村”等。第三类例（1c），方位词可加可不加，如“教室、学校”等。第四类例（1d），处所词语前可省略“在”。

印尼语“di + 处所”结构语与汉语非常相似，也会用方位词，如 atas（上）、dalam（在……里）、luar（外）等，但放在 di 和名词之间。很多时候会省略方位词，如例（2）。

（2）di（atas）gunung 在山上；di dalam tas 在包里；di luar negeri 在国外
di dekat pintu 在门边；di belakang meja 在桌子后；di depan rumah 在房前
di rumah 在家；di sekolah 在学校；di Indonesia 在印尼

印尼语“di + 处所”结构语有时也可以省略介词，而保留方位词，主要表示抽象义，如例（3）（Sneddon，2010：196）。

（3）a. tokoh　dalam　　cerita itu
人物　在……里　故事　那
“那个故事中的人物”
b. perbedaan antara kedua kata itu
区别　　之间　两　　词　那
“那两个单词之间的区别”

10.1.2　“在 + 处所”短语和“di + 处所”短语的位置

汉语“在 + 处所”短语和印尼语 di + 处所短语都可以出现在句子的三个位置：主语前、动词前、动词后。笔者调查了 7 万个汉字的汉语语料以及 1.5 万个单词的印尼语语料，结果如下表所示。

表 10－1 “在＋处所”短语和“di＋处所”短语的位置

		主语前（例）	动词前（例）		动词后（例）		合计（例）
			单字动词	多字动词	单字动词	多字动词	
汉语“在＋处所”短语	单句/分句	1（1.1%）	3（3.4%）	39（44.3%）	40（45.5%）	5（5.7%）	88
	存现句		8				8
	定语从句中			2	8		10
印尼语“di＋处所”短语	单句/分句	25（29.8%）			59（70.2%）		84
	存现句		15				15
	定语从句中	28			4		32

表 10－1 显示：汉语“在＋处所”短语在单句/分句中用在动词后最多（45.5%＋5.7%＝51.2%），其次是动词前（3.4%＋44.3%＝47.7%），在主语前的只有 1 例，可能是由于在主语前时常省略“在”。“在＋处所”短语在单句/分句中的位置与动词的音节数有关，动词为单字时（如“坐”），“在＋处所”短语大多在动词后，动词为多字时（如“休息”），“在＋处所”短语大多在动词前。用在存现句（如“在山上有房子”）主语前的有 8 例，如果也算作动词前，那么就会比动词后多一些。

印尼语“di＋处所”短语一般在单句/分句中的动词后（70.2%），有时在主语前（29.8%）。未发现在主语和动词之间的。用于存现句动词前的有 15 例，用在定语从句中处于主语前的有 28 例，均比汉语同类情况多。未发现单独作谓语的例子。可见，汉语和印尼语动词前后相差较小，下面是汉语例句。

（4）a. 在路上，她遇到一只特别脏的狗，……（顾作峰，2009：52）

b. 有一天，这个小男孩像往常一样在山坡上放羊。（顾作峰，2009：12）

c. 八戒重重地摔在地上。（顾作峰，2009：26）

d. 古时候，在恒河边有一只美丽而善良的九色鹿。（顾作峰，2009：1）

e. 我要得到我在梦中所见到的九色鹿。（顾作峰，2009：3）

例（4a），“在路上”在主语前。例（4b），“在山坡上”在主语和谓语“放羊”之间。例（4c），“在地上”在动词“摔”之后，通常被称为补语。例（4d）是存现句。例（4e），“在梦中”是定语内的状语，也在主语“我”和谓语“所见到”之间。

印尼语“di + 处所”短语只发现在主语前和动词后，没有发现在主语后和动词前，如例（5）。

（5）a. Di kamar Ian duduk di lantai dikelilingi mainan-mainannya.
在 房间 依安 坐 在地板 被包围 玩具
“房间里，依安坐在地板上，周围是他各种各样的玩具。”
（Muakhir & Firdaus，2009a：72）
b. Setiap pagi，Keli berlatih sendirian di halaman rumahnya.
每 早晨 克里 练习 独自 在 院子 家 他
（Muakhir & Firdaus，2009a：16）
“每天早晨，克里在他家的院子里独自练习。”
c. Di pinggir lapangan memang ada lubang.（Muakhir & Firdaus，2009a：17）
在边 运动场 的确 有 洞
“在运动场边的确有一个洞。”
d. Raja ingin mengenal orang yang menjadi pembicaraan banyak
国王想 认识 人 （连词）成为 会谈 很多
orang di negerinya.（Muakhir & Firdaus，2009a：33）
人 在国家 他
“国王想认识一下这个人，他成了王国里很多人的话题。”

例（5a），介词短语 di kamar（在房间）在句首，第二个介词短语 di lantai（在地板上）在动词 duduk（坐）后，说明 Ian（依安）坐的位置。例（5b），介词短语 di halaman rumahnya（在他家院子里）出现在动词短语 berlatih sendirian（独自练习）之后，是印尼语最常见的语序。例（5c）是存现句，介词短语在句首。例（5d），介词短语用在定语从句中。

10.2 “在 + 处所”和“di + 处所”的语义关系

“在 + 处所”和“di + 处所”短语都表示某一事件、状态的情况，在句中修饰或说明动词。学者已经总结了汉语“在 + 处所”短语在三个位置的语义差异：在句首指整个事件发生的处所；在句中表示动作发生的处所或者状态呈现的处所；在句尾表示动作达到的处所或者状态呈现的处所（范继淹，1982；沈家煊，1999），如例（6）。

（6）a. 在墙上他跳。
b. 他在墙上跳。
c. 他跳在墙上。
d. 在家里他病着。
e. 他在家里病着。
f. 他病在家里。

例（6a～c）各句表示“跳”的行为或事件。例（6a），“在墙上”位于句首，表示“他跳”这个事件的处所。例（6b），“在墙上”位于主语和动词之间，表示动作“跳”的场所。例（6c），“在墙上”在动词“跳”之后，表示跳完以后到达的终点。例（6d～f），各句表示“病”的状态。“在家里”在句首，表示“他病着”的处所。例（6e），“在家里”在句中，表示“病着”的处所。例（6f），“在家里”在句尾，表示他得病后所处的地方是家里。这样的分析，就不必像一些专家那样（齐沪扬，1994），考虑语义指向了。

上面例（6）中介词短语在句首和句中的语义区别，主要在于其管辖的范围不同。范继淹（1982）用例（7）说明这两个位置在意义上的不同。

（7）a. 在院子里，爷爷在乘凉，妈妈在洗菜。
b. 爷爷在院子里乘凉，妈妈在洗菜。

例（7a），“在院子里”可以管多个事件，即“爷爷乘凉”和“妈妈洗菜”都发生在院子里。例（7b）则不同，“在院子里”只是说“爷爷乘凉”的行为发生在院子里，但“妈妈洗菜”就不一定在院子里。

如表 10－1 所示，印尼语“di＋处所”短语多用于动词后。即使出现在主语前和动词前，其仍表示活动的处所，在语义上没有很大差异。如例（8）。

（8）a. Di sekolah ia belajar bahasa Indonesia.
在 学校　他学习　语言　印尼
“他在学校学习印尼语。”

b. Ia belajar bahasa Indonesia di sekolah.
他学习 语言 印尼 在学校
“他在学校学习印尼语。”

c. Ia di sekolah belajar bahasa Indonesia.
他在学校 学习 语言 印尼
“他在学校学习印尼语。”

例（8）各句，di sekolah（在学校）的位置不同，但是其管辖范围的变化不像汉语那么大。

范继淹（1982）指出，汉语在主语前和动词后能否用“在＋处所”短语，与动词宾语的语义有关，在动词前则没有这样的限制。如例（9）。

（9）a. ＊他写字在黑板上。
b. 他写了几个字在黑板上。
c. ＊在黑板上他写字。
d. 在黑板上他写了几个字。
e. 他在黑板上写字。
f. 他在黑板上写了几个字。

例（9）各句之间的差异，与处所短语的位置有关。例（9a），处所短语“在黑板上”在句尾表示动作造成的结果，是有界的；但是句中“写字”表示的行为是无界的，两者矛盾，所以句子不合法。例（9b），宾语“几个字”使动作完成，有界，而与句尾表示结果的“在黑板上”相适合，故合法。同样，例（9c）句首的“在黑板上”表示事件发生的处所。既然是“事件”，也需要有界，但“写字”无界，故矛盾，不被接受。例（9d）的“几个字”使事件有界，故可接受。为什么例（9e）的“写字”可以呢？可以这样解释：“在黑板上”位于主语和动词之间，说明“写字”行为发生的处所，而不是结果。例（9f）的宾语是“几个字”，也可以。所以，不论“写字”是否一次完成，是否有界，句中的位置都能接受。

10.3 “在+处所”和“di+处所”的语用功能

介词短语所处的位置，不仅受到句法和语义的限制，而且也受到语用的限制。就是说，不同的语序，适应不同的语用要求；不同的语序，具有不同的语篇功能。过去也有过“在+处所”短语和“di+处所”短语的对比（叶舒雅，2011），但是没有考虑语用的因素。下面讨论三种语篇功能：强调功能、引介功能和衔接功能。

10.3.1 强调和对比

上文提到，离开语境看，“他写字在黑板上”和“在黑板上他写字”都不太被接受。但是在一定的语境里，为了强调或者对比，这样的语序是允许的，如例(10)。

(10) a. 在黑板上他写字，在墙上他画画儿。
b. 他写字在黑板上，画画儿在墙上。
c. 从前，有一只长耳兔去看望他的未婚妻。他兴奋地走在路上，突然，一只老狼蹿了出来，抓住了他。(顾作峰，2009：45)
d. 一天长发妹看见一个老爷爷挑着一担水，颤巍巍地在路上走，一不小心跌倒了，水流光了，老爷爷的腿也跌破了，鲜血直流。(顾作峰，2009：77)

句首是说明整个事件的位置，而“写字”和“画画儿”都是无界的，故将处所短语放在句首，非常少见。但是在例（10a）的语境下，把处所短语放在句首作为话题，可以对比句中两个处所的不同，所以可以接受。例（10b），因为“写字”和“画画儿”都是动宾短语，不是单字动词，所以从结构上看，动词后也不是常用语序。但是在例（10b）的语境下，说话者可以用句末的位置强调句中两个处所的不同，所以也可以接受。例（10c），作者不用“在路上走着”，而用了“走在路上”，就是为了把处所短语放在动词后加以凸显。而例（10d），作者又把“在路上”放在“走”之前，就没有凸显处所，而是凸显“走”，因为下面接着讲“走”的时候，老爷爷“一不小心跌倒了”。总之，汉语强调“在＋处所”短语的位置一般不是句首，而是动词后。

印尼语“di＋处所”短语一般在动词后，但是为了强调处所，也会移到动词之前。一种情况是倒装的特指问句，如例（11a）；另一种情况是普通的陈述句，如例（11b）。

（11）a.（Aku tahu）di mana bisa mendapatkan sirup itu.

　　我　知道　在　哪儿　可以　得到　　糖浆　那

　　（Muakhir & Firdaus，2009a：28）

　　“（我知道）哪儿可以搞到这种糖浆。”

b. Musim hujan，udara sangat dingin. Di luar hujan turun lebat. Di kamar

　　季节　雨　天气很　冷　在外　雨　下　大　在房间

　　Ian duduk di lantai dikelilingi mainan-mainannya.

　　依安　坐　在地板　被围着　玩具　他

　　（Muakhir & Firdaus，2009a：72）

　　“雨季，天气很冷。外面下着大雨。房间里，依安坐在地板上，周围是他各种各样的玩具。”

在印尼语特指问句中，疑问词是句子强调的焦点，而疑问词又往往放在句首。例（11a）特指问句的 di mana...（在哪儿）放在间接问句的开头加以强调，以引起听者注意并回答。例（11b），介词短语 di luar（在外边）和 di kamar（在房间里）都移到各自小句的句首，也是为了强调“在外边”和“在房间里”的对比。

总之，汉语一般将“在＋处所”短语放在动词后加以强调和对比，而印尼语则一般将“di＋处所”短语放在句首加以强调和对比。

10.3.2　引出下文

“在＋处所”和“di＋处所”短语放在句首时，构成存现句，具有引出话题、进一步阐述的作用。先看汉语例（12）。

（12）a. 古时候，在恒河岸边有一只美丽而善良的九色鹿。她头上的角像雪一样白，身上的毛有九种颜色，漂亮极了。（顾作峰，2009：1）

b. 从前，在一座山上长着一棵桑树，树干上有一个大洞，树干里已经空了。（顾作峰，2009：147）

c. 在大森林里，住着许多小动物，他们每天都在森林中玩耍，成了非常好的朋友。（顾作峰，2009：142）

例（12）各段的第一句均为存现句，“在 + 处所”短语在句首。例（12a），存现句引出“一只美丽而善良的九色鹿”，下一句把九色鹿作为话题，进一步描述。例（12b）的存现句引出“一棵桑树”，接下来进一步描述这棵桑树。例（12c）先引出“许多小动物”，接着介绍小动物的情况。

印尼语“di + 处所”短语前置时，往往也有引出话题、展开论述的作用。这种情况的前移，往往伴随着主语的后移，类似于汉语的存现句，如例（13）。

（13） a. Konon，dulu di India，hidup seorang Raja yang amat kaya.
据说 从前在印度 生活 一个 国王（连词） 很 富裕
（Muakhir & Firdaus，2009a：56）
“据说很久以前，在印度有一个国王，非常有钱。”

b. Di daerah Khorasan，India，tinggallah seorang saudagar dan istrinya.
在 地区 呼罗珊 印度 住 一个 商人 和 妻子 他
（Muakhir & Firdaus，2009a：28）
“印度的呼罗珊地区住着一个商人和他的妻子。”

例（13a），di India（在印度）移到动词 hidup（生活）之前，同时 seorang Raja...（一个……国王）移到动词之后，形成倒装。像汉语存现句一样，其功能就是利用旧信息（在印度），引出新信息（生活着一个……国王），下文接着讲这个国王的故事。同样，例（13b）的 di daerah Khorasan，India（在印度的呼罗珊地区）移到句首，也是把大家熟悉的印度作为旧信息，从而引出新信息 seorang saudagar dan istrinya（一个商人和他的妻子），接着再讲这对商人夫妻的故事。

所以，汉语和印尼语都偏好把处所短语放在存现句的句首，引出下面的新信息。此外，印尼语还用倒装句表示类似功能，汉语倒装句的句首是强调的位置。

10.3.3　承接上文

“在+处所”和“di+处所”短语在句首时，都具有承接上文的功能。先看汉语例（14）。

（14）a. 可怜的孩子含着眼泪，离开了家。在路上，她遇见一只特别脏的小狗，她把小狗带到了河边给它洗了个澡……（顾作峰，2009：52）

b. 累了几天的小虎子躺在床上迷迷糊糊地睡着了。睡梦中，小虎子又看见了那个胖乎乎的人参娃娃。（顾作峰，2009：34）

例（14a），第一句讲可怜的孩子离开了家，离开家就要走路，所以第二句的“在路上”是旧信息。作者把它放在句首充当话题，就可以与上文衔接。例（14b），第一句讲“迷迷糊糊地睡着”，接着第二句开头的话题“睡梦中”与其衔接，然后引出新信息“小虎子又看见了那个胖乎乎的人参娃娃”。“睡梦中”相当于“在睡梦中”，省略了“在”。可以说，汉语位于句首的“在+处所”短语，一般表示旧信息，与上文的意思关联，作为话题，再引出新的信息。

印尼语非存现句的“di+处所”短语一般在动词后，如果出现在句首，也会表示旧信息，具有承接上文的作用，如例（15）。

（15）a. Tampak sebuah baskom besar. Di baskom itu tertera tulisan “sirup”.
出现　一个　盆子　大　在盆子　那印刷　字　糖浆
（Muakhir & Firdaus，2009a：28）
“（他）看到一个大盆子。盆子上印着‘糖浆’的字样。”

b. Anak itu membawa gajah ke tepi sungai. Dinaikkannya ke atas
孩子那带　大象到边　河　把它牵上　到上
perahu. Bagian bawahperahu masuk ke dalam air. Di tepi sungai,
船　部分　下　船　进　到里　水在边　河
penduduk dan para pegawai Raja memperhatikan.
老百姓　和　官员　国王关注（看）
（Muakhir & Firdaus，2009a：49）
“那个孩子将大象牵到河边，拉上船。船的下部没入水中。在河边，老百姓和国王的官员们都在关注地看着。”

c. Setiap deretan memanjang atau ke bawahnya terdiri dari delapan kotak.
每个 行 纵向 或者到 下边 包括 8 格
Di setiap kotak diletakkan orang-orangan.
在每 格 被放着 棋子
(Muakhir & Firdaus, 2009a: 56)
"每横行和竖行都有 8 个格。在每个格子里放着棋子。"

例（15a），第一句提到 sebuah baskom besar（一个大盆子），接着下一句开头的 di baskom itu（在那个盆子里）回指 baskom（盆子）。例（15b），第一句引出新信息 tepi sungai（河边），然后再谈牵大象上船，第四句的 di tepi sungai（在河边）是旧信息，故放在句首充当话题，再引出新信息 penduduk dan para pegawai raja（老百姓和国王的官员们都在关注地看着）。例（15c）的情况与例（15b）类似。第一句的最后引出新信息 delapan kotak（8 个格子），第二句接着以包含旧信息 kotak（格子）的处所短语 di setiap kotak（在每个格子里）开头，引出 diletakkan orang-orangan（放着棋子）的新信息。于是，语句更加衔接。

10.4 小结

汉语"在"和印尼语 di（在）在句法、语义和语用上均有同有异。在句法结构上，汉语"在 + 处所"短语和印尼语"di + 处所"短语分别由介词"在"和 di 引导，汉语的方位词在处所名词后，如"在桌子上"，而印尼语则在处所名词前，如 di atas meja（在桌子上）。两者位置的频率也不同。汉语"在 + 处所"短语多用在动词前和动词后，印尼语"di + 处所"短语则多用在动词后。在语义上，"在 + 处所"短语的位置与其修饰功能有关系，而"di + 处所"短语不论是在主语前还是在动词后，均说明谓语所表示的行为或者状态的处所，并无大的差异。在语用上，"在 + 处所"短语和"di + 处所"短语用在存现句主语前均表示旧信息，起着承上启下的衔接作用。"在 + 处所"短语在动词后时一般表示强调，而"di + 处所"短语在句首时一般表示强调。

第11章　汉语和印尼语的状语

11.1　状语的构成

状语是修饰动词或者形容词的句子成分。汉语和印尼语的状语可以是副词、形容词、名词短语、数量词、代词、介词短语、动词短语、状语从句等。下面例（1～8）的印尼语例句引自张琼郁（1993：342－343）。

（1）副词

a. 他经常买书。

b. Ia sangat terkejut. （副词：sangat）

他很　惊讶

"他很惊讶。"

（2）形容词

a. 我高兴地邀请他们到我家。

b. Amin belajar rajin（形容词：rajin）

阿明 学习　努力

"阿明努力学习。"

（3）名词短语

a. 他们昨天回来。

b. Tanggal 15 Oktober kami berangkat. （名词短语：tanggal 15 Oktober）

日　15 十月　我们 出发

"我们10月15日出发。"

（4）数量词

a. 这门课要16个星期才能讲完。

b. Kami makan sehari sekali. （数量词：sehari sekali）

我们 吃饭 每天 一次

“我们每天吃一顿饭。”

（5）代词

a. 老人不能自己打扫房间。

b. Nanti kau akan mengerti sendiri. （代词：sendiri）

以后 你 会 理解 自己

“以后你自己会理解的。”

（6）介词短语

a. 不要在小区里停车。

b. Di mana engkau tinggal?（介词短语：di mana）

在 哪儿 你 住

“你住在哪儿?”

（7）动词短语

a. 孩子蹦蹦跳跳地跑过来。

b. Telah 2 hari ia bekerja membanting tulang.

已经 2 天 他 工作 拼命

（动词短语：membanting tulang）

“他已经拼命工作2天了。”

（8）状语从句

a. 因为家里太穷，所以他不能上学。

b. Sekalipun ia sangat sibuk，tak pernah ia absen.

虽然 他 很 忙 不曾 他 缺席

“他虽然很忙，但是从未缺席。”（状语从句：sekalipun ia sangat sibuk）

从上面的例子可以看出，汉语和印尼语的状语呈现很多共性。如，两者作状语的名词短语多为表示时间词语，两者作状语的数量词也多为表示时间和频率等的词语，两者作状语用的代词都是“自己”之类的词语。但如果仔细看，可以发现两者还是有些不同。如，汉语状语常用“地”词尾作标记，而印尼语状语不必有任何标记。另外，两者的位置也有所不同，下节具体分析。

11.2　状语的位置

汉语状语一般出现在两个位置：一是句首，二是主语和谓语之间，如例（9a～b）。有时为了强调，会放在谓语之后，如例（9c～d）。

（9）a. 果然，他们没有买到票。
　　b. 他们果然没有买到票。
　　c. 他们没有买到票，果然。
　　d. 于是我们只好等待着黄昏的到来，抑郁地。（刘月华等，2001：518）

副词等音节较少的状语多在主语和谓语之间，音节较多的状语，如介词短语等，既可能在句首，也可能在句中。如果多个状语同时出现时，音节较少的副词和形容词状语往往在音节较多的介词短语之前（熊文华，1996：71）。但还应该考虑主语前后的不同位置，以及状语从句的位置。

（10）a. 他马上从机场给我打电话。
　　b. 昨天我上班的时候，他从机场给我打电话。
　　c. 他在我上班后立刻给我打电话。
　　d. ？他立刻在我上班后给我打电话。
　　e. 他在机场曾给我打电话。

例（10a），符合熊文华（1996）的观察，时间副词“马上”在介词短语“从机场”之前。例（10b），时间词“昨天”在状语“我上班的时候”之前，符合上述观察；主语后边“从机场”在“给我”之前，但两者的位置也可以互换。例（10c），介词短语“在我上班后”在副词“立刻”之前，虽然不符合上述观察，但也合法。例（10d），音节较少的“立刻”在音节较多的“在我上班后”之前，反而不太好。例（10e），音节较多的“在机场”在音节较少的“曾”之前，也合法。所以说，音节多少只是决定汉语状语位置的因素之一，还有其他因素，如语义和语用，也影响状语的位置。

印尼语状语的位置比较复杂，有些位置是固定的，有些是灵活的。一些状语往往放在主语和谓语之间，如表示程度的 sangat（很）、terlalu（非常），表示范围的 hanya（只）、cuma（只）、alangkah（多么）等，表示时态的 sedang（正在）、tengah（正在）、masih（仍然）、akan（将）、belum（未曾），表示肯定和否定的 tidak（不）、pasti（一定）、mesti（应该）等，如例（11）。

（11）a. Situasi internasional sangat baik.
形势 国际 很 好
"国际形势很好。"
b. Ada hanya tujuh orang.
有 只 7 人
"只有 7 个人。"
c. Ia sedang bekerja di kantor.
他 正 工作 在 办公室
"他正在办公室工作。"
d. Saya tidak membaca buku ini.
我 不 读 书 这
"我不读这本书。"

有些状语会出现在谓语后边，如某些程度副词 benar（真的）、sekali（很），以及语气副词 saja（就，而已）等，如例（12）。

（12）a. Baik benar.
好 真
"真好。"
b. Ia capek sekali.
他 累 很
"他很累。"
c. Biarlah saja dia tidur.
让 就 他 睡觉
"就让他睡吧。"

位置可在动词前后的状语有：个别程度副词如 amat（很）等，个别时态副词如 sudah 和 segera（马上），以及介词短语，下面（13）是一些例子。

（13）a. Ali　amat lapar.
阿里 很 饿
“阿里很饿。”
b. Ali　lapar amat.
阿里 饿 很
“阿里很饿。”
c. Sandara segera datang.
姗达拉 马上 来
“姗达拉马上就来了。”
d. Sandara datang segera.
姗达拉 来 马上
“姗达拉马上就来了。”
e. Ke perpustakaan dia pergi.
到 图书馆 他 去
“他去图书馆。”
f. Dia pergi ke perpustakaan.
他 去 到 图书馆
“他去图书馆。”

例（13a）和例（13b），副词 amat（很）分别在谓语形容词 lapar（饿）的前后。例（13c）和例（13d），时态副词 segera（马上）分别在动词 datang（来）的前后。例（13e）和例（13f），介词短语 ke perpustakaan（到图书馆）分别在句首和动词 pergi（去）的后边。状语从句可以在主句的前边或后边。

下面例（14）各句是使用印尼语状语的例子，引自一篇印尼语儿童故事的开头部分（Muakhir & Firdaus，2009a：4）。

（14）a. Hari ini udara dingin sekali.
今天 这 天气 冷 很
“今天天气很冷。”
b. Ali　rasanya ingin　makan terus.
阿里 觉得 想 吃 马上
“阿里想马上吃饭。”

c. Mama senang sekali kalau Ali makan terus.
妈妈 高兴 很 如果 阿里吃 马上
"看到阿里急着吃饭，妈妈很高兴。"

d. Mama mengambilkan lauk dengan senang.
妈妈 拿 饭菜 用 高兴
"妈妈高兴地将饭菜拿过来。"

e. Sebelum makan，Ali berdoa terlebih dahulu.
前 吃饭 阿里 祈祷 提前
"吃饭前，阿里先祈祷。"

f. Ali makan dengan sangat lahap，sampai-sampai dia lupa minum.
阿里 吃 用 很 贪婪 以至 他 忘 喝
"阿里狼吞虎咽地吃着，以至忘了喝水。"

g. Ali kembali makan meskipun kali ini napasnya agak sesak.
阿里 又 吃 虽然 次 这 呼吸 他很 紧
"阿里接着又吃，虽然他现在连气都喘不过来。"

例（14a），名词短语 hari ini（今天）作状语，在句首，副词状语 sekali（很）在中心语形容词 dingin（冷）之后。例（14b），副词状语 rasanya（觉得）在动词 makan（吃）前，另一个副词状语 terus（马上）在同一个动词后。例（14c），副词状语 sekali（很）在形容词 senang（高兴）之后，条件状语从句 kalau Ali makan terus（如果阿里马上吃饭）在谓语 senang sekali（很高兴）之后。例（14d），介词短语状语 dengan senang（高兴地）在句尾。例（14e），介词短语状语 sebelum makan（吃饭前）在句首，另一状语 terlebih dahulu（更早、提前）在句尾。例（14f），介词短语状语 dengan sangat lahap（以很贪婪的方式、狼吞虎咽）在动词 makan（吃）后，结果状语从句 sampai-sampai dia lupa minum（以至他忘了喝水）在句子最后。例（14g），副词状语 kembali（又）在动词 makan（吃）前，状语从句 meskipun kali ini napasnya agak sesak（虽然他现在连气都喘不过来）在句尾。

总之，汉语状语的位置比较固定，一般在主语和谓语之间，或者在句首。印尼语状语的位置比较复杂。印尼语副词多在主语和谓语之间，少数副词也可以在谓语之后。印尼语介词短语和状语从句一般在谓语或者主句之后，也可在主句之前，极少在主语和谓语动词之间。汉语状语音节的多少是决定其相对位置的因素之一，一般是音节较少的状语在前，音节较多的状语在后。要发现汉语和印尼语状语位置的规律，除了状语的句法结构，还应该看状语的语义和语用。

11.3　状语的位置和语义

我们先看状语的语义对其位置的影响。为了便于掌控，下面主要考虑汉语和印尼语的时间状语、处所状语和方式状语的位置。

11.3.1　状语和谓语的相对位置

汉语状语一般在谓语之前，或者主句之前，如例（15）。

（15）a. 他每天修车。
b. 每天，他修车。
c. 他在车库修车。
d. 在车库他修车。
e. 他认真地修车。
f. ？认真地他修车。
g. * 认真地，他每天修车。
h. ？他每天修车在车库。

例（15a），时间状语“每天”在主语“他”和谓语“修车”之间，是常用的语序。例（15b）时间状语，“每天”在句首，也常碰到。例（15c），处所状语“在车库”在主语“他”和谓语“修车”之间，是常用的语序。例（15d），处所状语“在车库”在句首，也合法。例（15e），方式状语“认真地”在主语和谓语之间，是常用语序。例（15f），方式状语“认真地”在句首，较少见。例（15g），“认真地”在句首，时间状语“每天”在句中，句子不合法。例（15h），处所状语“在车库”在句末，较少见。

印尼语时间、处所和方式状语都可能在句尾、句首，甚至句中。我们先看时间状语例（16）。

（16） a. Hari ini udara dingin sekali. （Muakhir & Firdaus, 2009a：4）
今天　天气　冷　很
“今天，天气很冷。”

b. “Ayah,” serunya, “Anton minta maaf. Karena hari ini Anton tidak
爸爸　叫喊他　安东　请求　原谅　因为　今天　安东　不
sekolah. Anton terlambat. Anton berada di atas kapal perompak
上学　安东　迟到　安东　待　在上　船　海盗
sepanjang hari ini.”（Muakhir & Firdaus, 2009a：69）
长达　天　这
“安东大声说：‘我请（爸爸）原谅，因为我今天起得晚了，没有去上学。今天我在海盗船上待了一整天。’”

c. Beberapa hari kemudian ia mendapatkan penyakitnya membaik.
几　天　后　他　感到　病　他　好
（Muakhir & Firdaus, 2009a：41）
“几天后，他感到自己的病好了。”

d. Setelah berjalan beberapa hari, ia tiba di gunung Kayangan.
在后　走　几　天　他　到　在　山　宝
（Muakhir & Firdaus, 2009a：76）
“他走了几天后，来到宝山。”

例（16a），时间状语 hari ini（今天）在句首。例（16b），同样的时间状语 hari ini（今天）用了两次，第一次在从句开头的连词 karena（因为）之后，第二次在句尾。例（16c），表示时间点的状语 beberapa hari kemudian（几天后）在句首。例（16d），表示时间段的状语 beberapa hari（几天）在从句的谓语 berjalan（走）的后边。

可见，印尼语时间状语的位置也较灵活，可以出现在句首或者句末，但很少出现在主语和谓语之间。下面例（17）是处所状语 di sini（在这里）和 di sana（在那里）的例子。

（17） a. Sekarang, tinggallah kalian di sini. Di sini aman dan tenang.
现在　住　你们　在这里　在这里　安全　和　平静
（Muakhir & Firdaus, 2009b：53）
“你们就住在这里吧。这里既安全，又平静。”

b. Hei，sepertinya di sana ada kebakaran!（Muakhir & Firdaus，2009a：44）
嘿　好像　在那里有　着火
"快看，那里好像着火了。"

c. Kalau tidak dipotong nanti banyak kuman diam di sana，Pipi.
要是　不　剪　以后　很多　细菌　待　在那里　皮皮
（Muakhir & Firdaus，2009a：20）
"皮皮，你要是不剪指甲，那里会藏很多细菌。"

例（17a），di sini（在这里）用了两次，在第一小句用在句尾，在第二小句用在句首。例（17b），处所状语 di sana（在那里）用在动词 ada（有）的前边。例（17c），di sana（在那里）用在谓语动词 diam（待）之后。

（18）a. Cepat La Hia mengambilnya dan kemudian segera keluar dari telaga.
快　拉夏　拿　它和　然后　立刻　出　从湖
（Muakhir & Firdaus，2009a：77）
"拉夏飞快地拿起它，然后马上从湖里出来。"

b. Mendengar itu，Raja cepat terjun ke sungai.
听到　那　国王　快　进　到河
（Muakhir & Firdaus，2009a：25）
"国王听了，很快走进河里。"

c. Si Naga pun　bergerak cepat.（Muakhir & Firdaus，2009a：45）
龙　也　行动　快
"龙的行动也很快。"

例（18）三例都用了方式状语 cepat（快）。例（18a），cepat（快）在句首。例（18b），cepat（快）在句中，即主语 Raja（国王）和谓语 terjun ke sungai（走进河里）之间。例（18c），cepat（快）用在句尾，即动词 bergerak（行动）之后。

我们统计了 1.24 万个印尼语单词的语料（Muakhir & Firdaus，2009a ~ b）中上述 6 个印尼语状语的使用情况，结果如表 11 – 1 所示。

表 11－1　6 个印尼语状语的语义和位置

	句首（例）	句中（例）	句尾（例）	祈使句首（例）
hari ini（今天）	5		1	
beberapa hari kemudian（几天后）	3			
beberapa hari（几天）		2		
di sini（在这里）	1		7	
di sana（在那里）	1		4	
cepat（快）	5	15	3	9

虽然语料较少，但大致可以看出：表示时间点的状语，如 hari ini（今天）、beberapa hari kemudian（几天后），多出现在句首；而表示时间段，即持续时间的状语，如 beberapa hari（几天），则出现在句中。表示处所的状语，如 di sini（在这里）和 di sana（在那里），多用于谓语之后，即句尾，较少用于句首，未发现用于句中。表示方式的状语 cepat（快）可以出现在句首、句中和句尾，但以句中为多。这说明，印尼语和汉语一样，状语的语义对其位置也有影响。

11.3.2　不同状语的相对位置

熊文华（1996：71）总结了汉语多项状语通常的相对位置是“目的或时间—处所—方式”，以及“描写动作者的状语—描写动作的状语”。

（19）a. 她默想了一会之后，分明地，坚决地，沉静地说了出来……（鲁迅《伤逝》）

b. 郭全海对自己的事从来总是随随便便，常常觉得这个好，那个也不赖。（周立波《暴风骤雨》）

c. 他却丝毫不动声色，他从来不亲自动手去点第一炮……（蒋子龙《乔厂长上任记》）

例（19a），时间状语“一会之后”在“分明地”等方式状语之前。例（19b），表示对象的“对自己的事”在时间状语“从来”之前。例（19c），时间状语“从来”在否定状语“不”和方式状语“亲自动手”之前。

印尼语不同状语之间的相对位置也与其语义有关。时间状语、处所状语和方式状语会出现在同一个句子里，但是很少同时出现在句首、句中或者句尾，如例（20）。

（20）a. Dahulu，di Cina，hidup seorang kaisar yang amat ditakuti.
从前　在中国　生活　一个　皇帝（连词）很　被敬畏
（Muakhir & Firdaus，2009a：40）
“从前，中国有一个皇帝，很威严。”

b. Lalu，kuat-kuat didorongnya naga itu dengan tombak itu.
接着　用力地　被推　他龙　那用　长矛　那
（Muakhir & Firdaus，2009a：45）
“接着，他用长矛拼命地推那条龙。”

c. Maukah kau bekerja denganku di sirkus?
愿意　你　工作　跟　我在马戏团
（Muakhir & Firdaus，2009a：65）
“你愿意跟我在马戏团工作吗？”

d. Penduduk kota akhirnya dapat berjalan di jalan kota dengan tenang
人民　城市最后　可以走　在路　城市带着　放心
kembali.（Muakhir & Firdaus，2009a：65）
又
“最后，那个城里的人又可以放心地在大街上走动了。”

例（20a），画线的两个状语都在动词 hidup（生活）前，其中时间状语 dahulu（从前）在处所状语 di Cina（在中国）之前。例（20b），画线的两个状语都在动词 didorongnya（被推）之前，其中时间状语 lalu（接着）在方式状语 kuat－kuat（用力地）之前。例（20c），画线的两个状语都在动词 bekerja（工作）之后，方式状语 denganku（跟我）在处所状语 di sirkus（在马戏团）之前。例（20d），动词 berjalan（走）之后有三个状语，其中处所状语 di jalan kota（在城里的大街）在前，方式状语 dengan tenang（放心地）在中，时间状语 kembali（又）在最后。前两例的语序与例（20c）相反。这也许与词语的长度有关。大致说来，在动词前，印尼语也倾向于将动词前的时间状语放在处所状语和方式状语之前；在动词后，倾向于将时间状语放在最后。就是说，以动词为中心，汉语和印尼语都将时间状语放在离动词中心语最远的位置，而处所状语和方式状语更靠近动词中心语。在汉语中，处所状语又一般在方式状语前。但是印尼语的处所状语与方式状语之间的位置关系还不太清楚，需要进一步调查。

11.3.3 同类状语的相对位置

汉语句中出现两个或更多的同类状语时，其语序往往是“大”在前，“小”在后。时间状语，大时间在前，小时间在后；处所状语，大地方在前，小地方在后。如例（21）。

（21）a. 那年，收割的时候，他回来了。

b. ＊收割的时候，那年他回来了。

c. 苏门答腊岛，多巴湖风景非常优美。

d. ＊多巴湖，苏门答腊岛，风景非常优美。

例（21a）和例（21c），大单位放在小单位之前，是能接受的。但是例（21b）和例（21d），却是小单位在大单位前，所以都不对。“不对”，不是语法不对，而是语义成分的顺序不对。

印尼语同类状语也有一定的规律，如例（22）。

（22）a. Hingga suatu hari，sewaktu bola melambung jauh ke pinggir lapangan，
直到 一 天 当 球 弹跳 远 到 边 操场
tiba-tiba bola hilang.（Muakhir & Firdaus，2009a：16）
突然 球 不见
“有一天，当球远远地弹跳到操场边时，突然就不见了。”

b. Di Daerah Khurasan，India，tinggallah seorang saudagar dan istrinya.
在 地区 呼罗珊 印度 住 一个 商人 和 妻子 他
(Muakhir & Firdaus，2009a：32)
“在印度的呼罗珊，有一对商人夫妻。”

c. Musuh satu demi satu dengan patuh menyerahkan senjatanya.
敌人 一个 接 一个 带着 服从 交 武器 他们
(张琼郁 1993：365)
“敌人一个接一个、服从地交出武器。”

例（22）说明印尼语状语的相对位置与语义也有关系，但不像汉语那么严格。例（22a），大时间 suatu hari（一天）在前，小时间 sewaktu bola melambung jauh ke pinggir lapangan（当球远远地弹跳到操场边时）在后。例（22b），小地方 di Daerah Khurasan（在呼罗珊地区）在前，大地方 India（印度）在后，像英语等西方语言的习惯。例（22c），两个方式状语，satu demi satu（一个接一个地）在前，dengan patuh（服从地）在后，其顺序是名词短语在前、介词短语在后。

11.4　状语的位置和语用

在特定的语境和上下文里，状语的语序也会受语用因素的制约。或者说，状语的语序也会具有某种语用功能。接下来，我们看一下汉语和印尼语状语语序的强调功能和语篇衔接功能。

11.4.1　强调功能

常敬宇（2000）探讨了汉语中语用对句法选择的制约，认为变式语序表示对某一成分的强调等意思，如例（23a ~ b）：

（23）a. 她马上有了一种感觉，这感觉促使她立刻翻身下床，几步奔到窗前，撩起窗帘——下雪了，<u>果然</u>！（迟子建《北国一片苍茫》；引自常敬宇，2000：43）

b. 九点了<u>都</u>，还不起床！（常敬宇，2000：43）

常敬宇（2000：43）认为，例（23a）的状语“果然”放在句尾，是“为了突出感觉预料的准确”，而例（23b）状语“都”的后置，是“为了突出状语”。但他未考虑语篇及上下文对语序的制约。

邓建萍（2007：41）认为，状语后置时，“一般强调的重点都在后面”，如例（24）。

（24）a. 李静手里像丢了一些东西，呆呆地看着自己，<u>从镜子里</u>。（老舍《老张的哲学》）

b. 如果我能够，我要写下我的悔恨和悲哀，<u>为子君</u>，<u>为自己</u>。（鲁迅《伤逝》）

c. 他不来了吧，可能。（邓建萍，2007：41）

例（24a）状语后置，突出看的方式——“从镜子里”。例（24b），目的状语后置，突出写的动机。例（24c），在口语中，如果状语后置，那么强调的部分在前面，“后置的状语起的是补充说明的作用”（邓建萍 2007：41）。

总之，汉语状语后置强调什么，与语体有关。书面语里，后置部分得到强调。口语里，前置部分得到强调，后置部分只是补充说明。当然，强调是针对语境而言，是语用的概念。强调什么，一定与上下文有关。

如前所述，印尼语状语根据其词性和长短而具有不同位置，独词状语在主语和谓语之间，介词短语、动词短语和从句作状语则可在句尾和句首，有时也在句中。有些副词状语在不同的位置，会强调不同的成分，如 Chaer（2009：216）用例（25）三句说明副词 memang（的确）在不同位置的不同作用。

（25） a. Memang dia belum tahu apa-apa.
的确 他 还不 知道 什么
“的确，他不知道什么。”
b. Dia memang belum tahu apa-apa.
他 的确 还不 知道 什么
“他这个人的确不知道什么。”
c. Dia belum tahu apa-apa memang.
他 还不 知道 什么 的确
“他，的确什么也不知道。”

按照 Chaer（2009：216）的解释，例（25a），memang 在句首，强调整个句子。例（25b），memang 在主语后，强调主语 dia（他）。例（25c），memang 在句尾，强调谓语 belum tahu apa-apa（什么也不知道）。

11.4.2 语篇衔接功能

状语的位置，反映了句子内部信息的排列，所以在语篇中具有衔接作用。我们以例（26a ~ b）说明汉语状语后置不仅是为了强调，同时也是为了衔接。

（26） a. “我爱你！姐姐！”王德说完，放开她的手走出去。他出了街门，改为往西去，怕姑母看见他的红眼圈。李静手里像丢了一些东西，呆呆地看着自己，从镜子里。不知不觉的抬起自己的手吻了一吻，她的手上有他的泪珠。（老舍《老张的哲学》：110－111）

b. 如果我能够，我要写下我的悔恨和悲哀，为子君，为自己。会馆里的被遗忘在偏僻里的破屋是这样地寂静和空虚。时光过得真快，我爱子君，仗着她逃出这寂静和空虚，已经满一年了。（鲁迅《伤逝》）

例（26a）有例（24a）的上下文。因为李静要嫁给老张，所以她的恋爱对象王德非常难过，上文就是讲他红着眼睛离开的情景。李静也很难过，所以"手里像丢了一些东西"，接着看镜子。作者将"从镜子里"放在句尾，是要强调这个状语，同时也是为了引出下文李静看到自己的手，又吻了一下等内容。例（26b）提供了例（24b）的下文。开头一句，以状语"为子君，为自己"结尾。这个状语的后置，引起读者对"子君"和"自己"的注意，从而引出下文的"子君"和"自己"的爱情故事。

印尼语状语的位置与语篇衔接也有关系，例（27）是时间状语 hari ini（今天）出现的段落。

（27）Anton minta maaf. Karena hari ini Anton tidak sekolah. Anton terlambat.
安东　请求　原谅　因为　今天　安东　不　上学　安东　迟到
Anton berada di atas kapal perompak sepanjang hari ini. Kapal itu ada
安东　在　在上　船　海盗　长　今天　船　那　在
di kolam samping rumah."（Muakhir & Firdaus，2009a：69）
在水塘　旁边　家
"我请（爸爸）原谅，因为我今天起得晚了，没有去上学。今天我在海盗船上待了一整天。那条船在咱们家旁边的水塘里。"

例（27）中，hari ini（今天）出现了两次，第一次在 Anton tidak sekolah（安东不上学）之前，凸显了 hari ini（今天）。第二次出现在小句句末，就没有凸显的意思。

例（28）是处所状语 di sini（在这里）和 di sana（在那里）的使用情况。

（28）a. Sekarang，tinggallah kalian di sini. Di sini aman dan tenang.

现在 住 你们 在这里 在这里 安全 和 平静
(Muakhir & Firdaus, 2009b: 53)
"你们现在就住在这里吧。这里既安全，又平静。"

b. Akhirnya mereka tiba di sebuah sungai. "Hei, sepertinya di sana ada
最后 他们 到 在一个 河 哦 看来 在那里有
kebakaran!" seru Bill. Matanya mengarah pada semak belukar di tepi
着火 叫 比尔眼睛 他 朝 对 树丛 灌木 在边
sungai. (Muakhir & Firdaus, 2009a: 44)
河
"最后，他们来到一条河边。比尔叫道：'哎呀，那里好像着火了！'他把目光转向河边的灌木丛。"

例（28a）中，di sini（在这里）出现了两次，第一次在第一小句句尾，第二次在其下句开头，起着衔接的作用。例（28b），第一小句先讲"他们"来到河边，然后下一小句 di sana（在那里）回指河边，再用 ada 存现句引出着火的事情。

例（29）是方式状语 dengan berat hati（恋恋不舍地）在句中不同位置的情况。

（29） a. Pada suatu hari Raja Sigi mempersunting seorang gadis cantik Bulili.
在 一 天 国王西吉 娶 一个 姑娘 美丽 布丽丽
Mereka tinggaluntuk beberapa bulan di desa itu hingga gadis itu
他们 住 到 几个 月 在村 那 直到 姑娘 那
mengandung. Pada saat itu Raja Sigi meminta ijin untuk kembali ke
怀孕 在 时 那 国王西吉 请求 许可 为 回 到
kerajaannya. Dengan berat hati perempuan itu melepas suaminya. (SEAsite. com)
王国 他 带着 沉重心 女子 那 放开 丈夫
"一天，国王西吉娶了一位漂亮的姑娘布丽丽为妻，他们在乡下住了几个月，直到布丽丽怀孕。但是，国王告诉姑娘，他必须回自己的国家。于是，姑娘恋恋不舍地跟丈夫分手。"

b. Setelah memberi bekal yang cukup, Abu dan istrinya dengan
在后 给 盘缠（连词）够 阿布 和 妻子他 用
berat hati menyuruh Ali pergi jauh-jauh. Tahun – tahun berlalu. Jauh
重 心 吩咐 阿里 去 远远 年年 过去 远

di Negeri Syam,　Ali　telah menjadi　seorang saudagar　kaya.
在国　　叙利来 阿里 已　成为　　一个　商人　　富
(Muakhir & Firdaus, 2009a: 32)
"阿布和妻子给了阿里足够的盘缠，依依不舍地吩咐阿里走得远远的。岁月流逝，在遥远的叙利亚国，阿里成为一位富有的商人。"

例（29a），介词短语 dengan berat hati（依依不舍地）作状语位于小句句首，得到强调。但在例（30b），同样的状语却放在主语和谓语之间，减少其凸显性，并将补语 pergi jauh-jauh（走得远远的）放在小句句末，与下文 jauh di Negeri Syam（远在叙利亚国）连接。可见，在印尼语中，状语放在句首可以起到强调的作用。

11.5　小结

汉语和印尼语的状语在内部结构和外部位置上都有同有异。汉语和印尼语的副词状语都常放在主语和谓语之间。汉语介词短语和动词短语作状语，一般在主语和谓语之间，也可以放在句首。印尼语介词短语和动词短语作状语一般在句尾或者句首，有时在句中。汉语的状语从句一般在主句前，印尼语状语从句一般在主句后。汉语和印尼语从句都很少放在主语和谓语之间。

汉语和印尼语状语的位置与其语义和句子的语用功能有关。汉语呈现"目的或时间—处所—方式"的顺序，印尼语也倾向于将时间状语放在最外围的位置，其他状语的位置更为多变，大致根据不同语境而作调整。汉语状语后置，是为了强调状语本身的信息，以便与下文相衔接。印尼语状语后置是常态，而前置才具有强调的功能。这是两种语言状语的主要不同之处。

第 12 章　汉语和印尼语的定语

12.1　定语的位置

定语是修饰名词性中心语的句子成分。汉语的定语通常位于中心语之前，印尼语的定语通常位于中心语之后，请对比例（1）左边的汉语和右边的印尼语。

（1）a. 这本书　buku ini
　　　　　　　　书　这
　　b. 我的红包　tas merah saya
　　　　　　　　　包　红　我
　　c. 苏门答腊外国语学院　sekolah tinggi bahasa asing　Sumatera
　　　　　　　　　　　　　学校　高等　语言　外国的　苏门答腊
　　d. 我昨天在市场买的自行车　sepeda　yang　saya beli kemarin di pasar
　　　　　　　　　　　　　　　自行车(连词)　我　买　昨天　在市场

从例（1）的汉语和印尼语例子可见，汉语的定语在中心语之前，印尼语的定语在中心语之后。充当定语的，可以是形容词短语、名词短语、介词短语、动词短语或者定语从句。例（1a），汉语说“这本书”，印尼语说 buku ini（这本书），指示代词充当定语。例（1b），汉语说“我的红包”，印尼语是 tas merah saya（我的红包），从属代词和形容词分别充当定语。例（1c），汉语说“苏门答腊外国语学院”，印尼语的语序相反，是 sekolah tinggi bahasa asing Sumatera（学校高等语言外国苏门答腊），定语有形容词 tinggi（高等）、名词短语 bahasa asing（外语）、名词短语 Sumatera（苏门答腊）等。例（1d），汉语说“我昨天在市场买的自行车”，定语从句在中心语“自行车”之前，印尼语是 sepeda yang saya beli kemarin di pasar（我昨天在市场买的自行车），定语从句在中心语 sepeda（自行车）之后。

印尼语的数词、量词是例外，要放在中心语之前，与汉语相似，如例（2）。

（2）a. dua jilid buku bahasa Inggris saya
两 本 书 语言 英国的 我
“我的两本英文书”
b. empat ratus tiga puluh ribu seratus lima puluh tujuh orang guru
四 百 三 十 千 一百 五 十 七 个 老师
“430 157 个老师”

印尼语数量词在中心语前，但是序数词还放在中心语后。试比较例（3）。

（3）a. 两个钟头 dua jam
二 钟头
b. 两点钟 jam dua
钟头 二
c. 三个学生 tiga orang siswa
三 个 学生
d. 第三个学生 siswa ketiga
学生 第三

例（3a），汉语和印尼语的顺序一样，都是数量词在中心语之前。例（3b），汉语序数词仍然在前，但是印尼语数词 dua（二）则放在后边，表示“第二”。例（3c），汉语“三个”在中心语之前，印尼语数量词 tiga orang（三个）也在前。但是例（3d），印尼语将序数词 ketiga（第三）放在中心语之后。

如果汉语动词短语、介词短语等较长短语作定语时，会用“的”与中心语分开。印尼语定语较长时，则会用连词 yang。如例（4）。

（4）a. 我的在雅加达的烧毁的房子
rumah saya di Jakarta yang terbakar
房子 我 在雅加达（连词）烧毁
b. 老师的新房子
rumah guru yang baru
房子 老师（连词）新

例（4a）中，汉语可以至少省略第一个“的”，说成“我在雅加达的烧毁的房子”。对应的印尼语因为有介词短语 di Jakarta（在雅加达），所以最好用连词 yang。当然，也可以说成 rumah saya terbakar di Jakarta，这时 terbakar（烧毁）前的 yang 就可以省略。例（4b），汉语定语的两部分“老师”和“新”之间最好有“的”。对应的印尼语不论有无连词 yang，均有歧义，baru（新）也许修饰 rumah（房子），也许修饰 guru（老师）。而汉语“老师的新房子”和“新老师的房子”则没有这样的歧义。

印尼语中，介词短语作定语在中心语之后，如例（5）。

（5）a. pembunuhan oleh pemilik toko（Sneddon，2010：158）
杀害　被　主人　商店
“店主杀害（他人）。”

b. pemukulan terhadap pengemudi sepeda motor oleh seorang polisi
殴打　对　骑者　摩托车　被　一个　警察
“一名警察对骑摩托车者的殴打。”（Sneddon，2010：159）

印尼语的定语从句在中心语后。引导定语从句的连词有 yang、bahwa、agar 等，如例（6a～b）（Chaer，2009：137－138）和例（6c～d）（Sneddon，2010：159）。

（6）a. buku fisika yang baru terbit yang dibeli ayah kemarin yang
书　物理（连词）新　出版（连词）被买　父亲昨天　（连词）
kulitnya berwarna biru.
皮－它　有颜色　蓝
“我父亲昨天买的新出版的蓝皮物理书”

b. kakak saya yang tinggal di Makasar yang bekerja sebagai polisi
哥哥　我　（连词）居住　在望加锡（连词）工作　作为　警察
yang sudah menikah yang belum punya anak.
（连词）已经　结婚　（连词）还未　有　孩子
“我的住在望加锡当警察、结了婚、还没有孩子的哥哥”

c. laporan－laporan bahwa kegiatan tersebut telah berhenti
报告　（连词）　活动　上述　已经停止
“上述活动已经停止的报告”

d. seruan agar perdamaian tercipta
呼吁　为　和平　　创造
“为实现和平的呼吁”

e. seorang perempuan berpakaian rapih
一个　女性　　穿着　　整洁
(Muakhir & Firdaus，2009a：12)
“一位穿着整洁的女士”

以上例（6a～c）主句均有连词引导定语从句。例（6d～e）两句分别用介词 aga（为）短语和动词短语直接作定语。

总之，汉语一般将定语放在中心语之前，印尼语除了数量词外，将定语放在中心语之后。可以作定语的词语有名词、形容词、介词短语、动词短语和定语从句等。

12.2　定语内部成分的顺序

12.2.1　不同词类的顺序

定语内部成分的顺序与成分的词性有关。汉语的顺序为：代词和数词都放在定语的前位，形容词多放在中位，名词性成分多放在后位（毛薇，2004）。印尼语的顺序为：否定词—限定词—数量词（—名词中心语）—性质—状态—指示代词—属有词—限定词。如例（7）。

（7）a. 我的这两本新英语书

b. bukan hanya dua jilid buku Inggris baru ini saya saja
不　只　两　本　书　英语　新　这　我　只
“不只（是）我的这两本新英语书”

看来，印尼语的顺序也是：属有词和指示代词在外围，名词和形容词靠近中心语。数量词在中心语前，否定词又在数量词之前。汉语可以用“的”改变成分的位置，同样，印尼语可以用 yang 达到同一目的。

12.2.2 不同语义的顺序

定语内部成分的语义对其语序也有影响。刘月华等（2001：489）从语义上考虑，将定语分为限制性定语和描写性定语两大类，而限制性定语在描写性定语之前。陆丙甫（1993：92）总结说：“越是反映事物稳定的内在本质的定语越靠近核心。”描写性定语反映事物的本质，所以靠近中心语。毛薇（2004）将描写性定语分为两类，并用统计数据具体证明，汉语前置定语内部，表示指称、所有、数量的词语等限制性定语都在前位，表示判断、大小、年龄、新旧、颜色、形状等的描写性定语倾向于在中位，而表示材料、国籍、等级等的描写性定语多在后位。如例（8）。

（8）a. 我的这件灰色塑料雨衣

b. 昨天报纸上那两篇长篇英语报道

例（8a），汉语表示所有的“我的”在最外边，其次是指示代词“这件”，这两者是限制性定语。接着是颜色“灰色”，最后是材质“塑料”。例（8b），时间“昨天”和处所“报纸上”在最外边，接着是指示代词“那”和量词“篇”，这些都是限制性定语；接着是描写性定语：表示大小长短的“长篇”，最后是表示性质的“英语”。两例都说明，汉语定语内部的语序与各成分的语义相关。

印尼语定语内部的语序也与语义有关系。徐富平、黄兆龙（2007）认为，汉语定语的顺序相对稳定，而印尼语同时有限制性和描写性定语时，相互顺序比汉语复杂。请看下面的例（9）。

（9）a. 在舞台上表演杂技的年轻女演员

限　　限　　　描　描

b.

pemain	wanita	muda	yang	mempertunjukkan	akrobatik	di atas	panggung	itu
演员	女	年轻	（连词）	表演	杂技	在上	舞台	那
	描	描	限	限		限		限

c. 中国汉代的一件珍贵历史文物

限　　　限　描　描

d.

sebuah	benda	budaya	bersejarah	yang	sangat	berharga	di Tiongkok	pada
一件	物	文化	历史	（连词）	很	珍贵	在中国	在
限			描	描			限	

waktu dinasti Han
时间　朝代　汉

e. 我们学校那位来自北京的有三十年教龄的优秀汉语教师
限　　限 限　　　描　　　　　描 描

f. guru bahasa Tionghoa terbaik di sekolah kami itu yang datang
老师语言　中国的　优秀　在学校　我们 那（连词）来
描　　　　　描　限　　　　　　限
dari Beijing dan yang telah mengajar selama tiga puluh tahun.
自 北京　并（连词）已经 教　　经过　三　十　年
限　　　描

例（9a）、例（9c）和例（9e）的汉语分别对应于例（9b）、例（9d）、例（9f）的印尼语。例（9a），限制性定语“在舞台上表演杂技的”在描写性定语“年轻”和“女”之前。对应的印尼语例（9b）正好是汉语的镜像，定语都在名词中心语 pemain（演员）之后，描写性定语 wanita（女）和 muda（年轻）离中心语最近，接着才是限制性定语 yang mempertunjukkan akrobatik di atas panggung（在舞台上表演杂技）和 itu（那）。例（9c），汉语仍然将限制性定语“中国汉代的”和“一件”放在外围，将描写性定语“珍贵”和“历史”放在中心语“文物”之前。印尼语例（9d），将表示限制性定语的数量词 sebuah（一件）放在中心语 benda budaya（文物）之前，而将另一个限制性定语 di Tiongkok pada waktu dinasti Han（中国汉代）放在最后。例（9e），汉语将限制性定语放在描写性定语之前。但是例（9f）的印尼语就不是汉语的镜像。其中，描写性定语从句 yang telah mengajar selama tiga puluh tahun（已经教了三十年书）放在了限制性定语从句 yang datang dari Beijing（来自北京的）之后，不符合限制性定语在外、描写性定语在内的规律。徐富平、黄兆龙（2007）认为印尼语有自己的规则，但就目前的研究来看，我们只能说，印尼语定语内部的语序比汉语更为灵活。

12.3　定语的位置和语用

有时，出于语用的考虑，汉语的定语会出现在中心语后。邓建萍（2007：41）用例（10）的三个例子解释汉语后置定语的功能，认为定语后置时，“句子突出强调的重点在后，这些后置的定语都具有突出强调中心语的作用”，如例

(10a) 强调了中心语“破碗”的状态是“空的”，例 (10b) 强调了中心语“东西”的性质是“无名的”“意外的”，例 (10c) 强调了中心语“绳子”的质地是“黄麻搓成的”。

(10) a. 她一手提着竹篮，内有一个破碗，空的。(鲁迅《祝福》)
b. 我还期待着新的东西到来，无名的，意外的。(鲁迅《伤逝》)
c. 一根绳子，黄麻搓成的，可结实呢。(迟子建《北国一片苍茫》)

但是，邓建萍 (2007：41) 先是说后置定语具有“突出强调中心语”的作用，然后又说后置定语可以“强调中心语‘破碗’是空的”。但是未说明这种语序到底是强调中心语本身，还是强调定语所表示的状态 (胡明亮、郑继娥，2014：134)。相比之下，常敬宇 (2000) 的观点更为合理：后置的定语凸显了该定语所表示的语义。

接着，我们要问，为什么要强调这个定语呢？如果离开语境谈强调，就很难说清楚。所以，我们需要用实例来说明。胡明亮、郑继娥 (2014：135) 找到例 (10) 三句的下文，如例 (11)。

(11) a. 她一手提着竹篮，内有一个破碗，空的；一手拄着一支比她更长的竹竿，下端开了裂：她分明纯乎是一个乞丐了。(鲁迅《祝福》)
b. 我还期待着新的东西到来，无名的，意外的。但一天一天，无非是死的寂静。我比先前已经不大出门，只坐卧在广大的空虚里，一任这死的寂静侵蚀着我的灵魂。死的寂静有时也自己战栗，自己退藏，于是在这绝续之交，便闪出无名的，意外的，新的期待。(鲁迅《伤逝》)
c. 一根绳子，黄麻搓成的，可结实呢。听说这绳是娘的，现在用来捆柴。芦花把绳揽在胸前，坐在地火龙前打结。爸上山撵狍子去了，娘蹲在灶前用小灰鞣熊皮。前天，爸打死了一头大黑熊。娘说，能值很多钱。她不知道钱是什么。(迟子建《北国一片苍茫》)

在例 (11a) 里，“空的”放在“破碗”之后，可以跟下面提到的“一支比她更长的竹竿，下端开了裂”在结构上平行，在语义上呼应，达到衔接的目的。在例 (11b) 里，“无名的，意外的”放在“新的东西到来”之后，突出了“无名”和“意外”，以便与下文的“死的寂静”“空虚”等形成语义对比，并与后边的“无名的，意外的，新的”形成词汇衔接。在例 (11c) 里，“黄麻搓成的”

移到“绳子”后，强调其质量，引出下面进一步的描述“可结实呢”，以及“用来捆柴”。所以，汉语定语的后置，与语篇信息的安排和衔接是有关系的。

Sneddon（2010：151）指出，用连词 yang 也可以表示强调，如例（12a）；有时引起语序的变动，如例（12c）。

（12）a. Mereka tinggal di rumah yang besar，bukan rumah yang kecil.
他们　住　在房子（连词）大　不　房子（连词）小
“他们住在大房子里，不是小房子里。”

b. sikap tegas bapak（Sneddon，2010：160）
态度 坚定 爸爸
“爸爸的坚定态度”

c. sikap bapak yang tegas（Sneddon，2010：160）
态度 爸爸（连词）坚定
“爸爸坚定的态度”

例如（12a），yang 用来对比和凸显 besar（大）和 kecil（小）的不同。例（12b）没有 yang，就没有强调定语 tegas（坚定）的意味。而例（12c），tegas（坚定）前用 yang，并移到结尾，就强调了 tagas（坚定）的意思。

当然，所谓强调，离不开语境。下面我们看语境对印尼语定语内部语序的影响，如例（13）。

（13）a. La Hia menoleh. Di sebuah batu besar dilihatnya sekor tikus besar
拉夏　看　在一个　石头大　被看　他一只 老鼠大
yang sangat elok. Bulunya berwarna keemasan.
（连词）很　漂亮 毛　有颜色　黄金
（Muakhir & Firdaus，2009a：77）
“拉夏一看，只见大石头旁边有一只漂亮的大老鼠，皮毛是金黄色的。”

b. “Supermarket itu toko yang saaangat besar，yang menjual
商城　那 商店（连词）很　大　（连词）卖
segala macam barang，” jelas Ayah sambil merentangkan tangan
所有 种类　商品　解释爸爸 一边 张开　手
menggambarkan betapa besarnya supermarket.
比画　怎样 大小　商城
（Muakhir & Firdaus，2009a：12）

> “‘商城就是很大的卖各种东西的商店。’爸爸一边解释，一边张开两手，比画着商城的大小。”

例（13a）和例（13b）都用了形容词 besar（大），但是其位置不同。例（13a）中，besar 紧跟中心语 tikus（老鼠），没有得到强调。而另一定语 yang sangat elok（很漂亮）在其后，得到强调。这也符合语境的要求，“拉夏”更关注的是老鼠“漂亮”，而不是其大小。例（13b），形容词 besar 前加 yang，加以强调，并且放在定语 yang saaangat besar 的最后。这里，“爸爸”要强调的是商城“很大”，故用 yang。作者将 sangat（很）拼写为 saaangat，就是模仿“爸爸”为了强调而拖长这个副词发音的情况。

12.4 小结

汉语和印尼语的定语，都受句法规则、语义关系和语用功能的限制。有时，两者比较一致，如长定语比短定语离中心语远，表示中心语本质的定语离中心语较近。有时，汉语和印尼语又不一样，如汉语一般都将定语放在中心语前，而印尼语的定语除了数量词外都在中心语之后。定语与中心语的顺序、定语内部不同部分的相对顺序与语义有关。汉语一般将描写性定语放在限制性定语之后。但是印尼语呈现更多灵活性，有时与汉语一致，将描写性定语放在离中心语更近的位置；有时又不一致，将描写性定语放在比限制性定语更远的位置。定语的位置、定语内部的语序与强调和衔接等语用功能有关。汉语定语放在中心语后，可以达到强调和衔接的目的。印尼语定语内部的语序变化也具有一定的语篇衔接功能。

第四部分　特殊句型

第 13 章　汉语和印尼语的主谓倒装句

汉语和印尼语都会将谓语放在主语之前，这样的句子就是主谓倒装句。本章从句法形式、语义关系和语用功能三个方面对比汉语和印尼语的主谓倒装句。

13.1　倒装句的句法形式

汉语和印尼语的基本语序都是 SVO，主语（施事）在动词前，宾语（受事）在动词后。不同的是，汉语一般将定语和状语放在中心语之前，而印尼语是典型的 SVO 型语言，定语和状语一般都放在中心语之后。有时，汉语和印尼语都会将主语移到谓语之后，构成主谓倒装句。先看汉语例句，如例（1）（黄伯荣、廖序东，2002：130）。

（1）a. 怎么了，你？
　　b. 出来吧，你们！
　　c. 多乖呀，这个孩子！

例（1）各句都是汉语倒装句。例（1a）将主语“你”放在谓语“怎么了”之后，对应的常式句是：“你怎么了？”例（1b）将主语“你们”移到谓语“出来吧”之后，对应的常式句是：“你们出来吧！”例（1c）将主语“这个孩子”放在谓语“多乖呀”之后，对应的常式句是：“这个孩子多乖呀！”

印尼语也会将主语移到谓语之后，如例（2b）。

（2）a. Mereka sudah pulang.
　　他们　已经　回家
　　“他们已经回家了。”

b. Sudah pulang mereka.
已经　回家　他们
“他们已经回家了。”

例（2a）和例（2b）的主语均为 mereka（他们），谓语都是 sudah pulang（已经回家），但是语序不同。例（2a）中主语 mereka（他们）在句首，是常式句。例（2b）将主语 mereka（他们）移到谓语 sudah pulang（已经回家）之后，构成主谓倒装句。

汉语和印尼语的倒装句的相似之处是：都将主语移到谓语后。两者只是改变了主语和谓语的相对位置，并没有改变主语和谓语的基本语义关系。但是两者的使用频率不同，汉语书面语和口语都很少使用主谓倒装句。例如，王朔在其17万字的小说《玩的就是心跳》中，极少用主谓倒装句，只有“跟真的似的这俩”等几例。相比之下，印尼语不论是书面语还是口语，使用主谓倒装句的情况“非常普遍”（张琼郁，1993：246），如例（3）。

（3）a. Kita　menang.
我们　赢
“我们赢了。”
b. Menang kita.
赢　我们
“我们赢了。”
c. Engkau akan ke mana?
你　要　去哪儿
“你要去哪儿?”
d. Akan ke mana engkau?
要　去哪儿　你
“你要去哪儿?”

例（3a），主语 kita（我们）在谓语 menang（赢）之前。例（3b），主语 kita（我们）在谓语之后，构成主谓倒装句。同样，例（3c）的主语 engkau（你）在谓语 akan ke mana（要去哪儿）之前，例（3d）则将主语移到谓语之后。

13.2 倒装句的语义关系

汉语和印尼语的倒装句都不改变原来句子的基本语义关系。周士宏（2010）提到，汉语的倒装句不仅仅限于例（1a~c）那样的常式句型，处于句首的其他主语或者话题也可以移到谓语之后，构成“句末话题”。他认为，“几乎各种语义角色（施事、受事、对象、工具、时间/地点、系事等）都可以充当句末话题”，如例（4）。

（4）a. 他欺负你了吧，那个小白脸儿？（施事）
b. 找着了吗，你的书？（受事）
c. 看了不痛快，这部电影。（对象）
d. 你交学费，这笔钱。（工具）
e. 我们开会，下午。（时间）
f. 我想放盏台灯，那个角落。（地点）
g. 老高有意见，这事儿。（系事）
h. 胆子大极了，小赵。（部分整体关系）

范晓（2001）和周士宏（2010）都认为，汉语倒装句并不改变后置成分的语义角色。如上面例（4）的倒装句中，原来的施事、受事、对象、工具、时间、地点、系事等语义关系，都在倒装句里得到保留，只是将这些话题（主语）移到评述（谓语）的后边。

印尼语的倒装句也不改变语义关系，如例（5）。

（5）a. Ali marah.
阿里 生气
“阿里生气。”
b. Marah Ali.
生气 阿里
“阿里生气。”

c. Ali（sedang）mendengar radio.
阿里正在　听　收音机
"阿里正在听收音机。"

d.（Sedang）mendengar radio　Ali.
正在　听　收音机　阿里
"阿里正在听收音机。"

例（5a）是常式句，Ali（阿里）是施事，例（5b）是倒装句，Ali 移到谓语之后，仍然是施事。例（5c）是常式句，Ali 是施事；例（5d）是倒装句，Ali 移到谓语之后，仍然是施事。可见，在汉语和印尼语里，倒装的目的不是要改变句子成分之间的语义关系，而是要达到某种语用的目的。

13.3　倒装句的语用功能

如果倒装句不改变句子的语义关系，那么会改变什么呢？如例（4）各句所示，改变的是话题和评述的相对位置。所谓 SVO 的常式句，是话题在前，评述在后。而倒装句则将话题移到评述的后边。从语篇的角度看，倒装句的语用功能是强调和衔接。

13.3.1　强调

我们看下面的汉语例（6）。

（6）a. 骄傲的海燕，飞翔吧！
b. 飞翔吧，骄傲的海燕！
c. 他们都走了。
d. 都走了，他们。

例（6a～b）是书面语。例（6a）是常式句，话题"骄傲的海燕"在前，评述"飞翔吧"在后。例（6b）是倒装句，话题"骄傲的海燕"移到评述"飞翔吧"之后。例（6c～d）是口语。例（6c）是常式句，话题"他们"在前，评述

“都走了”在后。例（6d）调换了语序，将话题“他们”移到评述“都走了”之后。从强调与否看，例（6a）的常式句强调的是评述“飞翔吧”，而不强调话题“骄傲的海燕”。可是例（6b）的倒装句，则同时强调评述“飞翔吧”和话题“骄傲的海燕”。口语的常式句例（6c）和倒装句例（6d）都只强调评述“都走了”，而不强调话题“他们”。显然，汉语书面语倒装句例（6b）与口语倒装句例（6d）的语用功能有所不同，书面语倒装句强调主语（话题）和谓语（评述），而口语倒装句只强调前置的谓语（评述）。

我们再看前面提到的印尼语倒装句，如例（7）。

（7） a. Mereka sudah pulang.
他们　已经　回家
“他们已经回家了。”
b. Sudah pulang mereka.
已经　回家　他们
“他们已经回家了。”

Lewis（1963：48）、Prentice（1987：932）、张琼郁（1993：247）等都认为，印尼语倒装句是为了把谓语移到句首，加以强调意味。例（7a）常式句中话题 mereka（他们）在句首，评述 sudah pulang（已经回家）在后，并没有特别的强调意味。口语倒装句例（7b）将评述 sudah pulang（已经回家）移到话题之前，比在句尾有更重的强调意味。我们可以看出，印尼语的倒装，不论是书面语还是口语，都只能强调评述，并不像汉语书面语那样还可以强调后置的话题。

13.3.2 衔接

但是，了解倒装句的强调功能，离不开上下文等语境。我们先看汉语书面语和口语的例子。

（8） a. 跳舞场上这时必是最兴奋的一刻了，爵士乐缭绕在黝黯的灯光里，人影憧憧，假笑佯欢的，靠着舞客款款密语；寻花问柳的，感到了女性占有的满足。出卖劳力的，横七竖八地倒在草棚里，无稽的梦揶揄似的来安慰他们了；多美，多幸福，那梦的王国！而有的却在梦里也仍然震慑于狞恶的联想，流着冷汗从鞭挞中惊醒。（柯灵《夜行》）

b. 那年，秋天的喇叭花，开得太过磅礴。放学后，他和她在小城的城墙根儿下漫步，看见墙头爬满了紫色的喇叭花；他说：真好看，这喇叭！她说：紫色其实是一种极其忧伤的色调，要是这么多的喇叭吹起来，那曲调一定是悲伤至极，怕要凉了半个秋天吧？（许冬林《不如跳舞》）

c. “我有引渡的路子是铁了心干的，现在全看你了你敢不敢干。”“敢干我是真敢干这么容易的事我早就想干了。咱们也就是老说老不干要干的话什么事也早干成了。”“那就这么说定了我等你信儿。”“说定了一有信儿我就告你。”“跟真的似的这俩。你们有什么好事是不是也别拉下我们。我们干不了细致活儿是不是也可从安排点礼宾性的爵位。咱们是大国人少了让人看不起。”（王朔《玩的就是心跳》）

例（8a），“多美，多幸福，那梦的王国”是书面语的倒装句，既强调谓语“多美”和“多幸福”，也强调话题“那梦的王国”。从衔接的角度看，上文讲富人和穷人的两个世界，接着用倒装句讽刺社会的不公平。把评述“多美”和“多幸福”移到句首，与上文讨论的社会现实形成对比，同时把话题“那梦的王国”放在句尾，也更方便与下文“在梦里”衔接。例（8b）的倒装句“真好看，这喇叭”是在口语语境中出现的。移到句首的谓语“真好看”得到强调，又与下文“极其忧伤的色调”形成鲜明对比。移到后边的“这喇叭”承接上文提到的“喇叭花”，是旧信息，故后移降低其凸显度。例（8c），讲两人在商量合作的事情，第三个人用倒装句“跟真的似的这俩”，强调“跟真的似的”，意思是那两个人在开玩笑，并不是严肃地商量事情。话题“这俩”指前两个人，旧信息，放在句尾，又与下句句首的话题“你们”衔接。

印尼语倒装句也有类似的功能。Lewis（1963：48）、Prentice（1987：932）和张琼郁（1993：247）虽然提到印尼语句首是强调的位置，但是都未联系上下文等语境因素讨论强调的功能。我们看下面例（9）的句子。

（9）“Hamba telah memberikan labu itu pada seorang musafir yang hendak pergi
在下 已经送 南瓜那 给 一个 旅人 （连词）将要 去
ke kota suci Benares.”“Sangat beruntunglah orang yang telah
到 城 圣地 贝拿勒斯 很 幸运 人 （连词）已经
mendapatkan labu itu,” ucap Raja, sambil tersenyum.
获得 南瓜那 说 国王 一边 笑
（Muakhir & Dirdaus，2009a：37）

"（商人说：）'我已经把南瓜送给一位要去贝拿勒斯城的旅人了。'国王笑着说：'拿到那个南瓜的人太幸运了。'"

例（9），谓语 sangat beruntunglah（太幸运了）放在第二句主语 orang yang telah mendapatkan labu itu（得到那个南瓜的人）之前，强调了谓语"幸运"的语义。该谓语虽然已移到第二句句首，仍然是该句的评述，说明话题 orang yang….（……人）。移到谓语后的主语 rang yang（……人）回指上文提到的 seorang musafir yang…（"……的旅人"），表示旧信息。

印尼语的倒装不仅涉及主动句的谓语，也涉及被动句的谓语，如例（10），这与汉语不同。

（10）Dia berbaring di tempat tidur，diperbaikinya letak bantalnya，dimatikannya
他 躺 在床 被调整 他 位置 枕头 他 被关掉 他
lampu dan dipejamkannya matanya.（Prentice，1987：934）
灯 并且 被闭上 他 眼睛他

例（10）中，连用四个小句，只有第一个小句动词前有主语 dia（他），后边三个谓语均为被动式，并将主语变为代词-nya（他），附着在动词的被动形式之后。Prentice（1987）指出小句开头的动词被动形式是小句的"焦点"，是对的，但是不足以解释这种现象。我们必须联系语境才能更清楚地发现这种句型的语用功能。在例（10）的四个小句中，施事（话题）都是 dia（他）。将 dia 变为附着代词-nya，附着在动词之后，就减少了这个话题的凸显度，相对地增加了各个评述的凸显度。而评述正是新信息的焦点，需要听话者或者读者加以注意。所以，从语篇看，印尼语倒装就是通过减少话题凸显度的方式，告诉读者话题没有变，因而加强了四个小句的衔接。在同样情况下，汉语会省略后边小句的话题，以便保持话题一致。所以，汉语省略话题，印尼语后移附着话题，目的都是在强调谓语的同时，加强语篇的衔接。第 16 章会专门讨论印尼语的这种结构。

13.4　小结

汉语书面语和口语均极少使用主谓倒装句，而印尼语则使用较多，不仅主动句可以倒装，被动句也可以倒装。从语义关系看，汉语、印尼语倒装句均不改变原句成分的语义关系。从语用功能看，汉语、印尼语倒装句都将评述放在句首加以强调，是全句最重要的新信息，即焦点。汉语书面语的倒装句同时强调前移的评述和后置的话题，但汉语口语则只强调前移的评述，其话题仍然是旧信息，不能强调。印尼语的倒装，不论是书面语还是口语，都类似汉语口语，只是强调前移的评述，同时后置话题以减少其凸显度。汉语口语和印尼语的倒装句，都是通过话题的后置和弱化，达到强调评述、增加语篇衔接的目的。

第 14 章　汉语“有”字存现句和印尼语 ada 存现句的对比

汉语“有”字句和印尼语 ada 句都表示存在，在句法、语义和语用上既有相同之处，也有不同之处。下面，我们从句法形式、语义关系和语用功能三个方面对比分析这两种句型。

14.1　“有”字句和 ada 句的句法形式

在句法上，汉语采用动词“有”，印尼语则采用动词 ada，意思大致是“有”或者“在”，如例（1）。

（1）a. （在）山上有一座房子。

b. Di atas gunung ada rumah.

在 上 山 有 房子

“山上有房子。”

从例（1）两句的句法结构看，汉语和印尼语分别用表示存在的动词“有”和 ada。汉语动词“有”前可以是名词短语“山上”，也可以是介词短语“在山上”。印尼语 ada 前只能是介词短语“di atas gunung”（在山上），介词 di 不能省略。汉语和印尼语的动词后都是名词短语，如汉语例（1a）中“有”后边的“一座房子”，印尼语例（1b）ada 后边是名词 rumah（房子）。

汉语“有”后边的名词短语可以移到“有”前，如例（2a）（吕叔湘，1996：558）；印尼语 ada 后的名词短语则不行，如例（2b）。汉语和印尼语均可将处所词语“在山上”和 di atas gunung（在山上）移到句尾，或者根据上下文省略，如例（2c~d）。

（2）a. 屋子里桌子也有，椅子也有，就差几个书架。

b. * Di atas gunung rumah ada.

在上 山 房子 有

c. 有房子（在山上）。

d. Ada rumah (di atas gunung).

有 房子 在上 山

“在山上有房子。”

例（2a）中，“有”前有两个名词短语，“桌子”和“椅子”，句子合法。例（2b），名词“rumah”（房子）放在动词 ada 前，不合法。例（2c），表示处所的介词短语“在山上”移到句尾，整个“在山上”可以省略，但是不能单独省略“在”。例（2d）印尼语，表示处所的 di atas gunung（在山上）可以移到句尾，或者根据上下文省略，也可以单独省略 di（在）（Sneddon，2010：196），保留 atas gunung（山上）。

“有”字句和 ada 句还有一个相似的地方，就是动词后的名词短语都可以带动词短语，构成兼语句，如例（3）。

（3）a. 学校有很多学生每天坚持早读。

b. Saya tidak tahu di mana dia sekarang. Tapi ada saya mendengar kabar,

我 不 知道 在 哪儿 他 现在 但是有 我 听说 消息

bahwa minggu lalu dia masih masuk kerja.

连接词 星期 上次 他 还 参加 工作

“我不知道他现在在哪儿。但是我听到消息说他上星期还在工作。”

例（3a），“有”后的名词短语“很多学生”后边加了动词短语“每天坚持早读”。例（3b），动词 ada（有）后的名词短语 saya（我）的后边加了动词短语 mengdengar kabar... masuk kerja（听说……在工作），直译是“有我听说……”；汉语会直接用“我听说……”，不会加上“有”字。

14.2 “有”字句和 ada 句的语义关系

汉语“有”和印尼语 ada 除了表示拥有，也可以表示存在，如例（4a～b）。但是，印尼语 ada 还可以表示“在”的意思，中的“有”则不行，如例（4c～d），或将处所移到“有”前，如“家有儿女”。

（4）a. 他有笔。
b. Dia ada bolpen.（张琼郁，1993：52）
他 有 笔
“他有笔。”
c. Ibuku ada di rumah.
母亲－我 在 在家
“我妈妈在家。”
d. ＊我妈妈有家。

例（4a）和例（4b）非常相似，“有”和 ada 都表示“拥有”。例（4c）印尼语用 ada 表示“在”。例（4d）中的“有”只能表示“拥有”，表示存在要用“在”，如“我妈妈在家”，或将处所移到“有”前，如“家有儿女”。

从句子内部短语之间的语义关系看，表示存在的“有”字句和 ada 句有三个相同之处。首先，都含有三个成分：表示存在的动词、表示处所或时间的词语、表示存在事物的短语。其次，表示处所的词语通常在动词前，表示存在事物的词语通常都在动词后，如例（5a～b）。最后，处所词语移到动词后时，都需要介词，如例（5c～d），而且都应该位于存在事物之后，如例（5e～f）。

（5）a.（在）山上有房子。
b. Di atas gunung ada rumah.
在上 山 有 房子
“山上有房子。”
c. 有房子在山上。
d. Ada rumah di atas gunung.
存在 房子 在上山

"有房子在山上。"

e. ＊有（在）山上房子。

f. ＊Ada di atas gunung rumah.

存　在在　上山　房子

例（5a）的汉语，处所词语"在山上"用于动词"有"前，"在"可以省略；存在事物"房子"用动词"有"。同样，例（5b）的印尼语中，表示处所的"di atas gunung"（在山上）在动词 ada 前，介词 di 不能省略；表示存在事物的 rumah（房子）在动词 ada 后。例（5c）和例（5d），处所词都移到句尾，存在事物之后，合法。当然，这时汉语不能省略介词"在"。例（5e）和例（5f）将处所词放在动词（"有"或者 ada）与存在事物之间，不合法。

两者也有区别，汉语"有"字句可以将存在事物移到"有"前，如例（6a～b），而印尼语则不行，如例（6c～d）。

（6）a. 山上房子有，粮食没有。

b. 房子山上有，山下没有。

c. ＊Di atas gunung rumah ada.

在上　山　房子　有

d. ＊Rumah di atas gunung ada.

房子　在上　山　有

例（6a）和例（6b），存在事物"房子"均放在"有"前，合法。例（6c）和（6d）将存在事物 rumah 移到 ada 前，不合法。

总之，汉语"有"字句和印尼语 ada 句的共同之处是：通常将处所词语放在动词前，将存在事物放在表示"有"的动词后。两者的不同之处是，汉语必须将处所词语放在"有"前，但印尼语可以将处所词语放在 ada 前，可以放在 ada 和存在事物后。另一个不同之处是，汉语有时出于语篇的考虑，也可以将存在事物放在"有"前，但印尼语的存在事物不能出现在动词 ada 前。

14.3　“有”字句和 ada 句的语用功能

从语用功能看，“有”字句和 ada 句都具有利用旧信息、引出新信息的信息功能，以及承上启下的语篇衔接功能。

14.3.1　信息功能

汉语“有”字句和印尼语 ada 句，都将表示旧信息的处所词语放在句首，将表示新信息的存在事物放在动词后。张健（2002：146）曾用认知语言学理论对比汉语和英语的存现句，认为两者具有“惊人的一致性，他们都是对人的瞬间感觉过程的映射，体现了句法象似性理论中的时间象似性特征”。这种象似性，同样也体现在印尼语的存现句中。句首的处所词语体现旧信息，是有定的，而动词后的存在事物则体现新信息，往往是不定的。

（7）a. 山上有房子。
　　b. 山上有一些房子。
　　c. 那座山上有一些房子。
　　d. ? 那座山上有那座房子。
　　e. * 一座山上有那座房子。

汉语中没有任何修饰语的名词短语，出现在动词前常常是有定的，出现在动词后常常是不定的。例（7a）中，“山”是有定的，“房子”是不定的。汉语名词短语可以用“这、那”等修饰语表示有定，用数量短语（如“两个”）、不定修饰语（如“一些”“有些”“很多”）等表示不定。例（7b）中，“一些”修饰“房子”，使其不定性更为明确。例（7c），“那座”使“山”的有定性更明确，“一些”使“房子”的不定性更为明确。例（7d），动词前的“那座”使“山”的有定性更明确，动词后的“那座”使“房子”成为有定。但是，因为动词“有”后的名词短语一般为不定，所以该句不太被接受。例（7e），将处所短语改为不定的“一座山上”，但是存在事物“那座房子”却是有定，所以句子不合法。总之，汉语存现句动词前的处所词语一般为有定，动词后的存在事物一般为不定。

印尼语名词短语的定指性可以用表示有定的后缀-ini/itu（这/那），表示不定的用 sebuah（一个）等表示。如例（8）所示。

（8） a. Di atas gunung ada rumah.
在 上 山 有 房子
"在山上有房子。"
b. Di atas gunung ada sebuah rumah.
在 上 山 有 一座 房子
"在山上有一座房子。"
c. Di atas gunung-itu ada（sebuah）rumah.
在 上 山 那 有（一座） 房子
"在那座山上有（一座）房子。"
d. ? Di atas sebuah gunung ada（sebuah）rumah.
在 上 一座 山 有 （一座）房子
"在一座山上有（一座）房子。"
e. * Di atas sebuah gunung ada rumah-itu.
在 上 一座 山 有 房子 那
"在一座山上有那座房子。"

例（8a ~ c）三句，ada 前的处所短语不论有无 - itu（那），均理解为有定，ada 后的存在事物不论有无 sebuah（一个），均理解为不定，三句都合法。而例（8d）中，句中的处所短语 sebuah gunung（某一座山）为不定，句子不太合法。例（8e），动词前的处所短语为不定，但是动词后的存在事物由-itu 标记为有定，故不合法。可见，汉语和印尼语存现句的语序，均与名词短语的有定性相关，动词前的处所词语倾向于有定，动词后的存在事物倾向于不定。

但有时，汉语"有"字句和印尼语 ada 句的存在事物可以是有定的。先看汉语例句（9）。

（9）第二天，队伍开来了，又是叫垫街道，又是叫修马路，全村人忙得一塌糊涂。晚上又进来一批人：头一伙里有春喜，和当日在五爷公馆那些尖嘴猴鸭脖子一类人是一伙，说是什么"精建委员"；第二伙里就又看见有小喜，领着一把子带手枪的人，又叫什么"突击队"。（赵树理《李家庄的变迁》）

例（9），“有”后的名词“春喜”和“小喜”是专用名词，本身是有定的。这种用法，是为了把有定的事物作为新信息引入话语。按照 Hu & Pan（2007）的说法，汉语“有”字句的主要功能不仅是引出一个新的存在事物，而且也可以引出一个新的语义关系。例（9），“头一伙里有春喜”引出“春喜”与“头一伙”的关系，“第二伙里就又看见有小喜”引出“小喜”和“第二伙”的关系。

在印尼语里，也有类似的用法，如例（10）。

（10） a. Halo，Pak Sarwono. Ini ada Pak Amin，teman Bapak.
喂 先生 这里 有 先生 阿明 朋友 先生（您）
（Liaw，1989：75）
“喂，萨沃诺先生。您的朋友阿明先生在这里。”

b. A：Di rumahmu ada berapa orang?
在 家 你 有 多少 人
B：Ada kakek，ayah，ibu，kakak laki-laki dan perempuan.
有 爷爷 爸爸 妈妈 哥哥 姐姐
（Liaw，1989：137）
“A：你家有多少人?”
“B：（我家）有爷爷、爸爸、妈妈、哥哥和姐姐。”

例（10a），ada 后是专用名词 Amin（阿明），听话者知道是谁，所以是有定的。这里，ada 存现句将本来是有定的“阿明”作为一个新信息引入语境。例（10b）的情况类似，听话者知道 kakek、ayah 等人是说话者的爷爷、爸爸等，所以也是有定的。根据前边 Hu & Pan（2007）的说法，例（10a）和（10b）的说话者分别将旧信息与 ini（这里）和 di rumahmu（你家）的联系引入语境。就是说，这些事物本身是有定的旧信息，但是它们与语境的联系则是新信息，所以要放在动词的后边。

14. 3. 2 衔接功能

从语篇衔接上看，恰当地使用“有”字句和 ada 句，可以分别加强汉语和印尼语语篇的衔接与连贯。张先亮、郑娟曼（2005）具体讨论包括“有”字句在内的存现句的处所词语可以承接上文，与上文构成各种语义衔接关系，如例（11）。

（11）门开着，好像一只怪兽的大门。里面是一个黑洞，这里面有什么东西，

谁也看不见。(巴金《家》)

例(11),“里面”指上文提到的“门”的里面,接着“有”字句的处所短语“这里面”回指“黑洞”里面。印尼语的 ada 存现句也有承接上文的功能,如例(12)。

(12) Mahasiswa jurusan bahasa Indonesia tinggal di gedung asrama ketiga.
大学生　专业　语言　印尼　住　在楼　宿舍　第三
Di satu lantai ada sepuluh kamar. Di setiap kamar tinggal lima orang.
在一　层　有十　房间　在每一　房间　住　五　人
“印尼语系的学生住在第三宿舍楼。每层楼有十个房间。每个房间住五个学生。”

例(12)先讲印尼语系学生住在第三宿舍楼(gedung asrama ketiga)。然后,ada 句句首的 di satu lantai(在每一层)是上文 gedung asrama ketiga(第三宿舍楼)的一部分,属于旧信息。最后一句也是 ada 存现句,处所词语 di setiap kamar(在每个房间)回指上文 sepuluh kamar(十个房间),是旧信息。例(12)的段落,正是通过使用 ada 存现句的处所词语,与上句的信息形成照应关系,从而加强了段落的衔接。

汉语和印尼语的存现句具有连接下文的作用。汉语首先体现在“有”字句带补语(构成兼语句)的情况。张豫峰、范晓(1996:34)认为,当表示存在事物的短语后边出现其他成分时,这个成分在语用上是对存在事物的评述。这时,句子就有两层主题结构,如例(13)。

(13) a. 外面有人进来了。
b. (村里)有个干部叫李成

例(13a)里,“外面”是大话题,“有人进来了”是对它的评述。而在“有人进来了”中,“人”是小话题,“进来了”是叙述性的小评述。例(13b)中,“村里”是大话题,“有个干部叫李成”是评述;在评述中,“干部”是小话题,“叫李成”是解释性的小评述。根据张清华(2006)的统计,127 例“有”字句中,有 95 句动词后的名词短语带有补语,近 75%。这说明,“有”字句的确有引入新信息的重要功能。

我们再看印尼语的情况，如例（14）。

（14）a. Saudari Hetty，ini ada teman ingin berkenalan dengan saudari.
小姐　海蒂　这 有　朋友　想　结识　同　小姐（您）
（Liaw，1989：106）
"海蒂小姐，这里有位朋友想认识您。"
b. Kelihatannya Singapura ini seperti sebuah kebun besar，di mana-mana
看起来　新加坡　这 像　一个　花园　大　在到处
ada pohon yang menghijau dan terawat rapi.（Liaw，1989：244）
有　树　（连词）变绿　而且 看护　妥善
"看起来，新加坡像一个大花园，到处都是妥善管理的绿树。"

例（14a），ada teman（有朋友）后出现评述 ingin berkenalan dengan saudari（想认识您），进一步说明 teman（朋友）。例（14b），ada pohon（有树）后面加了定语 yang menghijau dan terawat rapi（变绿和妥善管理），充当评述，进一步说明树木的情况。

当然，"有"和 ada 引出的存在事物，也可以在下文另起一句，加以说明。张先亮、郑娟曼（2005）说，汉语"经常采用'有'字句这样的特殊句式在句子的宾语位置引出新信息，为下文的叙述提供有定的已知信息"。

（15）a. 他叫村长给牺盟会找个办事的地方，村长说庙里没有房子了，村里还有一座公房，从前是打更的住的地方，这会空着，可以用。（赵树理《李家庄的变迁》）
b. Di luar ada suara-suara langkah. Dalbo lalu melihat seorang
在外　有　声音　脚步　达尔保　接着　看见　一个
pemuda mengenakan pakaian warna kuning cerah.
年轻人　穿　衣服　颜色　黄色　鲜亮
（Muakhir & Firdaus，2009a：65）
"从外面传进来脚步声。接着达尔保看到一个年轻人，身穿鲜黄色衣服。"

例（15a）的汉语，"还有一座公房"引出新信息"公房"，然后又用几个短语进一步说明这个"公房"。同样，例（15b）的印尼语先介绍 suara-suara langkah（脚步声），下一句接着讲脚步声的主人——一个年轻人的情况。

14.4 小结

汉语“有”字句和印尼语 ada 句，在句法形式、语义关系和语用功能上都有一些相似之处和不同之处。在句法形式上，两者可分别在动词“有”和 ada 前后各带一个介词短语或者名词短语，但汉语可省略句首的介词“在”。汉语可以将两个短语都放在“有”前，但印尼语不行。在语义上，两者都可以表示存在的动词、处所或时间词语以及存在事物，处所词语一般在动词前，存在事物一般在动词后。在语用功能上，两者都将旧信息放在句首，与上文呼应，同时将存在事物作为新信息引入语境，并在下文作进一步描述。因此两者都具有承上启下的语篇衔接作用。

第 15 章　汉语和印尼语的强调句

15.1　引言

汉语和印尼语的口语都可以通过重音和停顿表示强调。书面语很难表示重音，所以需要更多词汇和句法手段。汉语表示强调的句式有“是……的”“……的是……”“连……也……”“(疑问词)……也/都”等，如例（1）。

（1）a. 他是昨天买书的。
　　b. 他昨天买的是书。
　　c. 他连旧书也买。
　　d. 谁也不认识他。

例（1a）是所谓“是……的”强调句，将“是”放在被强调的成分前，将“的”放在句尾，有时也可放在宾语之前（他是昨天买的书）。例（1b）是“……的是……”句，与“是……的”句对称，将话题部分放在“的”前，将评述部分放在“是”后，更符合汉语话题在前、评述在后的语序习惯。例（1c）是“连……也……”句，强调“连”字后边的部分。例（1d）用疑问词“谁”构成强调句，强调没有人认识“他”。

印尼语表示强调的方法也有很多，如：yang 强调句，如例（2a）；还可以把强调助词-lah 放在强调部分之后，如例（2a，2f）；也可以用 memang（的确）等强调副词，如例（2b～d）；或者通过 bahkan（甚至）等连词强调，如例（2e）；倒装句也具有强调的功能，如例（2f）。下面例句均引自 Chaer（2009：215－219）。

（2） a. Dialah yang datang kemarin, bukan orang lain.
他（强调）（连词）来 昨天 不 人 其他
“昨天来的是他，不是别人。”

b. Memang dia belum tahu apa-apa.
的确 他 还未 知道什么
“的确，他还不知道什么。”

c. Dia memang belum tahu apa-apa.
“他的确还不知道什么。”

d. Dia belum tahu apa-apa memang.
“他的确还不知道什么。”

e. Kikir dan pelitnya bukan main, bahkan untuk makan sendiri pun
吝啬 和 小气－他 不 一般 甚至 为 饭 自己 也
dia enggan mengeluarkan uang.
他 不 拿出 钱
“他吝啬得要死，就是他自己吃饭都不想掏钱。”

f. Berangkatlah mereka pagi-pagi sekali.
出发（强调） 他们 早早地 很
“他们很早就出发了。”

例（2a）是 yang 强调句，被强调的成分 dia（他）在 yang 之前，其余成分在 yang 之后，被强调成分后可以加强调助词-lah。例（2b）（2c）和（2d）通过 memang（的确）的不同位置，强调不同的句子成分。例（2b）memang 在句首，强调整个句子；例（2c）memang 在主语和谓语之间，强调主语 dia（他），不是别人；例（2d）memang 在句尾，强调谓语部分 belum tahu apa-apa（还不知道什么）。例（2e），通过强调连词 bahkan（甚至）强调应该满足而没有满足的条件（就是他自己吃饭都不想掏钱）。例（2f）通过倒装句的语序，将谓语动词 berangkat 放在句首加以强调，同时动词后也可加强调助词-lah。

本章主要对比汉语“是……的”强调句和印尼语 yang 强调句。汉语“是……的”强调句是指下面的句子例（3a）。印尼语 yang 强调句指用连词 yang 表示的句子例（3b）。

（3） a. 是我在公园找到狗的。

b. Saya yang menemukan anjing di taman.
我 (连词)找到 狗 在公园
"是我在公园找到狗的。"

赵元任（1968：693）提到汉语"是……的"句表示强调。屈承熹（1983：147）进一步分析说，在"是……的"结构内部，靠近"是"的部分为评述，靠近"的"的部分为话题。

印尼语有相应的例（3b）"Saya yang menemukan anjing di taman"的强调结构。其中，位于 yang 前的成分 saya（我）得到强调。一些教科书，如 Liaw（1989：292）列出这类句子，但是并没有说明其语篇功能。张琼郁（1993：51）、梁立基（1998：737）、Kridalaksana（2008：62）和 Chaer（2009：215）都提到，yang 可以用来强调前边的句子成分。徐杰（2001：117－166）提到汉语的"是"和马来语的 kah/lah 均为焦点标记，但未提到 yang 强调句。其他学者也很少进行汉语和印尼语强调句的对比。

下面从句法结构、语义关系和语用功能三个方面，对汉语"是……的"强调句和印尼语 yang 强调句进行比较，以期增进对印尼语的了解，并对语言学研究、汉语教学、印尼语教学和汉语、印尼语翻译等有所帮助。

15.2 "是……的"句和 yang 强调句的句法结构

各种语言都有类似汉语"是……的"的强调结构，例（4）所列的语言都采用关系代词或者连词构成强调句。

（4）a. 是我在公园找到狗的。
b. Saya yang menemukan anjing di taman.（印尼语）
我 （连词） 找到 狗 在公园
"是我在公园找到狗的。"
c. It was me that found the dog in the park.（英语）
它是 我（关系代词） 找到（冠词） 狗 在（冠词） 公园
"是我在公园找到狗的。"

d. Abofra na mihuu no.（非洲阿坎语）（Kroft，2000：168）
孩子 （连词） 我－看到 他
"我看到的是一个孩子。"

e. Yaro ne suka gaya masa.（非洲豪萨语）（Kroft，2000：168）
孩子（连词） 他们告诉 他
"他们告诉的是一个孩子。"

例（4a）是汉语"是……的"强调句，强调施事"我"。例（4b）是印尼语的强调句，强调位于 yang 前边的施事 saya（我）。从句法结构上看，汉语强调句由动词"是"和结构助词"的"构成的名物化结构语法化而来。"的"后面省略了中心语（例如"人"）。印尼语强调句是由连词 yang 引导的定语从句，省略了 saya 和 yang 中间的中心语［比如 orang（人）］，最后经过重新分析，语法化而成。例（4c）则是英语 it was... that... 强调句。例（4d）和（4e）分别是非洲阿坎语和豪萨语的强调句，也都是用了连词。可见，通过名物化动词短语或者小句来强调其他成分，是语言的一个普遍现象。

由于汉语和印尼语强调句都来自动词名物化结构，所以都受到"动词限制"，就是动词必须在名物化结构中。具体来说，汉语动词必须在"是……的"之内（胡明亮，2002），印尼语动词则必须在 yang 之后。

（5）a. 我是在公园找到狗的。
b. 在公园我是找到狗的。
c. * 我找到是狗在公园的。
d. * 狗是我在公园的找到。
e. Saya yang menemukan anjing di taman.
我 （连词）找到 狗 在公园
"是我在公园找到狗的。"
f. Anjing yang saya temukan di taman.
狗 （连词）我 找到 在公园
"我在公园找到的是狗。"
g. * Menemukan yang anjing di taman oleh saya.
找到 （连词）狗 在公园 被 我

例（5a）和例（5b），动词“找到”在“是……的”之间，合法。例（5c）和（5d）的动词“找到”在“是……的”之外，不合法。印尼语（5e）和（5f）的动词 menemukan（找到）或其被动形式 temukan 在 yang 从句内，合法。例（5g）将动词 menemukan 放在 yang 引导的从句之前，不合法。

汉语、印尼语也有不同之处：汉语并不需要改变原来的语序，只是需把强调标记“是”放在所强调的成分之前。印尼语则需将所强调的成分移到 yang 前。另一个不同之处是，汉语可以强调动词，但印尼语不行，如例（6）所示。

（6）a. 我在公园狗<u>是找到的</u>。（不是偷来的）

b. 狗我在公园<u>是找到的</u>。（不是偶尔碰到的）

c. * <u>Menemukan anjing</u> yang saya di taman.

找到 狗 （连词）我 在公园

d. ? <u>Menemukan anjing</u> yang saya lakukan di taman.

找到 狗 （连词）我 做 在公园

例（6a）和例（6b）将动词“找到”放在“是……的”之内加以强调，没有违反“动词限制”，都合法。例（6c）的印尼语将动词短语 menemukan anjing（找到狗）放在 yang 前，试图加以强调，违反了“动词限制”，句子不合法。例（6d）在从句中加了动词 lakukan（做），才增加了句子的合法性。

总之，从结构看，汉语和印尼语强调句都受“动词限制”，“是……的”内和 yang 后应该有动词。两者不同的地方是，汉语可以强调名词短语、介词短语，有时还可以强调动词。但印尼语只能强调名词短语，而且强调宾语时需要在从句中用被动语态。另外，印尼语很少用 yang 强调谓语和状语，因为印尼语更多利用倒装句和状语前置的方法来强调这两个成分。

15.3 “是……的”句和 yang 强调句的语义关系

句子内各成分与动词之间构成一定的语义关系，如施事、受事、地点、时间等。汉语、印尼语强调句都保持了对应的非强调句的语义关系。比如，例（5）和例（6）的合法句都保持了“我找狗”的意思，“我”和 saya（我）都是施事，“狗”和 anjing（狗）都是受事。

在语义上，汉语和印尼语都受“受事限制”。汉语不能将受事放在“是”和动词之间，如例（7）所示。

（7）a. 是我找到狗的。
b. 我狗是找到的。
c. ＊我是狗找到的。（不能理解为“我找狗”）
d. ？是狗我找到的。
e. 是狗被我找到的。
f. 我是把狗找到的。

例（7a）和例（7b）的受事“狗”都不在“是”和动词“找到”之间，均合法。例（7c）和例（7d）都将“狗”放在“是”和“找到”之间，都不合法。其中例（7c）只能理解为“狗找我”，而不是“我找狗”。只有加了“被”的例（7e）或者“把”的例（7f），明确了语义关系，句子才合法。

印尼语在强调受事时，yang 所引导从句中的谓语动词不能用主动语态（8a），需改用 di 为前缀的被动语态，如例（8b）。如果施事为代词，则放在动词词干之前，如例（8c）意思均为“学生在公园找到狗”。

（8）a. ＊Anjing yang siswa menemukan di taman.
狗 （连词） 学生 找到 在公园
b. Anjing yang ditemukan oleh siswa di taman.
狗 （连词） 被找到 被 学生 在公园
c. Anjing yang saya temukan di taman.
狗 （连词） 我 找到 在公园

例（8a）用主动语态 menemukan（找到），不合法。例（8b）yang 后用被动语态 ditemukan（被找到），合法。例（8c）从句中用被动二式，将施事放在动词词根 temukan 前也合法。

从类型学的角度看，“是……的”之内和 yang 之后都是从句，而从句内倾向于用语言的默认或常式语序。所以，汉语受事从从句内提到动词前比较困难，如上面例（7c）和（7d）所示。印尼语受事需要先在从句中提前成为主语，使从句成为被动句，然后才能省略，与先行词［如 anjing（狗）］照应（Cole & Hermon，2005）。从语义上看，汉语和印尼语强调句的语序都受“受事限制”的制约。

15.4 “是……的”句和 yang 强调句的语用功能

汉语“是……的”句可以改变句子的话题—评述结构，使评述的重要部分——焦点出现在话题之前，这就改变了常式句的话题在前、评述在后的顺序（屈承熹，1983）。印尼语 yang 强调句将某一句子成分放在句首、yang 之前，标记为焦点，也与常式句的话题在前、评述在后的结构不同。两者的使用，都与语篇和更大的语境相关。所以说，汉语“是……的”强调句和印尼语 yang 强调句都具有改变话题结构、适应语篇要求的特殊功能。下面从聚焦功能、话题结构和衔接功能三个方面进行对比。

15.4.1 聚焦功能

在语篇中，汉语强调句受到“焦点限制”，就是只强调、凸显句子中某一成分，一般不允许有两个焦点（胡明亮，2002）。

（9）a. 你是不是在公园找到狗的？
b. 是谁在公园找到狗的？
c. * 你是在公园找到没找到狗的？
d. * 谁是在公园找到狗的？

汉语例（9a）的焦点是“在公园”，而疑问短语“是不是”将“在公园”标记为句子的焦点，两者重叠，一个焦点，合法。例（9b）的焦点是“谁”，同时疑问词“谁”也是问句的焦点，两者重叠，也合法。但例（9c）有两个焦点，一个焦点是“是”后边的“在公园”，另一个是疑问短语“找到没找到”，两个焦点，不合法。例（9d）也有两个焦点“谁”和“在公园”，也不合法。

印尼语可以把强调助词-lah 和-kah 放在某一成分之后加以强调。这些强调助词用于 yang 强调句时，不能与后者冲突。这说明，印尼语 yang 强调句也受“焦点限制”，如例（10）。

（10）a. Saya-lah yang menemukan anjing di taman.
我 （连词）找到 狗 在公园

"是我在公园找到狗的。"

b. Apa-kah yang Anda temukan?
什么 （连词）你 找到
"你在公园找到的是什么？"

c. * Anjing yang sayalah temukan di taman.
狗 我 找到 在公园

例（10a）的-lah 放在陈述句的焦点 saya（我）之后，与 yang 强调句的焦点一致，合法。例（10b），强调助词-kah 放在疑问词 apa（什么）之后，也与 yang 的强调功能一致，只有一个焦点，合法。但是例（10c）中，anjing（狗）放在句首，在 yang 前，是焦点，但同时从句内的 saya（我）也由-lah 标记为焦点，一个句子出现两个焦点，不合法。正是因为 yang 的焦点应与-lah/-kah 标记的焦点一致，所以梁立基等（1997：737）和 Chaer（2009：215）都认为，yang 表示强调时，应该与-lah 配合使用，如例（10a）。

15.4.2 话题结构

当"是"放在汉语动宾结构之前时，焦点不是十分清楚（屈承熹，1983：147），如上面的例（5b）"在公园我是找到狗的"，焦点可能是"找到"，也可能是"狗"，还可能是整个动词短语"找到狗"。而印尼语 yang 强调句的焦点比较明确，则没有这样的歧义，如例（11b）。

（11）a. 我在公园是找到狗的。

b. Anjing yang saya temukan di taman.
狗 （连词）我 找到 在公园
"我在公园找到的是狗。"

在例（11a）中，"找到狗"在"是"后，有可能强调"找到"，也有可能强调"狗"，还有可能强调整个动词短语"找到狗"，这些歧义只能通过语境消除。例（11b）的印尼语只是强调 anjing（狗），没有歧义。连词 yang 后的部分是第一人称代词 saya（我），以及施事代词后动词的被动形式 temukan（被找到）。

15.4.3　衔接功能

强调句改变了句子内部的信息结构，体现的是该句在语篇中的地位和作用。我们以例（12）和例（13），分别说明汉语和印尼语强调句在语篇中的衔接功能。

（12）注射了催产素后，我开始发作了。我是吊着输液瓶被推进产房的。产房里升着火炉，但仍然很冷。（杨红樱，2011：78）

例（12）中，先提到“发作”，接着用“是……的”句强调“吊着输液瓶”，在语义上与前边的“发作”相关。该句末尾的“被推进产房”因为与上文“催产素”相关，所以是旧信息，充当该小句的话题。而“产房”又成为下一句“产房里升着火炉……”的话题。可见，“是……的”句的主要作用是强调某一信息，同时也具有承上启下的语篇衔接功能。

我们再看印尼语的例子。

（13）a. Apa yang terjadi kemudian setelah Keli masuk tim? Permainan
什么(连词) 发生 后来 在后 克里加入 球队比赛
sepak bola semakin ramai karena Keli memang jago main sepak bola.
足球 更 热闹 因为 克里 的确 健将 玩 足球
Bahkan, beberapa kali memasukkan gol ke gawang lawan!
甚至 几 次 进 射门 到 球门 对手
(Muakhir & Firdaus, 2009a：17)
“克里加入比赛后怎么了？球赛变得更有意思，因为克里的确是足球健将。甚至有好几次，他都把球踢入对方的球门！”

b. “Akulah yang terpandai,” tukas Raja. “Tak ada orang yang lebih
我（连词）最聪明 又说 国王 不 有 人（连词）更
pandai daripada aku.” (Muakhir & Firdaus, 2009a：24)
聪明 比 我
“国王又说：‘是我最聪明，没人比我更聪明。’”

c. Aku sangat kagum pada kerja kerasmu. Orang sepertimulah yang
我 很 钦佩 对 工作 勤奋 你 人 像你 (连词)
aku butuhkan untuk kemajuan negeri ini.
我 需要 为 推进 国家 这
(Muakhir & Firdaus, 2009a: 33)
"我非常佩服你这么勤奋地工作。我需要的就是像你这样的人,来促进我们国家的发展。"

例(13a)疑问词 apa(什么)移到句首,放在 yang 的前边加以强调,语序与疑问语义均指向同一个成分 apa,句子合法。该句强调大家关心的 apa(什么),就是后来发生的事情。接着,作者讲述后来克里踢得很好,还射进对方的球门,等等。该强调句起引出下文的作用。例(13b),强调句句首的代词 aku(我),意思是"我,而不是别人,在世界上最聪明",凸显了国王的狂妄自大。其与下句的 Tak ada orang yang lebih pandai daripada aku(没人比我更聪明)相衔接。例(13c),动词 butuhkan(需要)的受事宾语 orang sepertimu(像你这样的人)移到句首,加-lah,并用 yang 句型强调,意思是"需要的就是你这样的人,而不是其他类型的人"。强调部分是 orang sepertimu(像你这样的人),后边附着的代词-mu(你)回指第一句的 kerja kerasmu(工作勤奋的你)中的-mu(你),加强了与上文的衔接,同时引出下文的新信息 untuk kemajuan negeri ini(来促进我们国家的发展)。

15.5 小结

总之,汉语"是……的"和印尼语 yang 强调句在结构上,都受"动词限制",即动词必须在"是……的"内,或在 yang 后。汉语可以强调的短语较多,而印尼语只能强调名词短语。在语义上,两者都不改变原文基本语义关系;都受"受事限制",汉语受事不能在"是"和动词之间,印尼语受事在 yang 前时,从句用被动语态。在语用上,两者都受"焦点限制",具有强调功能和语篇衔接的功能。汉语的焦点有时比较模糊,但是印尼语没有这类问题。

第 16 章　汉语“被”字句和印尼语 di-被动句

16.1　引言

本章从句法结构、语义关系和语用功能三个方面对比汉语“被”字句和印尼语 di-被动句。汉语和印尼语都属于 SVO 型语言，两者也都有将受事前移，标记为主语的句式。汉语将受事前移的方式有四种，如例（1b ~ e）。

（1）a. 狗抓到了猫。
　　b. 猫，狗抓到了。
　　c. 狗，猫抓到了。
　　d. 狗把猫抓到了。
　　e. 猫被狗抓到了。

例（1）各句的基本意思都是“狗抓到猫”。例（1a）是主动句。例（1b）是“宾语提前句”，直接将受事“猫”移到句首，是隐形被动句。例（1c）将受事移到动词“抓到”之前‘施事“狗”之后，在某种情况下也可以表示“狗抓到猫”的意思。例（1d）是“把”字句，用“把”将“猫”标记为受事，并移到动词前。例（1e）是“被”字句，将受事移到句首，同时用“被”将“狗”标记为施事，其他介词如“叫”“让”“由”和“给”等构成的被动句也属于这一类。本章只涉及汉语由“被”标记的汉语被动句，如例（1e）。

印尼语也有主动句和被动句之分，如例（2）。

（2） a. Anjing menangkap kucing.
狗 抓 猫
"狗抓到猫。"
b. Kucing ditangkap（oleh） anjing.
猫 被抓 被 狗
"猫被狗抓到了。"
c. Kucing saya/kau tangkap.
猫 我/ 你 抓
"猫被我/你抓到了。"
d. Kucing tertangkap oleh anjing.
猫 被抓 被 狗
"猫被狗无意中抓到了。"
e. Ibu kehujanan kemarin malam.
妈妈被淋雨 昨天 晚上
"昨天晚上妈妈被雨淋了。"

例（2a）是印尼语主动句，施事 anjing（狗）在动词 menangkap（抓）前，受事 kucing（猫）在动词后，这与汉语主动句例（1a）一样，语序都是 SVO。例（2b）是印尼语被动句一式，即本章讨论的 di-被动句，用于施事是名词短语或者第三人称代词的情况。动词前缀 men-变成 di-；受事 kucing（猫）在句首充当主语；施事 anjing（狗）在动词后，前边可以加介词 oleh（被），也可以不加。例（2c）是 di-被动句二式，当施事是第一、二人称代词时必用，第三人称代词时可用可不用，动词用词干，不用前缀 di-。例（2d）也是印尼语表示被动意义的句型，其动词前缀为 ter-，增加了"突然""没有料到"等意义。由于 ter-被动句的意义单纯，而且 ter-动词也可用于主动句，所以本章不涉及。例（2e）是由 ke-V-an 动词形式构成的被动句，但由于该句型意义仅限于不利的情况（纳爱仁，2015：17），而且不一定可以还原为 men-主动句，所以本章也不予考虑。被动句二式只涉及施事为代词的情况，可以看作是被动句一式的变体，所以本章主要涉及被动句一式，即动词为 di-V 形式的被动句。

从使用范围看，一般认为印尼语使用 di-V 被动句的频率远远高于汉语（张琼郁，1993：281；陈延河，2002）。从这种观点出发，有学者从不同民族的思维方式来解释这种差异，张金桥等（2006）和唐慧等（2009）认为，说汉语的人习惯以自身为中心，故多用人作为主语，所以主动句多；而印尼民族多以客观事物为中心，故多以事物为主语，所以被动句多。但从印尼语内部来看，被动句并不比主动句用得多。笔者查看了汉语和印尼语的实际语篇，初步得出的数据如表16－1所示。

表16－1　汉语、印尼语的主动句和被动句

	汉语			印尼语		
主动句	（S）VO	56例	84.8%	（S）men-V O	70例	77.8%
	O（S）V	0例	0	（S）ter-VO	3例	3.3%
	“把”字句	7例	10.6%			
存在句	有/是＋O	2例	3.0%	ada/adalah O	6例	6.7%
被动句	“被”字句	1例	1.5%	O di-V（S）	5例	5.6%
				di-V（定语从句）	6例	6.7%
合计	约43 000字	66例	100%	约7 000个单词	90例	100%

表16－1显示：汉语“被”字句的频率只有1.5%，的确没有印尼语di-V被动句多，后者的独立被动句和定语从句中的被动句的频率加起来多达12.3%，约是汉语“被”字句的8倍，这也是学者认为印尼语被动句比汉语被动句多的原因。汉语可用“把”字句将受事移到动词前，而印尼语没有类似句型，只能用di－V被动句前移受事。内部汉语主动句加“把”字句多达95.4%，远远多于印尼语（81.1%）。印尼语仍然以主动句为主要表达形式，men-主动句加ter-主动句，多达81.1%，远远多于di-被动句（12.2%），并非如前述学者所说的“被动句多”。

16.2　句法结构的对比

我们先看汉语“被”字句和印尼语被动句的句法结构。汉语“被”字句有一些语法上的限制，如例（3）。

（3）a. 被狗抓到了。
b. ＊被抓到了狗猫。
c. 猫尾巴被抓到了，脑袋没被抓到。

d. 猫被（狗）抓到了尾巴。
e. （NP）（NP）被（NP）V C

例（3a）省略主语“猫”，在一定语境下可接受。例（3b），动词“抓到”后边出现两个名词“狗”和“猫”，且没有修饰关系，句子不合法。例（3c），受事“尾巴”前加了另一名词“猫”。这说明，“被”字句首可以加另外一个名词。例（3d），“被”字句的动词后允许其他名词（如“尾巴”）出现。各种情况可以总结为例（3e）的规则，其中括号表示可有可无的成分。C 表示补语。

我们再看印尼语的情况，如例（4）。

（4）a. Kucing ditangkap（oleh）anjing.
猫　　被抓　　（被）狗
“猫被狗抓到。”
b. Ditangkap anjing
被抓　　狗
“被狗抓到”
c. * Kucing anjing ditangkap.
猫　　狗　　被抓
“猫狗被抓到。”
d. Kucing ditangkap ekornya oleh anjing.
猫　　被抓　　尾巴它被　狗
“猫被狗抓到它的尾巴。”
e. （NP）di-V（NP）（oleh）（NP）

例（4a）为完整的 di-被动句，其中介词 oleh（被）可以省略。例（4b）省略了主语，在一定语境下可以接受。例（4c）在动词前边放了两个名词 kucing 和 anjing，不合法。例（4d）的动词后有一个名词短语 ekornya（它的尾巴）和一个介词短语 oleh anjing（被狗）。各种情况可以总结为例（4e）的规则。

对比例（3e）和例（4e）的规则，可以发现，在一定语境下，汉语“被”字句和印尼语 di-被动句都可以省略受事主语。另外，汉语动词前可以有两个或更多名词词语，印尼语则在动词后可以有两个或更多名词词语；汉语介词“被”的宾语可以省略，印尼语则可以省略介词 oleh；汉语动词（V）后必须有补语（C），印尼语无此要求。

16.3　语义关系的对比

语言的语序，除了受到句法规则的限制之外，还会受到句子成分之间语义关系的限制。对比汉语“被”字句和印尼语 di-被动句，一个共同之处是将受事放在句首。汉语的情况如例（5）。

（5）a. 猫被狗抓到了。
　　b. 猫被抓到尾巴。
　　c. *猫被（狗）抓到牛角。
　　d. *狗猫被抓到了。
　　e. *狗被猫抓到了。

例（5a）是普通的“被”字句，受事“猫”在句首，施事“狗”由“被”引导放在动词前。例（5b），“被”后省略施事，句子也成立。例（5c），动词后的名词“牛角”在语义上不是“猫”的一部分，所以不合法。例（5d），施事和受事同时在动词前，不合法。例（5e），用“被”将受事“猫”标记为施事，自相矛盾，故不能表示“狗抓到猫”的意思。

总之，汉语“被”字句中，受事必须在前，施事在后，施事也可以省略；“被”只能标记施事；动词后的名词短语，必须与受事构成整体—部分等语义关系。

印尼语被动句也呈现某些语义特征，如例（6）。

（6）a. *Anjing ditangkap kucing.
　　狗　被抓　猫
　　“狗被猫抓到。”
　　b. *Ditangkap oleh kucing.
　　被抓　被　猫
　　“被抓到被猫。”
　　c. Sudah ditangkap kucing.
　　已经　被抓　猫

"猫已经被抓到。"

d. Kucing ditangkap ekornya.

猫　　被抓　　尾巴 它

"猫被抓到它的尾巴。"

e. * Kucing ditangkap tanduknya.

猫　　被抓　　牛角 它

"猫被抓到它的牛角。"

例（6a），施事 anjing 在动词前，受事在动词后，但是动词是 di-被动形式，不合法。例（6b），动词前没有主语，是允许的，但是 oleh（被）后是受事 kucing，改变了句子的意思，不合法。例（6c），受事 kucing 也可以在动词后。例（6d），动词后的受事 ekornya（它的尾巴）与句首的 kucing（猫）构成整体—部分的语义关系，合法。例（6e），动词后的补语为 tanduk（牛角），不是主语"猫"的一部分，故句子不合法。

比较汉语"被"字句和印尼语 di-被动词可以发现共同之处：句首的名词短语必须是受事。介词"被"和 oleh 后必须是施事。动词后的其他名词应该与受事话题构成"整体—部分"等语义关系。

汉语"被"字句和印尼语 di-被动词的不同之处是：汉语受事必须在动词前，印尼语的受事可以在动词前，也可以在动词后。汉语施事也必须在动词前，前加施事标记"被"，但印尼语只有第一、二人称的代词表示的施事在动词前，即被动句二式，其他施事都在动词后。

16.4　语用功能的对比

20 世纪初，Jespersen（1924：168）就提到，使用被动句是为了加强句子之间的联系。汉语"被"字句和印尼语被动句的语用功能都是改变句子新旧信息、话题和评述的相对位置，以加强语篇的衔接。

16.4.1　信息功能

汉语和印尼被动句的作用都是将受事放在句首，成为该句的话题和旧信息。

统计 14 万字汉语材料中的“被”字句，发现几乎所有的主语（受事）都是定指的，具体数据如表 16－2 所示。

表 16－2　汉语材料中的“被”字句的受事、施事的指称性

	句子数（例）	百分比
a. 主语有定，“被”宾语定指	27	24.8%
b. 主语有定，“被”宾语不定	35	32.1%
c. 主语有定，“被”无宾语	42	38.5%
d. 主语不定，“被”宾语定指	1	0.9%
e. 主语不定，“被”宾语不定	4	3.7%
合计	109	100%

表 16－2 显示，“被”字句的主语绝大多数（95.4%）是定指的，其所指在语境中可以被听话者判定。而介词“被”的施事宾语有 25.7% 为定指，35.8% 为不定，还有 42 个“被”字句没有宾语。没有出现的施事可能是定指的，也可能是不定的。可以说，“被”字句的一个语用功能，就是把定指的受事作为旧信息放在句首。具体例句如下：

（7）a. 主语有定，“被”宾语有定

沙青说她从起飞到落地二个半小时愣是被这个又高又胖戴墨镜西服内衬条格衫的方言侃了下来。（王朔，2004：100）

b. 主语有定，“被”宾语不定

我被一种幼稚的情感所支配，像个孩子似的一会儿热泪盈眶，一会儿兴奋地笑，毫不害羞。（王朔，2004：184）

c. 主语有定，“被”无宾语

那些高大阴森的殿堂被隔成一间间小房，住进一户户被免职的军官的眷属。（王朔，2004：50）

d. 主语不定，“被”宾语有定

他们好像在等人，始终在桌旁保持着一个空位，很多走过去想要在那张空位上就座的人都被他们谢绝。（王朔，2004：137）

e. 主语不定，“被”宾语省略

我看到各种各样的人从不同方向往那个酒居的门里走，像是无数小

鱼被吸进一条大鱼大张着的嘴（王朔，2004：137）

例（7a），受事主语“她”是有定，“被”的宾语“这个又高又胖戴墨镜西服内衬条格衫的方言”也是有定。例（7b），受事主语“我”有定，“被”的宾语“一种幼稚的情感”不定。例（7c），受事主语“那些高大阴森的殿堂”是有定的，“被”后没有宾语。例（7d），受事主语“很多走过去想要在那张空位上就座的人”不定，“被”的宾语“他们”则为有定。例（7e），受事主语“无数小鱼”不定，“被”后的施事宾语省略。

Sneddon（2010：263）指出，印尼语被动句的主语必须是有定的。我们统计了含1.5万个单词印尼语故事中使用的di-被动句，而且受事在动词前的情况，结果如表16－3所示。

表16－3　印尼语di-被动句（受事在动词前）

受事、施事的定指性	句子数（例）	百分比
a. 主语定指，施事定指	8	10.8%
b. 主语定指，施事不定	7	9.5%
c. 主语定指，无施事	58	78.4%
d. 主语不定，施事定指	0	0
e. 主语不定，施事不定	0	0
f. 主语不定，无施事	1	1.4%
合计	74	100%

表16－3包括主句、状语从句和宾语从句中的di-被动句，不包括定语从句里的被动句。另外，暂时不考虑受事主语在动词后的情况。从表16－3可以看出，受事主语在动词前的74例中，73例是定指，约占98.6%。只有1例是不定指。施事不出现的有59例，约占79.7%。施事出现的15例中，定指的8例，不定的7例，数字相差不大。各例句如例（8）所示。

（8）a. 主语有定，施事有定

Minul　tidak tahu　kalau　jas yang sudah penuh lubang itu tidak bisa

米努尔　不　知道（连词）　上衣已　满　窟窿　那不　能

digunakan lagi oleh Papa Ayu. （Muakhir & Firdaus，2009b：44）
被穿　　再　被　爸爸 阿玉
“米努尔不知道，阿玉的爸爸不能再穿这件已经布满窟窿的上衣了。”

b. 主语有定，施事不定
Mutiara itu dijaga seekor ular ganas. （Muakhir & Firdaus，2009a：76）
珍珠　那 被守护 一条　蛇　凶恶
“那颗珍珠被一条凶猛的蛇守卫着。”

c. 主语有定，无施事
Nama ayah dan namaku disebut berkali-kali，pasti semua pengunjung
名字 爸爸 和　名字 我 被叫　一遍又一遍 肯定 所有　购物者
mendengarnya. （Muakhir & Firdaus，2009a：13）
听到　　它们
“爸爸和我的名字被叫了一遍又一遍，我敢肯定所有的人都听到了。”

d. （无例）

e. （无例）

f. 主语不定，无施事
Rumah-rumah dibangun. （Muakhir & Firdaus，2009a：77）
房屋　　被建造
“一座又一座房子被建了起来。”

例（8a），受事主语是 jas yang sudah penuh lubang itu（那件布满窟窿的上衣），有定，动词是 digunakan（被穿），施事 papa Ayu（阿玉的爸爸），有定，前加介词 oleh（被）。例（8b），受事主语 mutiara itu（那颗珍珠），有定，动词 dijaga（被守卫），施事是 seekor ular ganas（一条凶猛的蛇），不定。例（8c），受事主语是 nama ayah dan namaku（爸爸和我的名字），有定，动词 disebut（被叫），施事没有出现，在当时的语境中读者知道是商城的播音员，但施事的信息对读者不重要。没有发现表 16－3 中 d 和 e 的例子。例（8f），受事主语rumah-rumah（一座座房子）不定，施事没有出现。

总之，汉语“被”字句和印尼语 di-被动句的主语几乎都是定指的名词短语。而施事则可能定指，也可能不定。两者的作用都是将定指的受事移到句首，标记为话题，同时将施事后移，减少其凸显度，或者隐去。

16.4.2 语篇衔接

“被”字句和 di - 被动句都具有调整新旧信息的作用。而这种调整的目的，是为了理顺语篇中信息的流动和话题的承接转换，使人际交流更为通畅。我们先看汉语“被”字句在语篇中的衔接功能，如例（9）。

（9）a. 从前，一只长耳兔去看望他的未婚妻。他兴奋地走在路上，突然，一只老狼蹿了出来，抓住了他。长耳兔害怕极了，哀求道：“狼先生，求你不要吃我。”（顾作峰，2009：46）

b. 短腿兔说：“趁老狼不在，快点儿逃走吧！”“不行，如果再被老狼抓住，我就没命了！”（顾作峰，2009：47）

例（9a）第二句，“突然，一只老狼蹿了出来”，话题是施事“老狼”，接下来的一句用主动句“抓住了他”，省略的主语和话题仍然是“老狼”，叙述角度一致，语篇通顺。例（9b），短腿兔说的“趁老狼不在，快点儿逃走吧”，其话题是长耳兔。接下来，长耳兔说“不行，如果再被老狼抓住，我就没命了！”，其中“被”字句将受事标记为话题，因与下文“我就没命了”具有同样的话题“我”，故省略。例（9a）和例（9b）说明，用主动句还是用“被”字句，取决于语境。

印尼语主动句和被动句的选用，同样与语境有关，如例（10）。

（10）a. Diam-diam aku memerintahkan seorang putraku mengisi labu dengan
悄悄地 我 命令 一个 王子我 装进 南瓜 用
emas，lalu memberikannya kepadamu.（Muakhir & Firdaus，2009a：37）
黄金 然后 给 它 对 你
“我暗地命令（我的）一个王子把南瓜装满了黄金，然后给了你。”

b. Diam-diam ia memerintahkan seorang putranya mengisi sebuah labu
悄悄地 他 命令 一个 王子 他 装进 一个 南瓜
dengan emas. Labu itu lalu diberikannya pada si saudagar. Saudagar itu
用 黄金 南瓜 那 后来 被送 他 对 商人 商人 那
pulang dengan membawa labu.（Muakhir & Firdaus，2009a：36）
回家 同时 拿着 南瓜

"国王暗地命令（他的）一个王子把一只南瓜装满了黄金，然后把南瓜送给商人。商人拿着南瓜回了家。"

例（10a）的两个小句均为主动句，各句的话题都是 aku（我，指国王），动词 memerintahkan（命令）和 memberikan（给）都用了主动形式，保持了叙述话题的一致。例（10b）讲述同一件事情，第一句为主动句，其中的动词 memerintahkan（命令）和 mengisi（装进）都是主动形式。第二句则为被动句，以上文引出的新信息，即受事 labu（南瓜）为受事话题，放在句首，动词用被动形式 diberikan（被送），成功地将话题从 ia（他，指国王）转变为 labu（南瓜）。动词后的对象 si saudagar（商人）作为新信息被引入语境。接着，最后一句又把 si saudagar（商人）作为话题，放在句首。

汉语"被"字句和印尼语 di-被动句都是根据语境的需要，通过调整句子内的语序改变句子的话题结构，保持叙述角度的一致，或者不断引入新信息，使叙述更为流畅，方便读者或听者接受和处理传达的信息。

16.4.3 印尼语受事主语在动词后

上文的表 16－3 中，没有包括印尼语受事主语在动词后的 di-被动句。其实，在统计中，多达 68 例 di-被动句的受事移到了动词后边，约占所有 di-被动句的 47.9%，只比受事在动词前的句子少一点。大致有例（11a）和例（11b）这两种情况。

（11）a. Dilihatnya satu kereta kuda yang indah memasuki desa.
被看 她 一 车 马 （连词）漂亮 进入 村子
（Muakhir & Firdaus，2009b：25）
"她看到一辆漂亮的马车驶进村子。"

b. Di setiap kotak diletakkan orang-orang.
在 每一 格 被放 棋子（Muakhir & Firdaus，2009a：56）
"在每一格里都放上棋子。"

例（11a），以动词开头，施事-nya（她）附着在动词之后，受事 satu kereta kuda yang indah（一辆漂亮的马车）也放在动词后。例（11b）是另一种情况，开头是状语 di setiap kotak（在每一格里），接着是 di-动词 diletakkan（被放），施事没有出现，受事 orang-orang（棋子）在动词后。

那么，印尼语为什么要把受事移到句子后部呢？这种 di-被动句有什么语用功能呢？Arka & Manning（1998）曾用例（12）的一段故事说明受事在 di-动词后的情况。

（12）Pemuda kakaktua juga hidup kembali. Dipandangnya wajah Peggy dan Peggy
男青年 鹦鹉 也 活 回来 被看 他脸 佩吉 而 佩吉
memandang-nya pula. Diambilnya lagi sehelai serbet kertas...
看 他 也 被拿 他再 一张 餐巾 纸
"年轻的鹦鹉先生醒了过来，他看看佩吉，佩吉也看看他。他（鹦鹉）又拿起一张餐巾纸。"

例（12），pemuda kakaktua（年轻的鹦鹉先生）醒过来之后，接下来一句的动词是被动形式 dipandang，附着的-nya 是施事（即刚提到的鹦鹉先生）。受事 wajah Peggy（佩吉的脸）在动词及附着代词后。后半句的施事是 Peggy（佩吉），动词 memandang（看）是主动形式，-nya（他）是受事。最后一句还是以 di-被动式 diambil（被拿）开头，附着的-nya 是施事，即鹦鹉先生。受事 sehelai serbet kertas（一张餐巾纸）放在最后。

Arkan & Manning（1998）分析说，例（12）中带 dipandang 和 diambil 的句子，不能简单地理解为被动句，而且印尼语的 di-V 句翻译成英语时，一般也不用被动句。他们认为，这些 di－动词处于句首，表示的是新信息，不是话题或者主语，其语用功能是强调动词本身。他们也解释说，附着在动词后的施事代词-nya（他）是旧信息，而后边的受事主语 wajah Peggy（佩吉的脸）、sehelai serbet kertas（一张餐巾纸）则表示新信息，因此这样的语序也符合旧信息在前、新信息在后的普遍规律。

但是，Arka & Manning（1998）主要从个别句子的话题结构考虑，没有与整个语篇联系起来。如果从语篇衔接的角度看，以 di-动词开头的句子的语用功能可能会更清楚。我们可以把例（11a）和例（11b）的上下文找出来，看这类句子的语用功能。

（13）a. "Ratu datang! Ratu datang!" seru para kurcaci.
王后来 王后来 欢呼 矮人

Pingping cepat meninggalkansepedanya. Ia berlari ke arah kerumunan.
萍萍　快　放下　自行车她 她跑　向 方向 人群
Dilihatnya satu kereta kuda yang indah memasuki desa. Suara roda
被看 她一 车 马 （连词）漂亮 进入 村子 声音 轮子
berderit-derit. （Muakhir & Firdaus，2009b：24 – 25）
嘎吱响
“矮人们欢呼着：‘王后来了！王后来了！’萍萍赶紧放下自行车，跑向人群。她看到一辆漂亮的马车驶进村子。轮子发出嘎吱嘎吱的声音。”

b. Setiap deretan memanjang atau ke bawahnya terdiri dari delapan kotak.
每一 行 横 或 到下 组成 由 8 格
Di setiap kotak diletakkan orang-orang. Si Fakir mengajarkan
在 每一 格 被放 棋子 苦行者 示范
permainan itu kepada raja. （Muakhir & Firdaus，2009a：56）
玩具 那 向 国王
“每一横行或者竖行都是 8 格，在每一格里都放上棋子。（接着）苦行者为国王示范如何下这种棋。”

例（13a）类似 Arkan & Manning（1998）的例子。小矮人们欢呼之后，第二句以主人公 Pingping（萍萍）为主语，将话题转换为 Pingping，第三句以代词 ia（她）为主语，回指 Pingping。第四句用 di - 被动句，回指施事 Pingping 的代词 -nya 附着于动词后，又将受事“satu kereta kuda yang indah（一辆漂亮的马车）放在动词加施事后。可见，用 di-被动句，有多个作用，一是可以避免不定受事在句首的情况，二是可以凸显动词 dilihat 表示的动作，三是可以降低施事的凸显度。例（13b），先讲横竖每行都是 delapan kotak（8 格）。然后下一句将状语 di setiap kotak（在每一格里）放在句首，状语包含上文提到的 kotak（格子），句子之间过渡平稳。该句谓语动词 diletakkan（被放）后面的受事 orang-orang（棋子），是需要强调的新信息。先讲棋盘，再讲棋子，最后是示范下棋，这样在语义上非常连贯。从语序上看，将包含 kotak（格子）的状语放在句首，与上文衔接；又将受事 orang-orang 后置，与下文教国王下棋衔接。该被动句的动词后没有表示施事的附着代词，说明这种句型也可以隐藏表示旧信息的施事。

可见，在上下文清楚的情况下，汉语主动句可以省略句首的施事话题，被动句也可省略受事话题。可以省略，是因为它们表示的是在上下文里清楚的旧信息。省略主语后，就可以凸显谓语和后边的宾语、补语，同时也加强了语篇衔接。印尼语 di-被动句的受事如果是旧信息，就放在句首，形成表 16 - 3 的各种情况。但是，如果受事是新信息，就有至少两种选择：一是用主动句，将受事置于动词后；二是用 di-被动句，但也需将受事置于动词后。由于印尼语不常省略主动句的主语，所以当需要压制或者隐藏旧信息施事、强调谓语动词、引入新信息受事时，di-被动句就是一个很好的选择。如例（13a）的 dilihatnya（被她看）一句，将动词置于句首加以强调，同时将旧信息施事作为附着代词放在动词之后，并在语音上由 ia（她）弱化为-nya，同时将受事、新信息 satu kereta kuda yang indah（一辆漂亮的马车）放在动词后，引入语境。

总之，汉语通过“被”字句、“把”字句、主动句等形式，改变旧信息受事的位置，将其推到句子靠前的位置，使其更加话题化。同时将施事放在受事后，减少其凸显性。也将需要强调的其他句子成分，如补语，放在句子后部加以凸显和强调。这样，新旧信息的交替出现，使得语篇的衔接更为流畅。印尼语使用主动句和被动句，也是为了强调某些成分，弱化某些成分。而 di-被动句将受事后置，既可以强调动词表示的新信息，也可以通过提前的 di-动词如例句（13a）或者半隐半现的施事代词如例句（13b）与上文衔接。这样的被动句，也许是印尼语的一大特点，也是印尼语被动句与汉语“被”字句很不一样的地方。

16.5 小结

在句法结构上，汉语“被”字句和印尼语被动句的动词前都可以省略主语；不同之处是，汉语动词前可以有两个或更多名词，印尼语则在动词后可以有两个或更多名词；汉语动词后必须有补语，印尼语无此要求。在语义关系上，汉语的受事必须在动词前，而印尼语的受事可以在动词前，也可以在动词后；汉语的施事必须在动词前，印尼语的施事除了人称代词以外，其他由名词短语表示的施事都在动词后。在语用功能上，两者都将表示旧信息的受事标记为话题，放在句首，起着承上启下的语篇衔接作用，同时引出或者强调新信息，引出下文。但印尼语 di-被动句还通过弱化的施事代词与上文衔接，并将受事后移以强调动词，这是印尼语的一个特点。

第 17 章 汉语“比”字句和印尼语 lebih 比较句

汉语和印尼语都使用一定的句式表示事物之间的比较关系。本章讨论汉语和印尼语的差比句，汉语以“比”为标记，印尼语以“lebih... daripada”为标记，分别简称为“比”字句和 lebih 句。这类比较句具有四个成分，即比较主体、比较基准、比较词和比较结果。

（1）a. 我比他高。

b. Saya lebih tinggi daripada dia.

我 更 高 比 他

“我比他高。”

例（1a）中，比较主体为“我”，比较基准是“他”，比较词为介词“比”，比较结果是“高”。例（1b）中，比较主体是 saya（我），比较基准是 dia（他），比较词为框型结构 lebih... daripada，其中 lebih（更）是比较副词，daripada（“比”，也可写作 dari）是介词，比较结果是 tinggi（高）。

下面从句法结构、语义关系和语用功能对比汉语“比”字句和印尼语 lebih 比较句。

17.1 句法结构的对比

17.1.1 语序

虽然汉语和印尼语都是 SVO 型语言，但是两者有许多不同之处。如，汉语倾向于用中心语在后的语序，而印尼语则倾向于用中心语在前的语序。汉语的

“比”和印尼语的 daripada 都是介词。汉语介词短语多数在谓语之前（见第 9 章），例（1a）中“比他”等介词短语的位置在主语“我”和谓语“高”之间。而印尼语是中心语在前、修饰语在后的语言，其作为修饰成分的介词短语一般在动词和形容词等中心语之后，例（1b）中的介词短语 daripada dia（比他）在谓语中心语之后。我们看下面的汉语例子。

（2）a. 我比他高得多/一点儿。
　　b. 我比他更高。
　　c. ＊我比他很高。
　　d. ＊我比他有点儿高。
　　e. ＊我高比他。
　　f. ＊比他我高。

例（2a）的“比”字句，介词短语“比他”在谓语“高”之前，表示差别程度的补语“得多”和“一点儿”放在谓语形容词“高”之后，合法。例（2b），“比他”也在谓语“更高”之前。副词“更”在“高”之前，暗示比较基准“他”也高。例（2c），形容词前不能加副词“很”。例（2d），“高”前也不能加“有点儿”。例（2e），不能将介词短语“比他”放在形容词后。例（2f），汉语一般也不能将介词短语“比他”放在句首。“比”介词短语的位置限于主语和谓语之间。

再看印尼语 lebih 比较句的情况，如例（3）。

（3）a. Saya jauh/sedikit lebih tinggi daripada dia.
　　　我　远/一点儿 更　高　比　他
　　　“我比他高得多/一点儿。”
　　b. Saya bahkan lebih tinggi daripada dia.
　　　我　甚至　更　高　比　他
　　　“我甚至比他高。”
　　c. ＊Saya sangat tinggi daripada dia.
　　　我　很　高　比　他
　　d. Daripada dia saya lebih tinggi.
　　　比　他　我　更　高
　　　“与他相比，我更高。”

e. Dibandingkannya saya lebih tinggi.
被比较 他我 更 高
"与他相比，我更高。"

例（3a），比较副词 lebih 放在形容词 tinggi（高）前，lebih 前还可以加程度副词 jauh（远）和 sedikit（一点儿）等。例（3b），lebih 前加了强调副词 bahkan（甚至），但是这样的句子不一定含有"他也高"的意思，与汉语"更高"的意思有所不同。例（3c），与汉语一样，不能在比较结果形容词 tinggi（高）前加 sangat（很）之类的副词。例（3d），有时印尼语也可以将介词短语 daripada dia（比他）提前到句首，但是不常用。如果提前，更常用例（3e），将介词短语前改为动词 membandingkan（比较）的被动形式 dibandingkan（被与……比较）。

另外，与汉语相比，印尼语 lebih 句的语序更为多变，下面用张琼郁（1993：124－125）的例子，说明印尼语 lebih 句语序的灵活多变，如例（4）。各句均表示"哈桑比阿里高"的意思。

（4）a. Si Hasan lebih tinggi daripada si Ali.
哈桑 更 高 比 阿里
"哈桑比阿里高。"

b. Tinggi si Hasan daripada si Ali.
高 哈桑 比 阿里

c. Si Hasan dan si Ali，lebih tinggi si Hasan.
哈桑 和 阿里 更 高 哈桑

d. Si Hasan dan si Ali，si Hasan yang lebih tinggi.
哈桑 和 阿里 哈桑 （连词） 更 高

e. Lebih tinggi si Hasan daripada si Ali.
更 高 哈桑 比 阿里

例（4）各句的意思都一样，却有五种不同的语序。相比之下，汉语"比"字句的语序变化较少。

汉语和印尼语都可以用副词和数量词等表示比较的差距，但是汉语"一点儿"和"很多"等必须放在"高"等比较结果之后，而印尼语的语序更为灵活。例（5）各句中表示比较差距的 5 tahun（五年）的位置不同，意思均为"哥哥比我大五岁"（李春风，2016）。

（5）a. Kakak <u>5 tahun</u> lebih besar daripada saya.
哥哥 五年 更 大 比 我
“哥哥比我大五岁。”
b. Kakak lebih besar <u>5 tahun</u> daripada saya.
哥哥 更 大 五年 比 我
“哥哥比我大五岁。”
c. Kakak lebih besar daripada saya <u>5 tahun</u>.
哥哥 更 大 比 我 五年
“哥哥比我大五岁。”

以上例（5）三个印尼语句子中，表示比较差距的 5 tahun（五年）可以在谓语前［例（5a）］，也可以在谓语和介词短语 daripada saya 之间［例（5b）］，还可以在句尾［例（5c）］。但没有放在主语前的例子。与印尼语相比，各句对应的汉语译文均为“哥哥比我大五岁”，“五岁”的位置只能在谓语形容词“大”之后，被称为补语。

17.1.2 对比项

前边所举例句，均是主语和基准项的对比。除了主语之外，句子的其他成分也可以对比。下面是汉语不同句子成分对比的例子，请看例（6）。

（6）a. 我比他高。
b. 我在家比在学校忙。
c. 他说法语比（说）日语流利。
d. 他（说）法语比日语说得流利。
e. * 他比日语（更）喜欢法语。
f. ？他法语比日语更喜欢。
g. 与日语相比，他更喜欢法语。

例（6a），主语“我”与“他”相比。例（6b），状语“在家”和“在学校”相比。例（6c），两个谓语“（说）法语”和“（说）日语”相比，其中第二个“说”可以省略。例（6d），两个宾语“法语”和“日语”对比，动词“说”需要重复，如“说得”。例（6e），不论有无“更”，都不能接受。例

(6f)，将“法语”提到“比日语”前，一般也不太好。如果要表示例（6e）和例（6f）的意思，通常采用例（6g）的形式，用“与日语相比”等短语，将基准项“日语”放在句首。

我们再看印尼语 lebih 句的情况，如例（7）。

（7）a. Saya lebih tinggi daripada dia.
我　更　高　比　他
“我比他高。”
b. Daripada mencuri lebih mulia kita meminta saja.（Chaer，2009：115）
比　偷　更　高尚　我们要　就
“索要比偷窃更高尚。”
c. Mereka lebih suka mati berdiri daripada hidup berlutut.（张琼郁，1993：124）
他们　更　喜欢死　站　比　生　跪
“他们宁肯站着死，不愿跪着生。”
d. Lebih baik mencegah daripada mengobati.（Sneddon，2010：184）
更　好　预防　比　医治
“预防比医治更好。”
e. Di daerah keadaan lebih gawat lagi daripada di Jakarta.（张琼郁，1993：124）
在地区　情况　更　紧急还　比　在雅加达
“地方上的情况比雅加达更紧急。”

例(7a)，对比的是主语 saya（我）与基准项 dia（他）。例（7b），对比的是谓语 mencuri（偷窃）和 meminta saja（索要）。例（7c），对比的是 suka（喜欢）的两个由动词短语构成的宾语，即 mati berdiri（站着死）和 hidup berlutut（跪着生）。例（7d），可以说是对比省略了主语的两个谓语，mencegah（预防）和 mengobati（医治）的对比，也可以看作两个由动词短语构成的主语的对比。例(7e)，两个状语，di daerah（在地方上）与 di Jakarta（在雅加达）对比。

可见，汉语的语序比较固定，印尼语相对更为多变。另外，汉语和印尼语都可以对比主语、谓语和状语。印尼语对比宾语比较容易，而汉语对比宾语则比较困难。

17.2 语义关系的对比

任何句子都会受其成分的语义限制，汉语“比”字句和印尼语 lebih 句也不例外。语义的限制，一是对比结果的语义，二是对比项的语义。

17.2.1 对比结果

从语义看，汉语“比”字句和印尼语 lebih 比较句表示结果的词语都具有等级差异，汉语如例（8）。

（8）a. 我比他高。

b. 我跑得比他快。

c. 我比他喜欢法语。

d. 我比他会开汽车。

例（8a），“高”是有等级的形容词，比如可以说“我很高”。例（8b），“快”也是有等级的形容词，可以“很快”“不太快”等。例（8c），动词“喜欢”有等级，可以说“很喜欢”等。例（8d）的能愿动词“会”也是有等级的。

印尼语 lebih 句表示比较结果的词语也有等级差异，如例（9）。

（9）a. Saya lebih tinggi daripada dia.

我 更 高 比 他

“我比他高。”

b. Saya berlari lebih cepat daripada dia.

我 跑 更 快 比 他

“我比他跑得快。”

c. Saya lebih suka bahasa Prancis daripada dia.

我 更 喜欢语言 法国 比 他

“我比他喜欢法语。”

d. Saya lebih pandai menyetir mobil daripada dia.
我 更 会 驾驶 汽车 比 他
"我比他会开汽车。"

上面例（9a），形容词 tinggi（高）有等级性。例（9b）的形容词 cepat（快）、例（9c）的动词 suka（喜欢），以及例（9d）的助动词 pandai（会），也都有等级性。

17.2.2 对比项

从语义上看，对比的事物应该属于同一类，具有可比性。比如，人与人对比，地方与地方对比，语言与语言对比，等等。我们看例（10）的汉语例子。

（10） a. 他家（比我家）更远。
b. 我在家比在学校忙。
c. 他跑步比走路多。
d. * 他昨天比在家忙。
e. ? 我弟弟玩电脑比去年多。
f. ? 我钱比他多。
g. * 我比日语（更）喜欢法语。

例（10a），"我家"与"他家"是同类事物，可以在语境清楚的情况下省略介词短语"比我家"。例（10b），"家"和"学校"都是地方，句子合法。例（10c），"跑步"和"走路"都是运动形式。例（10d），"昨天"是时间，"在家"是处所，不能对比，句子不合法。例（10e），"玩电脑"是行为，"去年"是时间，没有可比性。该句只有理解为"我弟弟今年玩电脑比去年多"，省略了时间"今年"，才成立。同样，例（10f），只有理解为"我的钱比他的钱多"，才成立。例（10g），从语义上看，容易让人以为是"我"与"日语"对比，对比项没有可比性，句子不合法。

印尼语的 lebih 比较句，也有对比项的语义限制，如例（11）。

（11） a. Kelapa berkulit merah lebih menghasilkan minyak daripada kelapa hijau.
椰子 有……皮肤红 更 产生 油 比 椰子 绿

（张琼郁，1993：124）

“红椰比绿椰产生的油多。”

b. Di daerah keadaan lebih gawat lagi daripada di Jakarta.

在 地区 情况 更 紧急 还 比 在雅加达

（张琼郁，1993：124）

“地方上的情况比雅加达更紧急。”（张琼郁，1993：124）

c. Situasi hari Minggu sedikit lebih tenang.（Sneddon，2010：184）

形势 天 星期日 一点儿更 平静

“星期天的形势更平静。”

d. Belajar lebih baik daripada duduk melamun.（Chaer，2009：115）

学习 更 好 比 坐 发呆

“学习胜过坐着发呆。”

例（11a），主语 kelapa berkulit merah（红皮的椰子）和基准项 kelapa hijau（绿椰）都是椰子。例（11b），作状语的介词短语 di daerah（在地区）和 di Jakarta（在雅加达）都表示处所。例（11c），省略了基准项，例如 daripada situasi beberapa hari dulu（比几天前的形势），对比的两项都是形势。例（11d），对比的是两种行为，belajar（学习）和 duduk melamun（坐着发呆）。

总之，汉语“比”字句和印尼语 lebih 句的对比结果都应该是有等级性，对比的项目应该具有可比性。汉语和印尼语都可以在特定语境下省略基准项。

17.3 语用功能的对比

研究汉语“比”字句和印尼语 lebih 句的异同，还应该考虑语用的因素。这两种句子内部的语序，对比主体和对比基准的选择，都与上下文有关。先看汉语“比”字句的例子，如例（12）。

（12）a. 到中午，去食堂吃了些包子，他们还要接着玩，我说我不能玩了，下午还有事。“你能有什么事？还有什么事比玩牌要紧？”（王朔，2004：17）

b. 我让你们当流氓是有道理的。你们手腕比我差。谈姑娘爱听的理想

人生你们行吗？你们侃得出我那境界么？（王朔，2004：186）

c. 咱要钱干吗？没钱咱过得也不比有钱得差，也不看这是在哪儿，谁的天下？（王朔，2004：196）

d. 可有些话我又不便明说，于是我笑着说，你可比我们那位女士小多了。这时他笑了，说了一番话，意思就是他喜欢比他大的女人，……（王朔，2004：112）

例（12a），第一个人说“下午还有事”，接着第二个人问“能有什么事”，与上文的“事”衔接。接下来的“还有什么事比玩牌要紧”，“还有”引出的次话题、对比主体“什么事”重复上句的“什么事”，起着衔接语句的作用。例（12b），“你们手腕比我差”，以“你们”为对比主体，以“我”为对比基准，也是为了将“你们”话题化，以方便下文继续讨论。如果改为“我手腕比你们强”，“我”就成了话题，那样不符合下文以“你们”为话题的语篇：“谈姑娘爱听的理想人生你们行吗？你们侃得出我那境界么？”不利于语篇的衔接。例（12c）是否定的“比”字句，对比的两项是“没钱咱过的（生活）”与“有钱的（过的生活）”，其中省略了“过的生活”。把“没钱”放在句首，是为了承接上文“咱要钱干吗”的“钱”。改为“咱没钱过得也不比有钱的差”是可以的，但说话者为了与上文接应，自觉或者不自觉地将“没钱”放在“比”字句的开头。例（12d），选择“你”作为“比”字句的话题和对比主体，符合该语段讨论对方的话题结构。如果改为“我们那位女士可比你大多了”，就改变了句子的话题，也影响了语篇的衔接。该例最后一句用了“比他大”作定语从句，“他”成了对比基准，而不再是对比主体，是因为该定语从句内的逻辑主语是根据句法规则隐去的“女人”。

我们再看印尼语 lebih 句在语篇中的使用情况。上文例（3d）提到，lebih 比较句可以将比较基准提到句首，成为变式句，这种变式句的作用是强调对比标准（李春风，2016）。第 11 章也提到，印尼语的状语一般在谓语之后，提前到句首就得到强调，成为句子的评述。但是同汉语研究一样，讨论语序的“强调”和“评述”等，都离不开句子出现的语篇或者语境。下面例（13），说明 lebih 句对比主体的选择，与上下文的话题有关。

（13）a. Mayat-mayat itu menggeletak di sana，betul-betul seperti bangkai

尸体　那　躺　在那里　真正　像　尸体

tikus yang dibuang di tengah jalan. Sawitri merasa nasib mereka lebih
老鼠（连词）被扔 在中 路 萨维特里 觉得 命运 他们 更
buruk dari binatang yang disembelih. Mayat-mayat itu tergeletak di
坏 比 动物 （连词）被屠杀 尸体 那 躺 在
sana dengan tangan dan kaki terikat jadi satu. （SEAsite. com，2016）
那里与 手 和 脚 捆 成 一个
“那些尸体躺在那儿，好像被扔到路中央的死老鼠。萨维特里觉得，它们的命运还不如被屠杀的动物。那些尸体躺在那儿，手脚被捆在一起。”

b. Bukan saja jalannya sangat lambat，si Kulomang juga memanggul cangkang.
不 仅 走路 很 慢 库罗芒 还 背着 贝壳
Cangkang itu biasanya lebih besar dari badannya. （SEAsite. com，2016）
贝壳 那 通常 更 大 比 身体 它
“（海螺）库罗芒不仅走得很慢，而且还背着一个大贝壳。那个贝壳通常比它自己的身体还大。”

例（13a），动词 merasa（觉得）后边的宾语从句用了 lebih 比较句，对比主体为 nasib mereka（他们的命运），对比基准是 binatang yang disembelih（被屠杀的动物），这样选择一是为了对比两者糟糕的情况，二是为了保持语篇的话题，即用 mereka（他们）回指上文的 mayat-mayat（尸体）。例（13b），第一句引入 cangkang（贝壳），第二句是比较句，以 cangkang 为对比主体和话题，也起了承接上文的作用。

当然，如果比较句是从句，而且地位较低，那么其语篇衔接作用就会减弱，如例（14）。

（14）Perseteruan itu，pada suatu hari telah berubah menjadi perkelahian.
仇视 那 在 一 天 已经 变 成 斗殴
Menyadari bahwa Seruntіng lebih sakti Arya Tebing menghentikan
意识到 （连词）色伦丁 更 能干 阿利亚特宾 停止
perkelahian tersebut. Ia berusaha mencari jalan lain untuk mengalahkan
斗殴 上述 他设法 找 方法别 为 打败
lawannya. （SEAsite. com，2016）
对手

"（两人的）仇视终于在一天导致斗殴。阿利亚·特宾知道色伦丁更神通广大，所以停了手。他要找别的方法，打败对手。"

例（14）的后半部分，都是以 Arya Tebing（阿利亚·特宾）为话题。比较句 Serunting lebih sakti（色伦丁更为神通广大）是动词短语 menyadari bahwa...（意识到……）中的宾语从句，而动词短语又是主句 Arya Tebing menghentikan...的原因状语。所以该比较句中对比主体（话题）的选择主要出于语义方面的考虑，而对语篇衔接影响有限。

有时，印尼语的对比主体并不是话题，而是强调的对象。这时，语篇的衔接是通过强调，而不是通过句子的话题达到的，如例（15）。

（15）Lalu si Sigarlaki memin ta si Limbat untuk membuktikan bahwa bukan dia
然后 西加拉奇请 林巴特为 证明 （连词）不 他
yang mencuri. Caranya adalah Si garlaki akan menancapkan tombaknya
（连词）偷 方法 那 是西加拉奇将 投 长矛 他
ke dalam sebuah kolam. Bersamaan dengan itu si Limbat disuruhnya
到 里 一个 池塘 一起 与 那 林巴特被命令他
menyelam. Bila tombak itu <u>lebih dahulu</u> keluar dari kolam berarti si Limbat
跳（水） 如果长矛 那 更 早 出 从 池塘 意味 林巴特
tidak mencuri. Apabila si Limbat yang keluar dari kolam <u>terlebih dahulu</u>
没 偷 如果 林巴特（连词）出 从 池塘 更 早
maka terbukti ia yang mencuri.（SEAsite. com 2016）
那么 意味着 他（连词）偷
"西加拉奇让林巴特证明自己没有偷东西。证明的方法就是，西加拉奇将长矛扔到池塘里，同时林巴特也跳进池塘。如果长矛先出水，就证明林巴特没有偷。如果林巴特先出水，就证明林巴特偷了。"

例（15），两个比较句都表示假设条件，分别以 bila（如果）和 apabila（如果）引导，位于各自的主句之前。两个条件不一样，一个是 tombak itu lebih dahulu keluar dari kolam（长矛先出水），一个相反，si Limbat yang keluar dari kolam terlebih dahulu（林巴特先出水），两个条件放在主句前得到强调，形成鲜明的对比。这种对比，也是取得语篇衔接的方法。而汉语的"比"字句则未发现有类似的用法。

17.4 小结

从句法形式看，汉语的语序比较固定，印尼语相对更为多变。汉语“比”引导的基准项往往在谓语前，是汉语介词短语常用的位置。印尼语 lebih 引导的基准项常在句子末尾，但也可以出现在句首。另外，汉语和印尼语都可以对比主语、谓语和状语。印尼语对比宾语比较容易，而汉语对比宾语则比较困难。从语义关系看，汉语“比”字句和印尼语 lebih 句的对比的项目应该具有可比性，对比结果都应该有等级性。汉语和印尼语都可以在特定语境下省略基准项。从语用功能看，两者衔接作用不同。“比”字句根据语篇话题的需要选择对比主体，达到承前启后，衔接语篇的目的。lebih 句的对比主体，有时是句子的话题，起承前启后的作用，有时则是强调的对象，通过强调，与上下文形成对比，达到衔接语篇的目的。

第五部分　问句

第 18 章　汉语和印尼语的一般问句

本章主要在句法结构、语义关系和语用功能方面对比汉语和印尼语的一般问句。一般问句的目的是让对方肯定或者否定某一事实。汉语的一般问句包括正反问句、是非问句、附加问句三种。印尼语一般问句常用 apa 或者 apakah 作标记。

18.1　一般问句的结构

汉语和印尼语的是一般问句，都不需要移动句子的成分，但往往需要疑问词语构成问句，如例（1）。

（1）a. 你去图书馆？
　　b. 你去图书馆吗？
　　c. 你去图书馆吧？
　　d. 你去不去图书馆？
　　e. 你去图书馆，是吧/是不是？

例（1a）不加任何疑问词，在口语中用升调，在书面语中用问号表示疑问。例（1b）和例（1c）为是非问句，分别在句尾加语气词“吗”和“吧”。例（1d）是正反问句，动词“去”后加其否定形式“不去”。例（1e）是附加问句，句尾的“是吧”或“是不是”等分别由是非问句和正反问句演变而来。

印尼语的一般问句有五种形式，如例（2）。

（2）a. Kau mau pergi ke perpustakaan?
　　　你　要　去　到 图书馆
　　　“你要去图书馆吗？”

b. Apa（kah）kau mau pergi ke perpustakaan?
什么　　　你　要　去　到 图书馆
“你要去图书馆吗?”

c. Maukah kau pergi ke perpustakaan?
要　　　你　去　到 图书馆
“你要去图书馆吗?”

d. Kau pergi ke perpustakaan，atau bukan?
你　去　到 图书馆　　　或者不
“你要去图书馆，是吧?”

e. Kau mau pergi ke perpustakaan，bukan/ya?
你　要　去　到 图书馆　　　不/是的
“你要去图书馆，是吧?”

例（2a），没有用任何疑问词，在口语中用升调表示，在书面语中用问号，类似汉语例（1a）。例（2b），句首加了 apa（什么）或者 apakah（什么），表示疑问。例（2c），把疑问语气词 kah 加在情态动词 mau（要）后，也可以表示提问。例（2d），像汉语的正反问句，只是将否定词 bukan（不）放在句尾，而且前边加 atau（或者）。例（2e）是附加问句，在肯定句后加否定副词 bukan（不）或者肯定语气词 ya（是的），相当于汉语的附加问句例（1e）。

总之，汉语和印尼语的一般问句，都不必移动句子成分，都可以直接用语调和问号将陈述句变为疑问句。不同之处是，汉语有句尾语气词“吗”和“吧”等表示疑问，印尼语则将疑问副词 apa 或者 apakah 放在句首，也可将某一句子成分移到句首，并加附着疑问词 kah，表示疑问。汉语的正反问句采用 V 不/没 V 的形式，而印尼语则将 atau bukan（或者不）放在句尾。印尼语的附加问句也是将否定部分 bukan（不）或者肯定部分 ya（是的）等放在句尾。

18.2　一般问句的语义

汉语和印尼语的一般问句，均不改变原句的基本语义关系，如施事、受事、处所、时间等。问句只是对句子所表示的意义提出疑问。但是从疑问的程度看，汉语不同问句的疑问程度不同，如例（3）。

（3）a. 李姝，你给你女儿请家教、上补习班没有？（杨红樱，2011：73）

b. 你要去我们家？（杨红樱，2011：94）

c. 鲁云飞，晚上你爸爸妈妈都在家吗？（杨红樱，2011：94）

d. 建华，我们俩有三年没见面了吧？（杨红缨，2011：72）

e. 每次你做了对不起她的事情，你都会送她一个水晶果冻，是不是？（杨红樱，2011：32）

f. 疑问程度：V 不 V ＞吗 ＞吧 / 是不是

例（3a）为正反问句，相当于“请没请家教，上没上补习班”，预期的回答可能是同意，也可能是不同意，不确定性比“吗”和“吧”问句均要高。例（3b）不用疑问词，语气与例（3c）的“吗”问句类似，都预期对方会同意句子的内容，即“你要去我们家”和“晚上你爸爸妈妈都在家”。例（3d）的“吧”问句，则多为征求对方意见，比“吗”问句更多预测对方会同意句子的内容，即预期回答是“我们俩有三年没见面”。例（3e）的附加问句，疑问程度类似“吧”问句，就是预测对方多半会同意问句前半部“每次你做了对不起她的事情，你都会送她一个水晶果冻”的陈述。各种问句的疑问程度如例（3f）所示。

印尼语的一般问句也有不同的疑问程度。请看下面的例句。

（4）a. Ini kedung sekolah，atau bukan？

这 楼　　学校　　或者不

“这是学校大楼，是吧？”

b. Kamu siswa？

你　　学生

“你是学生吗？”

c. Apakah　dia guru？

（疑问词）他　老师

“他是老师吗？”

d. Sudahkah dia pergi？

已经　　他　去

“他走了吗？”

e. Dia sudah makan，bukan？

他　已经　吃　　不

“他吃了饭了，是吧？”

上面例（4a）在句尾加否定选项 atau bukan（或者不），预测的回答肯定和否定对半，情况类似正反问句。例（4b）直接用语调将陈述句变为疑问句，疑问程度相当于“吗”问句。例（4c）和例（4d）用 apa（kah）或者 kah 等疑问词，疑问程度也类似汉语“吗”问句。例（4e）是附加问句，预测对方多半会同意前半句的陈述，情况类似“吧”问句。汉语和印尼语一般问句的疑问程度对比如下：

汉语：V 不 V ＞ 吗 ＞ 吧/是不是
印尼语：atau bukan ＞ apa（kah）/kah ＞ bukan

另外，汉语和印尼语都可以就整个句子提问，也可以就某一部分提问。汉语如果不是对整个事件、状态提出疑问，而是只就某一部分提问，则可以将“是不是”放在疑问部分之前，如例（5）。

（5）a. 你-去图书馆？
b. 是不是你去图书馆？
c. 你去的是不是图书馆？

例（5a），将“是不是”放在谓语前，就“去图书馆”提出疑问。例（5b），“是不是”放在“你”前，就该主语提出疑问。例（5c），用“……的是……”句，就“图书馆”提出疑问。

印尼语也有类似的用法，可以将疑问词 kah 放在疑问部分之后，如例（6）。

（6）a. Sakitkah dia?（Sneddon，2010：329）
病 kah 他
“他病了吗？”
b. Sudah pergikah dia?（Sneddon，2010：330）
已经 去 kah 他
“他已经去了吗？”
c. Seringkah dia pergi ke sana?（Sneddon，2010：330）
经常 kah 他 去 到 那里
“他经常去那里吗？”
d. Bukankah saudara kaya?（Sneddon，2010：330）
不 kah 您 富
“您不是富人吗？”

例（6）各句均将疑问词 kah 加在需要疑问的部分之后。例（6a）问的是“病了”没有。例（6b）问的是到底“去了”没有。例（6c）问他是否“经常”去那里。例（6d）问的是“到底是不是”富人。

18.3　一般问句的语用

先看强调功能。一般问句，可以像陈述句那样，强调某一部分。如，汉语问句可以把“是不是”放在需要强调的成分前，我们把例（5）重抄如例（7）。

（7）a. 你是不是去图书馆？
　　b. 是不是你去图书馆？
　　c. 你去的是不是图书馆？

例（7a）强调的是“去”。例（7b）强调的是“你”。例（7c）强调的是“图书馆”。

前面曾用例（6）说明，印尼语疑问词 kah 可以放在不同句子成分之后。放在不同位置，就是为了强调不同的成分，再举一些例子，如例（8）。

（8）a. Kaukah (yang) pergi ke perpustakaan?
　　　你　（连词）去　到 图书馆
　　　“是你要去图书馆吗？”
　　b. Maukah kau pergi ke perpustakaan?
　　　要　你 去　到 图书馆
　　　“你是要去图书馆吗？”
　　c. Kau mau pergi ke perpustakaankah?
　　　你 要 去　到 图书馆
　　　“你去的是图书馆吗？”

把疑问词 kah 放在不同成分后，表示说话者要强调的重点，还可与连词 yang 同用。例（8a），kah 放在 kau（你）后，强调主语“你”。例（8b），kah 放在情态副词 mau 后，强调“要不要”。例（8c），kah 放在 perpustakaan（图书馆）

后，强调“是不是图书馆”。一般问句的强调都像例（8a）和例（8b），将带 kah 的词语移到句首，而例（8c）则较少见。

在不同语境里，为了更好地衔接上下文，句子的语序会有所不同。下面例（9）是汉语的例子。

（9）a.“老同学，你是不是在向我保密？我听晓薇说，教师节你们都没给老师送礼，我就在想，是不是你们家冬阳上重点有把握了？”（杨红樱，2011：73）

b.“因为你做了一件对不起安琪儿的事情。每次你做了对不起她的事情，你都会送她一个水晶果冻，是不是？”马小跳今天真的做了一件对不起安琪儿的事情，……马小跳怕安琪儿到他家告状，就送了一个水晶果冻给她。（杨红樱，2011：32－33）

例（9a），第一次“是不是”放在句子中间，将疑问聚焦在谓语“在向我保密”上，同时，句首的“你”是句子话题，与上文“老同学”同指衔接。第二次“是不是”则用在分句话题“你们家冬阳”之前，从语义上看是对整个句子提问，从语用上看“你们家冬阳”是引入语境的新信息，故不宜作为话题放在句首。例（9b），疑问词“是不是”放在句尾，从语义上看是对整个句子“每次你做了……送她一个水晶果冻”提出疑问，从语用上看没有特别强调某一成分。

下面例（10）是印尼语的例子。

（10）a. Aku berkacak pinggang di depan ayah，“ayah jalannya ke mana saja?
我 叉 腰 在前 爸爸 爸爸 散步 去 哪里 到底
Ayah kok，hilang，sih? Ayah tersesat，ya?”
爸爸 竟 走失 难道爸爸 迷路 是吗
（Muakhir & Firdaus，2009a：13）
“我叉着腰，站在爸爸跟前，说：‘爸爸去哪儿了？爸爸竟然也被丢了？爸爸也迷路了吗？’”

b. Tahukah kau siapa aku sebenarnya，sri Thanonchai?” Tanya Raja.
知道 你 谁 我 到底 先生 塔农查依 问 国王
“Tidak，tuan.” “Aku adalah Raja.”（Muakhir & Firdaus，2009a：25）
不 先生 我 是 国王
“国王问：‘塔农查依先生，你知道我到底是谁吗？’‘不知道，先生。'（国王说：）'我是国王。'"

例（10a）是一段故事，主人公是个小男孩，跟爸爸逛商城，结果彼此走失了，再见到爸爸时，说了这些话。小男孩连用三个问句，第一个问句是特指问句，ayah 在句首。后边两个是一般问句，也将 ayah 放在句首，以便保持话题的一致，加强语篇的衔接。例（10b）是另一段故事，国王的问句里将动词 tahu（知道）后加了疑问助词 kah，并放在句首，是为了突出新信息"tahukah（是否知道）"。接着，塔农查依回答"tidak（不）"，就是针对提问"是否知道"的回答。

18.4　小结

汉语和印尼语的一般问句在结构和功能上都有一些相同和相异之处。从句法结构看，汉语的一般问句都不必移动疑问词语，而印尼语一般将疑问词放在句首。从语义关系看，汉语和印尼语的一般问句可以表示不同的疑问程度。在语用功能上，疑问词均表示句子的新信息即句子的焦点。如汉语一般问句不改变语序，只是将"是不是"放在强调的成分前。印尼语可用 kah 强调某一成分，但通常要将被强调的成分移到句首。两者的强调均与句子的话题结构以及上下文的衔接有关。

第 19 章　汉语和印尼语的特指问句

19.1　特指问句的形式

特指问句是就某一部分进行提问，让对方提供某一部分的答案（邵敬敏，1996：6）。汉语和印尼语的特指问句都要用疑问词。两者的不同之处是，汉语一般不移动疑问词，如例（1）。而印尼语一般将疑问词移到句首加以强调，也可以保持原来的语序，如例（2）。

（1）a. 谁去图书馆？

b. 你去哪儿？

c. 你怎么去图书馆？

（2）a. Siapa pergi ke perpustakaan?

谁　去　到 图书馆

"谁去图书馆？"

b. Kau pergi ke mana?

你　去　到 哪儿

"你去哪儿？"

c. Ke mana kau pergi?

到 哪儿 你　去

"你去哪儿？"

d. Kapan　kau pergi ke perpustakaan?

什么时候 你　去　到 图书馆

"你什么时候去图书馆？"

e. Bagaimana kau pergi ke perpustakaan?

怎么　　你　去　到 图书馆

"你怎么去图书馆？"

从例（1）和例（2）来看，汉语特指问句的语序相对稳定，印尼语特指问句的语序更为灵活。印尼语中，有些疑问词语可以在原来位置，也可以移到句首，如 ke mana（到哪儿）。有些疑问词则常常放在句首，如 kapan（什么时候）和 bagaimana（怎么）等。

19.2 特指问句的语义关系

汉语和印尼语的特指问句都保持了句子成分原来的语义关系。汉语一般将疑问词留在陈述句的位置，如例（1a～b）“谁去图书馆”和“你去哪儿”等。汉语和印尼语的疑问词是否能移到句首，均与其语义有关。

（3）a. 谁看书？
　　b. 老王是谁？
　　c. 谁是老王？
　　d. 你为什么看书？
　　e. 为什么你看书？
　　f. 你在哪儿看书？
　　g. ？在哪儿你看书？

例（3a）的疑问词“谁”是施事，放在句首。例（3b）的“谁”是判断“老王”的身份，故放在动词后。例（3c）将“谁”放在动词“是”前，指所知人群中的某一位，语义与例（3b）的“谁”不同。例（3e）和例（3d）分别将表示原因的“为什么”放在施事前后，都可以。例（3f）将表示处所的“在哪儿”放在句中，常用。例（3g）“在哪儿”放在句首，较少见。

印尼语中疑问词的位置，也与语义相关，如例（4）。

（4）a. Siapa（yang） munulis buku ini？
　　谁 （连词） 写 书 这
　　“谁写了这本书？”
　　b. Orang itu siapa？
　　人 那 谁
　　“那个人是谁？”

c. Siapa orang itu?
谁　人　那
"那个人是谁?"

d. Kau membaca apa?
你　读　什么
"你读什么?"

e. Apa yang kau baca?
什么(连词) 你　读
"你读什么?"

f. Dia menulis dengan apa?
他　写　用　什么
"他用什么写?"

g. Dengan apa dia menulis?
用　什么　他　写
"他用什么写?"

例（4a），疑问词 siapa（谁）是施事，位于句首，与陈述句同，其后常加连词 yang。例（4b）将表示身份的 siapa（谁）放在句末，例（4c）则将 siapa 放在句首，都可以，在语义上没有汉语例（3b）和例（3c）那样的区别。例（4d）将受事疑问词 apa（什么）放在句末，而例（4e）将其放在句首，并加 yang，两句的基本意思也一样。例（4f）将表示工具的疑问短语 dengan apa（用什么）放在句末，例（4g）将其放在句首，也都可以。

总之，汉语疑问词的位置一般比较固定，只有表示原因的"为什么"等疑问词可放在主语的前后。印尼语疑问词的位置则根据其语义有不同的表现，施事疑问词倾向于放在句首，其他语义成分的疑问词的位置比较灵活，受事前置时需要加 yang 等强调标记。

19.3　特指问句的语用功能

汉语和印尼语中一些疑问词具有不同的位置，与句子的话题结构有关。就是说，不同的位置具有不同的语用功能。下面主要谈强调功能和衔接功能。

19.3.1　强调功能

特指问句的疑问词是句子的焦点，因而不能与表示强调的其他方式发生冲突。汉语可以将“是”直接放在疑问词前加以强调，也可以将疑问词移到句首加以强调。试比较例（5）各句。

（5）a. 你是什么时候去图书馆？
　　b. 什么时候你去图书馆？
　　c. * 是你什么时候去图书馆？
　　d. * 谁是今天去图书馆？

例（5a），把“是”放在“什么时候”前，本来就表示焦点的疑问短语“什么时候”得到进一步强调，句子合法。例（5b），“什么时候”移到句首，比例（5a）的强调意味更重。例（5c），“是”强调“你”，没有强调疑问短语“什么时候”表示的焦点，两者矛盾，所以不合法。例（5d），“是”强调“今天”，没有强调疑问短语“谁”，所以也不合法。

印尼语可以用 yang 表示强调，疑问句还可以加词尾-kah 强调某一部分，如例（6）。

（6）a. Dia pergi ke mana?
　　　他　去　到　哪儿
　　　“他去哪儿？”
　　b. ? Dia　yang　pergi ke mana?
　　　他（连词）去　到　哪儿
　　　“是他去哪儿的？”
　　c. Ke mana-kah dia pergi?
　　　到　哪儿 kah 他　去
　　　“他去的是哪儿？”
　　d. Kau menemui siapa?
　　　你　遇到　谁
　　　“你遇到谁了？”

e. Siapa - kah yang kau temui?
谁 kah（连词）你 遇到
"你遇到的是谁?"

f. ? Kau yang menemui siapa?
你（连词）遇到 谁
"是你遇到谁的?"

例（6a），疑问短语 ke mana（到哪儿）在句末，也是句子的焦点所在。例（6b），yang 将 dia 加以强调，与疑问短语 ke mana（到哪儿）发生冲突，句子不好。例（6c），疑问短语 ke mana（到哪儿）移到句首，又由-kah 加以强调，不矛盾，故合法。例（6d），受事疑问词 siapa（谁）在句尾，为受事的一般位置，句子合法。例（6e），受事 siapa（谁）移到句首，由 yang 和-kah 加以双重强调，仍然只有一个焦点，合法。但是例（6f）用 yang 强调施事 kau（你），与疑问词 siapa（谁）形成两个焦点，故句子一般不被接受。可见，汉语和印尼语的特指问句都不喜欢两个焦点。

Liaw（1989：143 - 144）、朱刚琴（2008：52）、Sneddon（2010：323 - 328）都提到，印尼语特殊疑问句的疑问词可以处于不同位置，但他们都没有讨论其在不同位置所具有的不同语用功能。下面例（7）说明，印尼语疑问词在句首的强调功能，与句子的上下文有关。

（7）a. "AIi lapar, ma," kata Ali sambil duduk di meja makan. "Mau makan
阿里 饿 妈妈 说 阿里 一边 坐 在桌 餐 要 吃饭
pakai lauk apa?" Tanya mama.（Muakhir & Firdaus, 2009a: 4）
用 菜 什么 问 妈妈
"阿里说：'妈妈，我饿了。'妈妈问：'你想吃什么菜?'"

b. "Apa yang kau dapat dari Raja?" Tanya istrinya setiba ia di rumah.
什么（连词）你 得到 从 国王 问 妻子 达到 他在家
（Muakhir & Firdaus, 2009a: 36）
"当他回到家时，妻子问：'国王到底给你什么了?'"

同样是受事 apa（什么），在例（7a）里位于动词之后，没有强调的意味，只是问"想吃什么"。在例（7b）里 apa 移到句首，具有强调的意味，即"国王到底给你什么了?"

19.3.2　衔接功能

如前所述，汉语疑问词的位置一般比较固定，但是个别疑问词可以变换位置，例如“为什么”可在疑问句句首，如例（8a），也可以在句中，如例（8b）。

（8）a. 十天过去了，半个月过去了，花盆里的种子却不见发芽。熊日觉得非常奇怪，就跑去问妈妈：“妈妈，为什么我的花种不发芽？”妈妈也觉得很奇怪，想了想说：“你把花盆里的土换一换吧。”（顾作峰，2009：8）

b. 只见老虎蹦蹦跳跳，时而摆摆脑袋，时而晃晃尾巴，看上去好像非常高兴。农夫想：老虎为什么这么高兴？难道是捕捉到了猎物？（顾作峰，2009：154）

例（8a），“为什么”在整个主谓结构“我的花种不发芽”前，一方面是因为在语义上对整个事件提出疑问，另一方面也是为了与上文“奇怪”“问”等词语相衔接。而根据上文“种子”，“我的花种”是句子的话题，但不在下文继续讨论，故不需置于句首。在例（8b）中，“老虎”既是上文“蹦蹦跳跳……”的话题，也是下文“捕捉到了猎物”的话题，故疑问词“为什么”放在话题“老虎”之后。所以，汉语疑问词的位置更多受句子话题结构的影响。

印尼语疑问词的位置，除了强调，也与上下文的衔接有关。Stack（2005）把疑问句的语序与语境联系起来，认为疑问句的不同语序，可以用于不同的语境。例（9a～d）各疑问句都表示“这种香烟多少钱”，但是语序不同。

（9）a. Rokok ini berapa harganya?
香烟　这　多少　价钱

b. Rokok ini, harganya berapa?
香烟　这　价钱　多少

c. Berapa harganya rokok ini?
多少　价钱　香烟　这

d. Harganya berapa rokok ini?
价钱　多少　香烟　这

Stack（2005）认为，例（9a），说话者已经知道要买哪种香烟，故把话题 rokok ini（这香烟）放在句首，是经常使用的语序。例（9b），将 rokok ini（这香烟）放在句首，也比较常用。例（9c）将 berapa harganya（多少钱）放在句首，太正式，用得很少。例（9d），将 harganya berapa（价钱多少）放在句首，也很正式，不常用，除非说话者在说话时用手指着那种香烟。前两种语序［例（9a～b）］，将表示旧信息的 rokok ini（这种香烟）放在句首，将表示新信息的疑问短语 berapa harganya（多少价钱）或者 harganya berapa（价钱多少）放在句尾，是常式句。例（9c～d）是不常用的变式句，都将表示新信息的疑问短语（多少钱）放在句首，而将旧信息（这种香烟）放在句尾。

但是，Stack（2005）虽然提到了印尼语疑问句的不同语序用于不同语境，但是没有提供具体的语境加以考虑。我们试用例（10）的一段对话来说明，印尼语疑问词的位置与上下文有关。

（10）A：Nanti　kalau datang，saya jitak！
　　过一会 如果 来　　我　打
　　“过一会儿（等他）来了我就打！”
　B：<u>Siapa</u>　yang　mau dijitak？
　　谁　（连词）要　被打
　　“你要打谁？”
　A：Mas Nada，kakak saya.
　　马斯纳达　哥哥 我
　　“马斯·纳达，我哥哥。”
　B：Memang-nya <u>kenapa</u>？
　　到底　　为什么
　　“到底为什么？”
　A：Dia janji mau jemput saya satu jam　yang　lalu，tapi sampai
　　他 答应要　接　　我　一　小时（连词）以前 但是到
　　sekarang belum datang juga...（Muakhir & Firdaus，2009b：8－9）
　　现在　　没有 来　　还
　　“他答应在一小时以前来接我，可是到现在还没来……”

例（10）是一个故事里的一段对话。A 抱怨她哥哥不按时来接她回家。A 用条件句 nanti kalau datang（过一会儿如果他来）在前充当话题，假设的结果 saya jitak（我就打）在后充当评述。接着另一人 B 用强调句问 siapa yang mau dijitak

（你要打的是谁），其中，疑问词 siapa（谁）放在句首，是被强调的新信息，连词 yang 后省略从句主语 kau（你）。根据上文，从句的助动词 mau（要）和被动式动词 dijitak（被打）表示旧信息，是该句后置的话题。该句直译是："是谁你想让挨打的?" 接着 A 回答 Mas Nada，kakak saya（我哥哥马斯·纳达），回答了 B 的问题。接着 B 好奇地问为什么，用副词 memang-nya（到底）修饰后边的疑问词 kenapa（为什么），都是新信息，表示"到底为什么"。

印尼语里同样的疑问词，会根据语境的需要，放在不同位置。试比较例（11a）和例（11b）。

（11） a. Ada satu buku yang aku suka，judulnya "Jalan-jalan ke Supermarket".
有 一 书 （连词）我 喜欢 书名 逛 到 商城
"Supermarket itu apa，yah?" Tanyaku kepada Ayah karena aku tidak tahu.
商城 那 什么 爸爸 问 我 对 爸爸 因为 我 不 知道
"Supermarket itutoko yang saaangat besar，yang menjual segala
商城 那商店（连词） 非－ 常 大 （连词） 卖 所有
macam barang，" jelas ayah...（Muakhir & Firdaus，2009a：12）
种 商品 解释 爸爸
"有一本书，我很喜欢，名字叫"逛商城"。我不懂'商城'的意思，就问爸爸：'商城是什么?'爸爸说：'商城就是很大的卖各种东西的商场.'他一边解释，一边张开两手，比画着商城的大小。"

b. "Apa yang kau dapat dari Raja?" Tanya istrinya setiba ia di rumah.
什么(连词) 你 获得 从 国王 问 他妻子他 到达 他在家
"Sebuah labu，" kata si Saudagar.（Muakhir & Firdaus，2009a：36）
一个 南瓜 说 商人
"妻子问：'国王给你什么了?'商人回答：'一个南瓜。'"

例（11a）中，主人公先说喜欢一本书，再说书名是"逛商城"，然后用问句请爸爸解释。问句把 supermarket（商城）放在句首，作为承接上文的话题，然后再用疑问词 apa（什么）。爸爸的回答也是以 supermarket 开头，然后是评述 toko yang...（……的商场），解释 supermarket 的意思。例（11b）中，同样用疑问词 apa（什么）表示新信息的位置，却放在句首，并用 yang 结构加以强调。商人从国王那里回来，他的妻子急切地想知道国王送给他什么礼物，所以把 apa 作为焦点放在句首。

19.4 小结

汉语和印尼语的特指问句在形式、语义和功能上都有一些相同和相异之处。在形式上，汉语和印尼语的特指问句都可以采用陈述句的语序，但是印尼语常将疑问词作为新信息移到句首，加以强调。在语义上，汉语和印尼语都不改变对应陈述句的语义关系。汉语疑问词，除“为什么”等以外，位置相对固定，而印尼语疑问词均可以移到句首，其中受事前移时需要强调标记。在语用上，汉语和印尼语的疑问词都是句子的焦点。但是汉语特指问句的语序变化较少，只有“为什么”等个别疑问词的位置与语段的话题有关。而印尼语特指问句的语序比较灵活，句首常用来强调焦点，并通过焦点的调整达到语篇衔接。

第 20 章　汉语和印尼语的选择问句

20.1　选择问句的形式

如果说，是非疑问句是针对整个句子的命题提出询问，特殊问句是针对某一句子成分所代表的事物提出询问，那么选择疑问句就是请对方从两个或者更多选项中选择一个。从结构上看，汉语选择问句把“还是”放在选项之间，印尼语选择问句把连词 atau（或者）放在选项之间，口语中还会用 apa 作连词。相比较而言，汉语使用选择问句多一些，印尼语极少使用，以至一些印尼语语法书都不会讨论选择问句，如张琼郁（1993）、Chaer（2009）、Sneddon（2010）等。

从选项的语法特征看，汉语、印尼语选择问句的选项都可以是名词短语、动词短语、形容词短语或者介词短语。如下面的例子。

（1）a. 你还是你哥哥在这儿工作？
　　b. Anda atau kakakmu bekerja di sini?
　　　 你　还是哥哥 你　工作　在这里
　　　 “你还是你哥哥在这儿工作？”
（2）a. 他上学还是工作？
　　b. Beliau bersekolah atau bekerja?
　　　 他　上学　还是　工作
　　　 “他上学还是工作？”
（3）a. 他们很勤奋还是很懒惰？
　　b. Mereka rajin atau malas?
　　　 他们　勤奋 还是 懒惰
　　　 “他们很勤奋还是很懒惰？”

(4) a. 你弟弟在家还是在学校（写作业）？
b. ？你弟弟在家还是学校写作业？
c. Adikmu mengerjakan PR di rumah atau (di) sekolah?
弟弟你 做 作业 在家 还是 在 学校
"你弟弟在家还是（在）学校写作业？"

(5) a. ？你买还是卖书？
b. Anda membeli (buku) atau menjual buku?
你 买 书 还是卖 书
"你买（书）还是卖书？"

(6) a. ？他们是勤奋还是懒惰的学生？
b. Mereka siswa rajin atau (siswa) malas?
他们 学生 勤奋 还是(学生) 懒惰
"他们是勤奋的学生，还是懒惰的学生？"

比较例（1a）和例（1b），选项为名词短语时，汉语和印尼语情况类似。例（2a）和例（2b），选项可以是两个动词短语，作谓语。例（3a）和例（3b），汉语、印尼语选项都可以是作谓语的形容词短语。例（4a），选项可以是两个介词短语"在家"和"在学校"，不论动词短语"写作业"出现与否，句子都合法。例（4b），第二个介词短语省略"在"，句子的接受度降低。例（4c），印尼语第二个选项的介词可以省略。例（5a），汉语"买还是卖书"接受度低，最好重复宾语，改为"买书还是卖书"，而例（5b）印尼语第一个选项可以省略宾语。例（6a），两个选项为定语"勤奋"和"懒惰"，最好重复中心语"学生"，改为"他们是勤奋的学生，还是懒惰的学生"。而例（6b）印尼语的中心语只需出现一次。

总之，从形式看，汉语倾向于第二个选项重复第一个选项的成分，而印尼语第二个选项常常可以省略第一个选项已有的内容。

20.2 选择问句的语义

选择问句的选项之间，受到语义上的限制。另外，选择问句分为"有疑而问"的真问句和"无疑而问"的反问句。

20.2.1 语义限制

选项的确定受其语义限制。选择问句的选项必须属于同一个类别，而且不能互相从属或者交叉（吴早生，2008），如例（7）所示。

（7）a. 你们昨天上午去的是花溪、青岩还是贵阳？
b. * 你是在贵阳还是在贵州读书？
c. * 你是学生还是团员？

例（7a）的选项是三个地名，都在贵州，而且互不从属或者交叉，所以成立。例（7b），第一个选项"贵阳"是第二个选项"贵州"所包含的一个地方，所以句子不合法。例（7c）中，"学生"和"团员"的所指有交叉，所以也不能用。印尼语选择问句也有同样的特征，如例（8）。

（8）a. Nama gadis itu Siti atau Ami?（Chaer，2009：85）
名字 女孩 那 西迪 还是 阿美
"那个女孩叫西迪还是阿美？"
b. Adi atau Ahmad yang kamu cari?
阿迪 还是 阿赫迈德 （连词） 你 找
（Chaer，2009：85）
"你找的是阿迪还是阿赫迈德？"
c. Aku yang datang ke rumahmu，atau kamu yang datang ke rumahku?
我 （连词） 来 到 家 你 还是 你 （连词） 来 到 家 我
（Chaer，2009：85）
"是我到你家去，还是你到我家来？"
d. Saya apa dia yang kau panggil?（张琼郁，1993：45）
我 还是 他 （连词） 你 叫
"你是叫我还是叫他？"

例（8a），Siti 和 Ami 是两个人名，属于同一类事物。同样，例（8b）的 Adi 和 Ahmad 也是两个人名，可以并列。例（8c）的选项是两个分句"aku yang datang ke rumahmu（我到你家去）"和"kamu yang datang ke rumahku（你到我家

来)”，也可以并列。例（8d）用 apa 作连词，两个选项 saya（我）和 dia（他）也可以并列。

20.2.2 真假疑问

选择问句可以是真的有疑而问，也可以是通过疑问的形式肯定说话人自己的想法。先看有疑而问的情况，如例（9）。

（9）a.“你好，乔乔。”“你怎么在这儿?”乔乔往我身后看。“大冷天闲逛还是等人?”“等你。”一辆公共汽车进站，我拉着乔乔的胳膊往后退。“我有事找你，咱们找个地方说话。”（王朔，2004：123）

b. 后来我睡着了，半夜似乎来了电，满室通明，有人在说笑，电话铃一阵接一阵地响，水龙头哗哗流水，总而言之，很热闹。我弄不清是在做梦还是真有其事，也没多想，仍旧昏昏沉沉地睡。（王朔，2004：128）

c. A：Jam... jam satu. B：Jam satu? Jam satu pas，kurang atau lebih?
小时　小时一　小时一　小时一　正好 少　还是多

A：Wah nggak tahu persis，lewat sedikit mungkin.（SEAsite. com，2015）
啊　不　知道确定　过　一点儿可能

“A：一点……一点。B：一点吗？一点整？不到一点钟，还是一点多？A：我不太肯定，可能一点钟过一点儿。”

例（9a），主人公的确不知道乔乔是闲逛还是等人，所以“大冷天闲逛还是等人”是真正的选择问句。例（9b），主人公描写自己在夜里感受到的场景，自己也不知道是真的还是幻觉，所以选择问句“我弄不清楚是在做梦还是真有其事”也是真正的有疑而问。例（9c）印尼语的选择问句，提问者的确不知道是“一点整”“不到一点钟”，还是“一点多”，所以该句是有疑而问。

我们再看无疑而问的例（10）。

（10）a. 希伯来完了是闽南，闽南完了是傈僳。后来我急了，咱这是跳舞呢还是练鸟叫呢——你到底是什么鸟变的直说不就完了。她臊了，吭哧半天才说还是咱老北京，八国联军进城时也没留人在家。（王朔，2004：78）

b. “刘炎呢，这你倾向于相信李奎东还是瘸子?”“这我不信瘸子的，我这人一向从不招脏惹腻。”（王朔，2004：81）

c. A：Bapaaaak... saya Kerani！B：Siapa tahu kuntilanak nyamar
先生 我 克拉尼 谁 知道 女鬼 其实
Kerani.... A：Ada juga saya yang perlu tanya，bapak itu bos saya
克拉尼 有 也 我 （连词） 需要 问 先生 那 老板 我
atau pocong?!（Chaos@ work，2012：308）
还是僵尸
“A：老——板——，我是克拉尼。B：谁知道这个女鬼居然是克拉尼。A：是我该问您，您是我的老板还是僵尸?”

例（10a），两个人物一边跳舞一边聊天，选择问句“咱这是跳舞呢还是练鸟叫呢”其实是无疑而问，意思是我们在跳舞，不应该练习鸟叫（指说外语）。例（10b），说话者和对方对人物“瘸子”评价很低，所以说话者问“这你倾向于相信李奎东还是瘸子”只是强调自己的观点：应该相信李奎东，提问者期望对方回答第一个选项。例（10c），印尼语选择问句也是无疑而问，说话者明知道对方是自己的老板，却问“bapak itu bos saya atau pocong（您是我的老板还是僵尸）”，第一个选项才符合实际情况。例（10）的三个选择问句实际都是无疑而问的反问句。

总之，汉语和印尼语的选择问句都有语义的限制，而且可以分为有疑而问和无疑而问两种。两者在语义上差别不大。

20.3 选择问句的语用

研究选择问句，应该结合具体的语境。与其他句式一样，选择问句也具有强调信息和语篇衔接的功能。

20.3.1 强调

特指问句的焦点在疑问词上。同理，选择疑问句的焦点落在两个选项上（尹洪波，2008）。

（11） a. 是他不讲理还是你不讲理？

b. 他（或者“我”）。

c. * 不讲理。

对于例（11a）的问句，答案例（11b）是合适的，因为回答“他”或者“我”都是选择问句例（11a）中的选项，即焦点信息。而例（11c）的回答“不讲理”并不是焦点所在，所以是答非所问。

但是，如果选择问句是无疑而问，那么说话者（或者也包括听话者）就是用反问句的形式在特定语境中强调某一个选项的真实性。就是说，两个选项就不应该是平等的。下面例（12）可以说明两个选项之一才是选择问句的焦点。

（12） a. 我微笑着：“虽然我昨天才到这个城市，可我好像已经在这儿遇见过你很多次了。我们好像都经常来到这里散步，这是什么地方？我们从前相见又是在什么时候？你不记得我吗？”姑娘点点头，又摇摇头。“我们是不相干的人还是彼此有缘分的人？为什么我们总是相遇又从不说话？你看着我，我看着你，像这周围其他人一样？”（王朔，2004：193－194）

b. “你那么凶干什么？”宝贝儿妈妈一脸幸福无比的表情，“咱们儿子给我做的三明治，是我放进去的。”“是三明治重要，还是我的金奖杯重要！”（杨红樱，2011：19）

c. Adri dan Estrella sama-sama mengerutkan dahi mereka. Tidak mengerti

阿德里和 艾斯特拉一样 皱 眉 他们 不 明白

dengan apa yang diucapkan Kira. “Kalian itu pura-pura nggak

对于 什么（连词） 所说 基拉 你们 这 假装 不

tahu atau emang bodoh，sih？...”（Syahrin，2012：278）

知道还是真的 愚蠢 呀

“阿德里和艾斯特拉同时皱起眉头，不明白基拉说的什么意思。基拉说：‘你们是假装不知道，还是真的愚蠢？……’”

例（12）的三句都是无疑而问的反问句。例（12a），“不相干的人”与“彼此有缘分的人”形成对比，是选择问句的焦点所在。前面例（10a～b）两句将重点放在第一个选项上，认为或者期望对方的回答是第一个选项。但在例（12a）的语境里，说话者在设法接近姑娘，希望得到的回答是第二个选项“彼此有缘分的人”。可以说，例（12a）的提问者采用了表面提供选择、实际肯定某一选项的提问法，肯定的是第二个选项“彼此有缘分的人”。刘月华等（2001：802－803）说选择问句的反问句肯定的是前项，后项是不希望看到的。但例（12a）说明后项也可能是提问者希望得到的回答。例（12b），第二个人用选择问句反问，责备他人把自己的金奖杯拿走，换上三明治。显然，他认为他的金奖杯比三明治重要。这里也不符合刘月华等（2001：802－803）所说肯定前项的说法。例（12c），印尼语选择问句也是反问，说话者认为对方假装明白自己说的话的意思，强调的是第一个选项 pura-pura nggak tahu（假装不知道），否定的是第二个选项 emang bodoh（真的愚蠢），因为说话者非常了解对方，对方并不愚蠢。印尼语的例子符合刘月华等（2001：802－803）的描写。可以说，如果汉语选择问句是无疑而问，那么说话者也许肯定第一个选项，或者肯定第二个选项，要根据语境而定。但印尼语则一般肯定第一个选项。

20.3.2　预设

在实际话语中，说话人用选择问句表达某种预设，如例（13）的三句。

（13）a. 金狗并没有将稿件烧毁，他连夜将文章投寄了《人民日报》。文章投寄出去了，《人民日报》能不能用呢？一个月过去了，毫无音讯。总编几次见了他，也要问起那篇文章是烧毁了还是保留着？并说东阳县委来了数次电话，催问那篇文章写得怎么样，几时能见报，报社只好重新请一名老记者再去东阳县采写了。（贾平凹，1993：213）

b. 陆老头说：“有金狗？不是说也有我家儿子吗？”蔡大安故作惊讶地说：“还有你儿子？是你儿子吗还是你家翠翠，我怎么没听书记提说过？”（贾平凹，1993：108）

c. “Mau gimana lagi.” Adri　masih menaruh pandangannya di wajah Kira.
要　怎么　再　阿德里仍然 对着　视线　他在脸　基拉
“Terus，kita giman sekarang? Nunggu Estrella　datang atau siap-siap
立刻　咱们怎么 现在　等　艾斯特拉 来　还是马上
pulang aja?” . . . Adri　menggeleng tegas. “Kita ke sana.”
回　算了　阿德里 摇头　坚决 咱们 到 那里
（Syahrin，2012：105）

"'下面该怎么办?'阿德里边说边注视着基拉的脸。基拉问:'现在,咱们怎么办?等艾斯特拉回家来,还是马上回去算了?'……阿德里坚决地摇了摇头说:'咱们进去吧。'"

上面例(13a),金狗已经将稿件寄走,但是总编却问"是烧毁了还是保留着",显然是希望稿件没有寄走传到领导手里。原文中他总是担心金狗"是新记者,一切还没完全成熟""太浮躁了",写的东西揭开了农村的阴暗面。总编通过上述选择问句,想肯定自己的预设:金狗没有寄走稿件,还保留着。当然,在小说里,那篇文章其实已经寄走了。例(13b),蔡大安的选择问句完全是嘲讽,陆老头问有没有他儿子,蔡大安却把他儿子与女儿翠翠作为两个选项。意思是:即使翠翠能去报社工作,你儿子也去不了。例(13c)印尼语例子,基拉不想见到艾斯特拉,所以选项是"Nunggu Estrella datang(等艾斯特拉回来)"和"siap-siap pulang(马上回去)"。她的预设是艾斯特拉不在家。当然,在小说里,当时艾斯特拉是在家的,只是太难过,没有出来见这两位来看她的朋友。

20.3.3 语篇衔接

我们再看选择问句的语篇衔接功能。

(14)"差不多吧。十句话里有七八句是虚的。头一两句有时候是真的,有时候也保不齐。""任何人任何时间地点都这样么?""任何人任何时间地点。""为什么?为什么要这样?是说真话硌牙还是说假话顺嘴?""顺嘴,也不是说真话硌牙是没真话可说。有什么可说的?真话又何必要说?另外也是习惯,说起来刹不住车,头两句真话完了假话就滔滔不绝,不说热闹了别扭。""是光你们这样还是所有人都这样?""这你得问所有人去,要不就找所有人谈谈,真话假话一谈就听出来了。"(王朔,2004:161)

例(14)的语段用了两个选择问句。第一个选择问句是"是说真话咯牙还是说假话顺嘴"的两个选项是强调同一个意思,即对方"说真话难",针对的是上文提到的听话者喜欢说假话的习惯。第二个选择问句"是光你们这样还是所有人都这样"是讽刺对方。因为"所有人都这样(说假话)"是不可能的,所以只能选第一项"光你们这样(说假话)"。对方接着说"你得问所有人去",因为不可能问所有的人,所以也无法证明只有说话者才说假话。第二个选项"所有人"

在下句重复。所以，两个选择问句在例（14）的语段中起着重要的衔接作用。

我们再看下面例（15）印尼语的句子。

（15）"Aku nggak bermaksud mengganggu hubunganmu sama Adri.　Maaf..."
　　我　不　意思　影响　关系　你 跟　阿德里 对不起
　　Bibir Estrella　begetar hebat. Ia tidak dapat menarik napas. "Lo bodoh atau
　　唇　艾斯特拉颤抖　猛烈　她不　能　吸　气　你　糊涂 还是
　　apa　sih? Di sekolah kan gue udah bilang, gue maafin lo. Tapi, udah,
　　什么　呢　在 学校　就　我　已经 告诉　我　原谅　你　但是　已经
　　semuanya selesai. Gue, jalanin hidup gue. Dan, lo, urusin hidup lo!"
　　一切　完　我　走　生活 我　而　你　管　生活 你
　　(Syahrin, 2012: 267)
　　"'我不是要影响你与阿德里的关系。对不起……'艾斯特拉的嘴唇颤抖着，气都喘不上来。（基拉说：）'你是糊涂还是怎么的？我在学校就告诉你了，我原谅你。但是，现在一切都完了。以后我走我的路，你走你的路！'"

例（15），开始是 Estrella 的话，解释自己不想干扰听话者和 Adri 的恋爱关系。接着听话者用选择问句 lo bodoh atau apa sih（你是糊涂还是怎么的），以反问的形式批评对方（Estrella）糊涂。为什么说对方糊涂？下文接着解释，在学校就已经告诉 Estrella，希望她不要干扰他们的恋爱。

20.4　小结

汉语和印尼语的选择问句在形式、语义和语用上都有很多相似和不同之处。首先，汉语和印尼语都较少使用选择问句，两者都采用连词将选项联系起来。两者在结构上的不同之处是印尼语在后面选项里省略的内容较多，汉语倾向于保留。在语义上，汉语和印尼语的选项均表示同一类事物，互不从属和交叉。两者都分有疑而问和无疑而问两种。在语用上，有疑而问的焦点是两个选项，而无疑而问时，汉语肯定的可以是第一个选项，也可以是后一个选项，印尼语往往是肯定第一个选项。汉语和印尼语的选择问句都有强调预设和语篇衔接的作用。

第六部分　语篇衔接和汉语教学

第 21 章　汉语和印尼语的复句

21.1　复句分类

汉语和印尼语都有复句，即由两个或更多小句构成的句子。复句分两大类，即联合复句和偏正复句。联合复句又分并列、承接、递进和选择四类。偏正复句又分因果、条件、转折、让步、目的、时间六类。本章不考虑定语从句、宾语从句以及同位语从句。

汉语和印尼语的各类复句举例如下。印尼语例子选自 Chaer（2009：175－183）。

（1） a. 我在学习，他在打篮球。（并列）

b. Di sekolah kami belajar dan guru mengajar.
在 学校　我们 学习　和　老师 教
"在学校，我们学习，老师教（我们）。"

（2） a. 爷爷走进屋子，我就站起来让座。（承接）

b. Pak　guru membagikan buku itu lalu kami membacanya.
先生 老师 发放　书　那 然后我们 读　它
"老师发了书，然后我们读（发的书）。"

（3） a. 他不仅学习好，而且工作也很积极。（递进）

b. Masakannya enak，harganya murah，tempatnya bersih，lagipula
饭菜　香　价钱　便宜　地方　干净　而且
pelayanannya baik.
服务　好
"这里的饭菜香，价格低，很干净，而且服务周到。"

（4） a. 要么你来我家，要么我去你家。（选择）

b. Saya　yang　harus datang ke rumahmu，atau kamu　yang　datang ke
我　（连词）必须 来　到 家　你　或者你　（连词）来　到

rumahku.
家　我
"或者我去你家，或者你来我家。"

上面例（1）是并列复句，汉语没有用连词，印尼语则可以用 dan（和）等连接词。例（2）为承接复句，印尼语用 lalu（然后）等连接词语。例（3）是递进复句，汉语用"不仅……而且"，印尼语用 lagipula（而且）。例（4）是选择复句，汉语用"要么……要么……"，印尼语用 atau（或者）。

再看例（5）到例（10）的偏正复句。

（5）a. 因为很忙，所以没有给你打电话。（因果）
b. Bahaya banjir sering melanda Jakarta karena saluran airnya penuh degan sampah dan kotoran.
危险　洪水　常　破坏　雅加达　因为　沟渠　水　满　用　垃圾　和　污物
"雅加达常常受到洪水的危害，因为该地的排水沟充满了垃圾和脏物。"

（6）a. 你如果忙，就不要管这件事了。（条件）
b. Saya akan datang kalau saya diundang.
我　将　来　如果　我　被邀请
"我如果受到邀请就来。"

（7）a. 尽管下着大雨，他还是开车送我们去车站。（转折）
b. Setahun yang lalu jalan ini mulus dan bersih, tetapi sekarang berlubang-lubang dan berdebu.
年　（连词）　过去　路　这　漂亮　和　干净　但是　现在　有坑　而且　有尘土
"去年，这条路漂亮干净，现在却坑坑洼洼，尘土飞扬。"

（8）a. 即使不是大学生，也可以竞争这个岗位。（让步）
b. Dia berangkat juga ke kantor meskipun kesehatannya agak terganggu.
他　出发　还　到　办公室　虽然　健康　他很　受干扰
"他虽然健康不佳，但仍然去办公室。"

（9）a. 为了迷惑敌人，他们转移到西甸。（目的）
b. Kamu harus belajar baik-baik agar hidupmu kelak menjadi lebih cerah.
你　必须　学习　好好　以便生活你　将来　变得　更　美好

“你必须努力学习，使将来的生活更美好。”

（10） a. 王强来的时候，我们正在开会。（时间）

b. Nenek pergi ke salon ketika kakek tidak ada di rumah.

奶奶 去 到 美容院 当……时候 爷爷 不 在 在家

“爷爷不在家时，奶奶去了美容院。”

以上例（5）到例（10）是带状语分句（或者从句）的偏正复句。例（5）带原因从句，汉语用“因为……所以……”，印尼语用 karena（因为）。例（6）带条件从句，汉语用“如果……就……”，印尼语用 kalau（如果）。例（7）带转折从句，汉语用“尽管……还是……”，印尼语用 tetapi（但是）。例（8）带让步从句，汉语用“即使……也……”，印尼语用 meskipun（虽然）。例（9）带目的从句，汉语用“为了”，印尼语用 agar（以便）。例（10）带时间从句，汉语用“……的时候”，印尼语用 ketika（当……时候）。

上面复句的例子说明，汉语和印尼语都可以表示命题之间的各种逻辑关系，两者的主要区别在于：汉语从句多在主句前，印尼语从句多在主句后。如果改变这个语序，会有不同的语义和语用功能。

21.2　复句的位置和语义

21.2.1　联合复句

汉语和印尼语联合复句的两个分句的位置，都与分句的语义有关系。承接和递进两类联合复句的语序，一般要符合实际事件发生的顺序，如例（11）和例（12）。

（11） a. 爷爷走进屋子，我就站起来让座。（承接）

b. Pak guru membagikan buku itu lalu kami membacanya.

先生老师发放 书 那 然后 我们 读 它

“老师发了书，然后我们读（发的书）。”

c. Aku melihat ke kiri，ke kanan，ke belakang，ayah tidak ada.

我 看 向左 向右 向后 爸爸 不 在

（Muakhir & Firdaus，2009a：13）

“我左看看，右看看，往后看看，爸爸不在了。”

（12）a. 他不仅学习好，而且工作也很积极。（递进）

b. Masakannya enak，harganya murah，tempatnya bersih，lagipula
饭菜　香　价钱　便宜　地方　干净　而且
pelayanannya baik.
服务　好
"这里的饭菜香，价格低，很干净，而且服务周到。"

例（11a），"爷爷走进屋子"在前，"我就站起来让座"在后，两个分句的顺序与实际事件发生的时间顺序一致。同样，例（11b）的印尼语里，老师先发书，然后"我们"才读书。例（11c），先是看左右前后，然后是"（发现）爸爸不在了"。两个分句间没有任何连词，在印尼语里很普遍。表示递进关系的例（12a），先肯定他学习好，然后强调后一项"工作也很积极"，两者的顺序反映了说话人心理上对这两件事情的排序，即先提学习，然后强调工作。例（12b）的印尼语例子，也是先肯定饭菜香、价钱便宜和地方干净等，然后强调饭店的服务也不错，分句的顺序体现了说话者在心理上对它们的排序。

即使是表示并列和选择的复句，分句的顺序也与说话者的强调点有关系，这就涉及复句出现的语境，后面会进一步讨论。

21.2.2　偏正复句

汉语和印尼语的偏正复句，从句与主句的相对位置，与语言的特点有关，同时也在一定程度上受主句与从句的语义关系的影响。刘月华等（2001：878）认为，一般来说，副句（即从句）在前，主句在后，如例（13）中表示原因（"因为"）、条件（"如果"）、转折（"虽然"）、让步（"即使"）、目的（"为了"）、时间等从句均放在主句之前。

（13）a. 因为天气不好，我们没去颐和园。（原因）

b. 如果我父母还活着，他们一定不会拒绝一个儿子的钱……（条件）

c. 孩子们虽然失去了父母，但是更多的父母、叔叔、阿姨在关心着他们。（转折）

d. 即使这些意见暂时通不过，他也不会放弃它，而是耐心地做工作，直至最后胜利。（让步）

e. 为了保障居民的健康，又建立了合作医疗站。（目的）

f. 走了没有二十里地，天气就变了。（时间）

刘月华等（2001：878）也指出，有时从句在后的情况“一般限于”表示转折、因果、条件、假设、让步等关系的从句。就是说，其他从句，如表示时间、目的等，一般在主句前。

印尼语状语从句多在主句后，但是不同从句的情况又有所不同。印尼语表示原因、条件、让步、目的、时间的从句既可在主句前，也可在主句后；但是表示结果和转折的从句总是在主句后（Chaer，2009：177－180）。

（14）a. Kepala desa itu didemo rakyatnya hingga dia lari ketakutan.（结果）
主任 村 那 被示威 人民 他 以致 他 跑 害怕
“村主任受到村民的示威抗议，结果给吓跑了。”
b. Setahun yang lalu jalan ini mulus dan bersih，tetapi sekarang
年 （连词）去 路 这 漂亮 和 干净 但是 现在
berlubang-lubang dan berdebu.（转折）
有坑 而且有尘土
“去年，这条路漂亮干净，现在却坑坑洼洼，尘土飞扬。”

上面例（14a），表示结果的从句 hingga dia lari ketakutan（结果给吓跑了）在主句后。例（14b），表示转折的从句也在主句后。

21.3 复句的位置和语用

21.3.1 联合复句

联合复句内部分句之间的相对位置，与复句在语篇中的功能有关。当然，承接复句的相对位置主要根据实际事件发生的先后顺序。而递进复句的相对位置主要根据说话者赋予分句的主观顺序，如从弱到强等。即使是并列复句和选择复句，也与语境有关。汉语常用的例子是“屡败屡战”和“屡战屡败”，“屡败屡战”将“屡战”放在后边，加以强调，具有正面的意义。而“屡战屡败”将“屡败”放在后边加以强调，具有消极意义。我们再看例（15）。

（15）a. 冯梦兰赶快从他手上夺来树枝，三下两下，火又旺起来了。她轻声说：“人要实心，火要空心。”（谭元亨《带刺的白石榴子花》）

b. “火要空心，人要实心。”有实心就能办好事。（叶蔚林《马铃寨》）

（16） a. 射人先射马，擒贼先擒王。知道不知道？记住！碰到骑马的敌人，就是先打马后打人。（吴强《红日》）

b. “射人先射马，擒贼先擒王”，这话到底不错。今天把这贼王擒住了，就没有丝儿风吹草动。（曾秀苍《太阳从东方升起》）

温端政（2006）说，“也有的两个语节组成的谚语，表义上的主辅关系随不同语境而发生变化”，并认为后半部分是中心意义，前半部分起辅助作用。就是说，在例（15a）里，“人要实心，火要空心”的中心意义是“火要空心”，讲如何生火做饭的事情。例（15b）里，中心意义则放在“人要实心”上。但是，例（16）两句中“射人先射马，擒贼先擒王”的谚语，已经形成习惯的语序，所以在不同语境中语序仍然一样。

印尼语联合复句的内部顺序，也与语境有关，如例（17）。

（17） a. “Apakah ada yang bisa mencarikan kendaraan lain untukku?”
是否 有 （连词） 能 找 车 别的 为 我
Ratu Peri bertanya. Para kurcaci menggeleng-geleng, tak ada yang
王后 波利 问 各位 矮人 摇头 没 有 （连词）
bisa membantu Ratu Peri. Pingping ingat sepedanya. Cepat ia
能 帮助 王后 波利 萍萍 想起 自行车 她 快 她
menghampiri Ratu Peri. （Muakhir & Firdaus，2009b：25）
走到 王后 波利
“波利王后问：‘有谁给我找辆车？’众矮人都摇着头，没有人能帮助王后。萍萍这时想起她的自行车。她赶快走上前。”

b. Para tabib terkenal berusaha mengobatinya，tapi tak seorang pun yang
众 医生 著名 努力 医治 他 但是 不 一个人 也 （连词）
berhasil. Akhirnya，raja mengumumkan bahwa perempuan yang dapat
成功 最后 国王 发通告 （连词） 女人 （连词） 能
mengobati putrinya akan diberihadiah dan lelaki yang dapat mengobatinya
治好 公主 他 将 被给 礼物 和 男人 （连词） 能 治好 她
akan dinikahkan dengan putrinya. Si pemuda miskin menemui raja
将 被-结婚 与 公主 他 青年 穷 觐见 国王
dan mengatakan bahwa ia dapat mengobati sang putri.
和 说 （连词） 他 能 治好 公主

(Muakhir & Firdaus，2009b：29)
"著名的医生们努力给她治病，但是没有一个人能成功。最后国王发出通告，说如果女人能治好公主，就可以得到礼物；如果男人治好公主，就可以娶公主为妻。穷小伙儿去见国王，说他可以治好公主的病。"

例（17a），王后问完后，接着"众矮人都摇着头"一句和"没有人能帮助王后"一句的顺序可以颠倒，但是例句的语序将"没有人能帮助王后"放在后边，是为了与下面萍萍自告奋勇去帮助王后相对照，突出萍萍的聪明和机敏。例（17b），我们通常先说"男人如何"，再说"女人如何"，可是国王的通告将"perempuan（女人）"一句放在前，将"lelaki（男人）"一句放在后，除了"结婚"比"礼物"重要的递进关系以外，还因为"lelaki（男人）"一句在后，可以更好地与接下来的"si pemuda miskin（穷小伙儿）"一句相联系。

21.3.2　偏正复句

上面提到，汉语和印尼语的状语从句可能在主句之前，也可能在主句之后。吕叔湘（1996）曾举过一些状语分句（即从句）可在主句前，也可在主句后的例子，如例（18～20）。

(18) a. 因为天气不好，飞机改在明天起飞。(吕叔湘，1996：550)
b. 这里无法过江，因为水流太急。(吕叔湘，1996：550)

(19) a. 如果有什么问题，可以随时来找我。(吕叔湘，1996：412)
b. 我明天再来，如果你现在有事。(吕叔湘，1996：413)

(20) a. 虽然他说确有其事，但是我不相信。(吕叔湘，1996：454)
b. 太原尚无回信，虽然我已经三次去电催问。(吕叔湘，1996：454)

例（18a）的"因为"从句在主句前，例（18b）则在主句后。吕叔湘（1996）未说两者的区别。例（19a），"如果"从句在前，例（19b）则在后，吕叔湘（1996）认为后者是书面语的用法。同样，例（20a）和例（20b）"虽然"从句位置有区别，吕叔湘（1996）指出后者也是书面语的用法。

那么，是什么因素影响说话者的决定呢？除了语义和语体，语用也是重要的因素。早在2001年，刘月华等（2001：878）就指出，有些从句（偏句）移到主句后，“含有补充说明的意味，有时有突出偏句的作用”。可是，只有把句子放在语篇里，才更容易分析语序与语用的关系。下面是一些复句出现的语篇。

(21) a. 有一天，姑娘对老夫妇说：“因为我父母去世，我才会来到这里。请两位老人收我做女儿吧。虽然我没有多大本事，可愿意尽力孝顺二老。”（顾作峰，2009：108－109）

b. 国王把他叫到跟前，问道：“你怎么捧着空花盆呢?”熊日哭着对国王说：“尊敬的国王陛下，我每天都很用心地培育花种，可它就是不发芽，可能是上帝给我的惩罚，因为我在别人的果园里偷摘过一个苹果。”国王听了熊日的回答，高兴地拉着他的手，说：“孩子，上帝是不会惩罚你的！你是一个诚实的孩子。”（顾作峰，2009：9－10）

例（21a），“因为”从句在前，主句在后，符合实际事件发生的顺序。而且，从语篇衔接的角度看，先有“来到这里”，后面才有“收我做女儿”的请求，衔接比较通顺。例（21b），主句“可能是上帝给我的惩罚”在前，“因为我在别人的果园里偷摘过一个苹果”在后，是为了突出原因。同时，原因从句“偷摘过一个苹果”与下文“诚实的孩子”相关联。

例（22）中“如果”条件从句的情况也很类似。

(22) a. 森林里有狼，你要小心点儿。如果狼出现了，你大声呼喊救命，我们就会来帮你的。（顾作峰，2009：12）

b. “那件事咱们都搞错了。”乔乔说：“关于最后一次吃饭咱们互相说的不是一回事，那是两次，在同一个酒家的两次送别宴。第一次送你八个人，第二次送高洋七个人没你，所以谁也不记得你跟谁走，以为你和高洋走了。其实那次饭后和高洋一起走后再也没露面的是那个穿条格衬衫的人。你根本不在那次的饭桌上，那时你大概已经回到北京了，你不但不是最后一个见到高洋的人反而是最先和他分手的，如果你没有又折到昆明去的话。”“如果我折到昆明去的话，你在昆明就会看到三个人。你记不记得那个穿条格衬衫的人叫什么名字?”“姓冯，叫冯小刚。”乔乔吐字清楚地说。（王朔，2004：89）

例（22a），从句“如果狼出现了”在前，与上文的“森林里有狼”衔接。而主句“你大声呼喊救命”在后，正好与下文“我们就会来帮你的”衔接。例

(22b)，主句“你不但不是……反而是……”在前，第一个“如果”从句在主句后，是一种补充假设。主句在前，与上文谁跟高洋走的话题相联系。另一个人的话里则将“如果”从句放在主句前，一方面与上文的“如果”从句衔接，另一方面又使主句“你在昆明就会看到三个人”在后，强调了说话者自己的推论。

再看下面使用“虽然”从句的例（23）。

（23）a. 很久以前，长白山上有一户人家，家中只有奶奶和孙子小虎子，虽然家里很穷，可小虎子非常孝顺奶奶，他们过得很快乐。（顾作峰，2009：31）

b. 我非常担心警察顺着李江云控着我。我相信警察一直在用一种巧妙的方式监视着我，我甚至怀疑这个仪表堂堂的处长，虽然他并不知道我的底细。（王朔，2004：71）

例（23a），“虽然”从句在前，是常用的语序，也符合语境。“小虎子非常孝顺奶奶”在后，引出下文的“他们过得很快乐”。例（23b）第二句，主句置于前面，使其信息“怀疑这个仪表堂堂的处长”与上文“控着我”和“监视着我”等衔接。同时，把“虽然”从句放在主句后，只是一种补充。

下面例（24）是用“为了”从句的两个例子。

（24）a.（蜘蛛说：）“可你不吃桑叶不行吗？你太自私，为了自己能吃得饱，根本不顾别人的感受。”蚕笑了笑说：“我不吃桑叶怎么吐丝啊？我不吐丝就结不了茧。”这时，老桑树说话了：“你们不要吵了，蚕并不自私，他吃桑叶是为了吐出更多的丝，结更好的茧。”（顾作峰，2009：135）

b.“那就对了。”吴胖子说，“我们已经提请地方司法部门对他予以刑事拘留处分。”“对这种人这样倒是必要的。”“不不，本帮此举完全是下意识的，凡本帮帮员均要轮流蹲班房——为了活跃帮内政治空气。”李江云在我们的笑声中最终明白了自己的处境不可逆转，聪明地采取了含笑不语的姿态，任由吴胖子等自由表演，对一切不置可否，因而变得无懈可击。（王朔，2004：29）

例（24a），表示目的的第一个“为了”从句在前，凸显后边的主句“根本不顾别人的感受”，是常用的语序。第二个“为了”从句在主句后，并加了强调词“是”，就是在强调从句本身。例（24b），“为了”从句放在主句之后，一方面前置主句“凡本帮帮员均要轮流蹲班房”，与上文“予以刑事拘留处分”等意思衔接，另一方面后置的从句“为了活跃帮内政治空气”的调侃又与下文“笑声”等相关联。

因此，可以说，汉语偏正复句的从句一般在主句前；有时为了调整信息顺序，增强语篇衔接，也可以移到主句之后。

国内外的学者都涉及印尼语复句语序的研究。国外学者 Chaer（2009：180－183）指出，表示原因、条件、目的、时间的从句可在主句之前，或在主句之后。Sneddon（2010：350－353）也指出表示原因、条件和目的的从句可在主句前后。但两人均未说明两个位置表示的语义、语用有何区别。最早提出印尼语复句语序变化反映语义变化的学者是张琼郁（1993：410－413）。她指出，印尼语表示原因和条件的从句一般放在主句前，如果移到主句后则是为了强调主句，如例（25a～b）。表示目的的从句一般在主句后，也可以移到主句前强调目的，如例（25c）。表示结果的从句必须在主句之后，如例（25d）。另外，表示时间的从句位置“比较自由”。下面是她的例句（1993：410－413）。

（25） a. 表示原因

Kita tidak takut terhadap pertarungan karena kita adalah prajurit.

我们不 怕 面对 战斗 因为 我们是 战士

“我们不怕面对战斗，因为我们是战士。”

b. 表示条件

Kita terlalu naif kalau kita percaya bahwa negara-negara

我们非常 天真 如果 我们 相信 （连词） 国家

imperialis mencintai perdamaian.

帝国主义 热爱 和平

“如果我们相信帝国主义国家热爱和平，那么就太天真了。”

c. 表示目的

Untuk melakukan eksploitasi. . . , kapitalis monopoli terpaksa mengadakan

为了 进行 剥削 资本家 垄断 被迫 建立

jalan－jalankereta api，pabrik－pabrik. . . .

路 车 火 工厂

“为了剥削，垄断资本家被迫修铁路、建工厂……”

d. 表示结果

Ia menepuk-nepuk air dalam ember，sehingga muka dan
他拍打 水在里 桶 以致 脸 和
celananya basah.
裤子 湿
“他拍打桶里的水，结果把脸和裤子都弄湿了。”

e. 表示时间
Ketika aku berusia 7 tahun，orang tuaku belum juga mampu
当 我 年龄 7年 人 父母我 未 仍能
menyekolahkan aku.
送上学 我
“我7岁时，父母还不能让我上学。”

根据张琼郁（1993）的解释，例（25a）和例（25b）分别将原因从句和条件从句放在主句后，是为了强调主句的信息。例（25c）将目的从句放在主句前，是为了强调从句表示的目的。例（25d）说明，表示结果的从句必须放在主句之后。例（25e）的时间从句在主句前，张琼郁（1993）未提到时间从句前移是否具有强调的作用。

但是，“强调”是语用的概念，不能用于孤立的句子研究。与汉语一样，只有将复句放在具体的语篇中，才能研究不同语序与语用功能的关系。我们看下面的例子。

（26）a. Lalu，induknya cerita kalau kadang-kadang，ketika tidur，kita
然后 妈妈 她讲 （连词） 常常 当……时 睡觉 我们
tidak sadar menggaruk badan kita. Karena kuku kita panjang，akibatnya
不 意识 抓挠 身体 我们 因为 指甲 我们 长 结果
badan yang kita garuk tergores.（Muakhir & Firdaus，2009a：21）
身体（连词）我们 挠 痒
“接着，妈妈解释说，我们睡觉时，常常不自觉地抓挠自己。因为我们的指甲长，结果我们抓了以后就觉得很痒。”

b. Namun，ketika ia akan mengangkat sup buntut yang dirasanya telah
但是 当 他要 起 汤 尾巴（连词）觉得 已经
masak，tiba-tiba sesuatu jatuh ke dalamnya. Ia pun seketika terkejut
煮 突然 一物 落 到里 它 他也 立刻 害怕

karena yang jatuh ke dalam sup buntut itu ternyata seekor ular. Ia pun
因为（连词）；落 到里 汤尾巴 那原来 一条 蛇 他也
bingung.（Muakhir & Firdaus，2009a：41）
不知所措
"不幸的是，厨师认为尾巴汤已经煮好，正要起锅，不料有个东西掉到汤锅里。他很害怕，因为掉到尾巴汤里的原来是一条蛇。他吓得不知如何是好。"

上面例（26a），karena 从句在前，强调原因"指甲长"。例（26b），karena 从句在主句后，是一般的用法，当然也是为了突出结果 terkejut（害怕）。如果国王知道汤里掉进一条蛇，后果会很严重。汉语"因为"从句多数在主句前，印尼语 karena 从句大多数在主句后。"因为"从句在主句后时一般强调主句，而 karena 从句在主句前时一般强调从句本身。

再看印尼语 kalau（如果）标记的条件复句例（27）：

（27） a. Apakah kalian tahu nama benda itu? Kalau kalian tahu，coba beritahu
能否 你们 知道名字 东西 那 如果 你们 知道 试着告诉
mereka kalau benda yang mereka temukan adalah seruling!
他们（连词）东西（连词）他们 找到 是 笛子
（Muakhir & Firdaus，2009a：9）
"你们知道那个东西叫什么吗？如果知道，就告诉他们，他们找到的是一支笛子！"

b. "Ali lapar，Ma，" kata Ali sambil duduk di meja makan. Mama yang
阿里饿 妈 说 阿里一边 坐 在桌 餐 妈妈（连词）
sejak tadi baca buku langsung tersenyum dan mengambilkan makan
从 刚 读 书 立刻 笑 和 拿 饭菜
untuk Ali. Mama senang sekali kalau Ali makan terus. Berarti Ari sehat，
为 阿里妈妈 高兴 很 如果 阿里 吃 坚持 意味 阿里健康
tidak sakit.（Muakhir & Firdaus，2009a：4）
不 病
"阿里说：'妈妈，我饿了。'妈妈（本来）正在看书，立刻把饭菜（给他）拿过来。如果阿里能好好吃饭，妈妈就很高兴，因为能吃意味着阿里健康，没有病。"

c. “Takut apa?” Tanya induknya. “Takut tidak tumbuh lagi,” jawab
怕　什么　问　妈妈　他　怕　不　长　再　答
Pipi. Mendengar jawaban Pipi, induknya tersenyum, “Siapa bilang?
皮皮　听　回答　皮皮　妈妈　他　笑　谁　说
Kuku-kuku kita kalau dipotong pasti tumbuh lagi,” katanya.
指甲　我们　如果　剪　一定　长　再　说　她
(Muakhir & Firdaus, 2009a: 20)
“妈妈问：‘怕什么？’皮皮答：‘怕指甲不再长。’妈妈听了，笑着说：‘谁说的？我们的指甲剪了还会长。’”

相对于 karena 从句，kalau 从句在主句前后的情况数量接近。例（27a），kalau（如果）从句在主句前，从句中的 tahu（知道）与上文 tahu（知道）相联系。该复句的主句在后，其中的宾语从句 benda yang mereka temukan adalah seruling（他们找到的是笛子）是新信息，而最后的单词 seruling（笛子）又是最重要的新信息（谜底）。小动物们猜了半天，原来是一支笛子。例（27b），先说妈妈 tersenyum（笑），然后用一个主句讲妈妈 senang（高兴），与上文的 tersenyum（笑）关联。条件从句 kalau Ali makan terus（如果阿里好好吃饭）在主句后，“好好吃饭”又与下文的健康、没有病等语义相关联。所以说，kalau 从句的位置，与语篇衔接也有很大关系。例（27c），kalau 从句在主语和谓语之间，放在了最不显眼的地方。

我们再看 untuk（为了）引导的目的从句和主句的相对位置，如例（28）。

（28）a. Lelaki itu sedang gundah, oleh karena isterinya yang hamil tua
男人　那　正在　难过　由于原因　妻子　他（连词）怀孕　老
mengalami kesulitan dalam melahirkan bayinya. Untuk membantu
经历　困难　在……中　生产　孩子她　为了　帮助
kelahiran anaknya itu ia membu tuhkan operasi yang menggunakan
生产　孩子　她　那　他　需要　手术　（连词）利用
batu tajam dari sungai Tami. Ketika sedang sibuk mencari batu tajam
石头锋利　从　河　塔米　当　正在　忙　寻找　石头锋利
tersebut, ia mendengar suara-suara aneh di belakangnya.
上述　他听到　声音　奇怪　在后　他
(SEAsite. com, 2015)

"那个男人的妻子怀孕时年龄较大，经历难产。为了帮助妻子生孩子，那人需要用塔米河的锋利石头。当他正在找石头的时候，身后响起一种奇怪的声音。"

b. Kau telah membuat mataku terbuka lebar, bahwa di dunia banyak
你 已经使 眼睛我 睁开 开阔 （连词）在世界 很多
orang pandai. Kini kau ikutlah ke istana untuk menjadi penasihatku
人 聪明 现在你 跟随 到王宫 为了 成为 顾问 我
sehingga kepandaianmu dapat membantu negeri ini.
以便 聪明 你 能 帮助 国家 这
(Muakhir & Firdaus, 2009a: 25)
"你的确开阔了我的眼界，（看到）世界上的聪明人很多。现在你跟我回王宫，当我的顾问，以便用你的聪明才智为国家服务。"

印尼语 untuk 从句一般都在主句之后，很少放在主句前。例（28a），目的从句 untuk membantu kelahiran anaknya（为了帮助她生孩子）放在主句前，一方面突出了目的，另一方面是为了与上文提到的 kesulitan dalam melahirkan bayinya（难产）相联系。这与汉语不同，汉语目的从句在主句前才是常见语序，如例（24a），而移到主句后是为了凸显从句本身，如例（24b）。印尼语例（28b），目的从句在主句后，是通常的语序，所以没有强调的作用，只是为了加强上下文的衔接。

下面例（29）是由 saat（当……的时候）引导的时间状语从句。

(29) a. Ia lalu pulang dengan penuh sukacita. Saat saudagar itu
他后来回家 带着 满 欢喜 当……的时候 商人 那
menyeberangi sungai kecil itu ia tergelincir karena terlalu tergesa. Labu
渡 河 小 那 他滑 因为 太 着急 南瓜
terlepas dari tangannya dan lenyap dihanyutkan air.
滑离 从 手 他和 消失 被冲 水
(Muakhir & Firdaus, 2009a: 37)
"他兴高采烈地往家走。过小河时，因为太着急，手里的南瓜从手中滑落到水里。"

b. Baju besi yang dikenakan Bill terlalu berat. Perlahan ia tenggelam.
衣 铁 （连词）穿 比尔 太 重 缓慢 他下沉

Blubuk，blubuk！Gelembung udara memenuhi permukaan air saat kepala
咕嘟　　咕嘟　泡　　　气　充满　　面　　　水 当　头
Bill　terbenam. Melihat itu Demon amat cemas.
比尔　被淹没　看到　那 德蒙　很　担心
（Muakhir & Firdaus，2009a：45）
“比尔的铠甲太重，他慢慢地沉入水中。咕嘟，咕嘟，随着他的头没入水中，河面冒出很多气泡。（他的坐骑）德蒙看到这个情形，非常着急。”

印尼语时间状语从句的位置比较自由（张琼郁，1993：413），但是不同的位置应该与语境有关。例（29a），saat 从句在主句前，一方面是因为表示旧信息（渡河），另一方面将主句放在后边，凸显他滑了一下。而“滑了一下”又与下文南瓜滑脱掉进河里相关联。例（29b），saat 从句在主句后，是为了后置从句 kepala Bill terbenam（比尔的头被淹没），凸显了马的主人正处于危险中。这与下文名叫“Demon”的马很着急相关联。

21.4　小结

汉语和印尼语的复句有共同的地方，比如从句可以在主句前，也可以在主句后，很少在主句的主语和谓语之间；联合复句的两个分句的相对位置，以及偏正复句主句和从句的相对位置，都与语义和语用功能有关。汉语与印尼语不同的地方是：汉语从句一般在主句之前，在主句之后是为了强调从句本身。而印尼语从句一般在主句后，放在主句之前是为了强调从句本身。所以，汉语和印尼语从句的位置取决于语篇话题结构的需要，与语篇衔接密切相关。

第22章　汉语“因为”和印尼语 karena 从句对比

表示原因的从句是汉语和印尼语典型的状语从句，分别主要由“因为”和 karena 引导，作用是修饰整个主句或者谓语所表示的行为和状态。第21章已经讨论过汉语和印尼语复句内主句和从句的语序。本章拟从句法、语义和语用三个方面，具体对比“因为”和 karena 引导的从句，探讨两者的相似和相异之处。

22.1　“因为”和 karena 从句的句法特征

汉语“因为”和印尼语 karena 都表示原因，引导原因状语从句，两者在结构上有所不同。吕叔湘（1996：550）提到，汉语“因为”从句可在主句前，也可在主句后，如例（1）：

（1）a. 因为天气不好，飞机改在明天起飞。（吕叔湘，1996：550）
　　 b. 这里无法过江，因为水流太急。（吕叔湘，1996：550）
　　 c. 他退学是因为交不起学费。
　　 d. “为什么不去了？”“因为要下雨。”

印尼语状语的位置比汉语“灵活得多”（张琼郁，1993：353）。印尼语 karena 引导的从句，既可以出现在主句前，也可以出现在主句后。例（2）是相对于汉语例（1）的印尼语例子，但是未发现类似汉语例（1c）的例子。

（2）a. Karena kuku kita panjang, akibatnya badan yang kita garuk tergores.
　　 因为 指甲 我们 长 所以 身体（连词）我们 抓 抓痕
　　（Muakhir & Firdaus，2009a：21）

"因为我们的指甲长，所以会在自己身上抓出道道。"

b. Ian tersenyum senang karena akhirnya si bus hijau masih berguna.
依安 笑 高兴 因为 最后 汽车 绿 仍然 有用
(Muakhir & Firdaus，2009a：73)
"依安高兴地笑了，因为绿汽车还有用。"

c. "Kenapa?" Tanya saya. "Karena，dia pasti juga sayang sama kita."
为什么 问 我 因为 他 一定也 可爱 一样 我们
(Muakhir & Firdaus，2009b：9)
"我问：'为什么？''因为他一定也会爱我们呀。'"

为了调查例（1）和例（2）各句型的出现频率，笔者统计了《汉语阅读教程》（第三册）（彭志平、赵冬梅，2005）的40篇汉语课文，顾作峰（主编）的《美德故事》和杨红樱的《非常妈妈》，共150 000个汉字。也统计了38篇印尼语小故事（Muakhir & Firdaus，2009a；2009b），共15 000个单词。结果如表22－1所示。

表22－1　汉语"因为"和印尼语karena从句的使用频率

汉语"因为"从句	数量（例）	比率	印尼语karena从句	数量（例）	比率
因为……，（所以）……	14	46.7%	karena...，...	7	24.1%
……，因为……	10	33.3%	...，karena...	21	72.4%
……是因为……	0	0	Ini/itu karena...	0	0
因为……（回答问题）	6	20.0%	karena（回答问题）	1	3.4%
"因为"从句总数（例）	30	100%	Karena从句总数（例）	29	100%
汉语语料（汉字数）（个）	150 000		印尼语语料（单词数）（个）	15 000	

表22－1显示，汉语"因为……，（所以）……"比其他语序更为常用，占"因为"从句总数的46.7%；后置的"因为"从句占33.3%。没有发现"……是因为……"的例子。回答问题的"因为……"句有6例。另外，笔者还发现原因状语从句在前，但未用"因为"，只是在后边的主句用"所以"的有24例。

如果与“因为……，（所以）……”的情况相加，那么汉语原因在前、结果在后的频率会增加到70%以上。印尼语语料中，karena从句一共29例，karena从句在主句前的仅有7例，占24.1%，在主句后的有21例，占72.4%，“回答问题”的仅1例。对比汉语和印尼语可知：首先，汉语“因为”比印尼语karena使用的频率低得多；其次，汉语“因为”从句多在主句前（占46.7%），而印尼语karena从句多在主句后（占72.4%）。

22.2 “因为”和karena从句的语义特征

从语义看，“因为”和karena从句都表示主句谓语所表示事件或状态的原因。这个原因可以是既成事实，也可以是推测，如例（3）。

（3）a. 他退学是<u>因为</u>交不起学费。
b. “为什么不去了？”“<u>因为</u>要下雨。”
c. Di tepi hutan tiba-tiba terjadi keramaian <u>karena</u> ada benda yang
在 边 树林 突然 变 热闹 因为 有 东西（连词）
membuat penasaran.（Muakhir & Firdaus，2009a：8）
造成 好奇
“树林边突然热闹起来，因为出现一样东西，引起大家的好奇。”
d. Aku memintamu ke mari <u>karena</u> aku ingin mengenalmu lebih banyak.
我 请 你 到 这里 因为 我 想 了解 你 更多
“我请你来是想更多地了解你。”（Muakhir & Firdaus，2009a：33）

例（3a），先有“交不起学费”的原因，后有“退学”的结果。例（3b），原因从句的“下雨”是一种推测，并没有成为事实。当然，也可以说，先有“下雨”的推测，后有“不去”的情况。例（3c），先讲情况“树林边突然热闹起来”，再讲原因“出现一样东西，引起大家的好奇”。例（3d）则先说结果“请你来”，再讲原因“想更多了解你”。

从语气看，例（3a～b）的汉语“因为”从句的语气比例（3c～d）印尼语的karena从句更为强烈。正是因为印尼语karena的语气较弱，所以使用的范围更广。从表22-1也可看到，150 000个汉字的语料中，“因为”只用了30次，而在15 000个印尼语单词的语料中，karena就用了29次。

22.3　“因为”和karena从句的语用功能

“因为”和karena引导的从句都表示主句谓语的原因。从表22-1可见，汉语“因为”从句在主句前后的频率比较接近，分别为46.7%和33.3%。但印尼语karena从句在主句后的情况远远多于在主句前，分别为72.4%和24.1%。不论是“因为”还是karena引导的从句，其在主句前后的位置与其表示的信息有关。下面我们着重看从句位置的强调功能和语篇衔接功能。

22.3.1　强调功能

上文提到，汉语“因为”从句和印尼语karena从句既可以在主句前，也可以在主句后。一般认为，印尼语强调状语的手段是将其置于主句前（张琼郁，1993：411；陈延河，2002；徐富平，2005：8）。但是学界并未说明强调的是新信息还是旧信息。笔者认为，印尼语将karena从句放在主句前，是将从句所表示的原因作为新信息加以强调。

（4）a. 因为天气不好，飞机改在明天起飞。（吕叔湘，1996：550）

b. 这里无法过江，因为水流太急。（吕叔湘，1996：550）

c. Karena penasaran, ia meniup satu persatu lubang yang memenuhi
因为　好奇　他吹　一个接一个　洞　（连词）满布
benda itu.（Muakhir & Ferdaus，2009a：9）
东西　那
“他因为好奇，所以一个接一个地吹那个东西上满布的小洞。”

d. Jangan-jangan ia sudah mati karena tertembak peluru.
说不定　他已经　死　因为　射击　子弹
（Muakhir & Firdaus，2009a：8）
“说不定他已经被子弹打死了。”

从语篇看，从句在主句前后，强调的新信息不同。汉语“因为”从句前置时更强调后边主句表示的结果，而后置时更强调“因为”从句本身表示的原因。例（4a），原因“天气不好”在前，主句“飞机改在明天起飞”在后，强调的是主句的意思。而例（4b）的主句“这里无法过江”在前，原因“水流太急”在后，强调的是后面的原因“水流太急”。印尼语则不一样，放在前边的 karena 状语从句才是强调的信息。例（4c），karena 从句放在主句前，强调“因为好奇”。例（4d）是印尼语常见语序，将 karena 从句 tertembak peluru（被子弹打）放在主句后，只是新信息，并没有特别强调。

总之，汉语“因为”从句在主句前为常见语序，没有强调。在主句后，则为强调的新信息。印尼语则相反，karena 从句在主句后为常见语序，没有强调，在主句前则受到强调，为新信息。

22.3.2 语篇衔接功能

“因为”和 karena 从句所表示的原因，既可以是旧信息，也可以是新信息。由于其所表示的信息不同，其位置与所在语篇的话题结构有关。我们先看汉语“因为”从句的例子（5）。

（5） a. 中午放学，豆芽儿止不住地要向肥猫他们几个炫耀。“今晚，米老师要到我们家去家访。”因为昨天，米老师已去过肥猫家了，肥猫又没挨打，所以豆芽儿的这条消息并未引起大家的兴趣。豆芽儿又强调了一句：“米老师还要带礼物给我。”（杨红樱《非常妈妈》）

b. 肥猫只给他们讲了米老师到他家去，送了一个呼啦圈给他。“你做梦吧?”豆芽儿叉开五指，在肥猫眼前晃晃，“米老师会送东西给你，你以为你是谁呀?”但很快他们又都相信了肥猫的话，因为肥猫是不说谎的。如果他说米老师送了一个呼啦圈给他，那就是送了。（杨红樱《非常妈妈》）

例（5a），原因从句“因为昨天……又没挨打”在主句前，重复原文上文提到的旧信息，与上文呼应，而后边的主句“所以豆芽儿的这条消息并未引起大家的兴趣”则是新信息。例（5b），主句“但很快他们又都相信了肥猫的话”和上文“你以为你是谁呀”形成对比，而从句“因为肥猫是不说谎的”进一步加强“相信”的意思，放在主句后得到强调，同时与下文“如果……那就……”一句相关联。我们再看印尼语 karena 从句的例子（6）。

（6） a. Aku suka sekali dengan buku karena setiap malam ayahku membacakan
我　喜欢很　同　书　因为　每　晚上　爸爸　读
buku untukku. Kalau ayah tidak ada di rumah，biasanya bunda yang
书　为　我　如果　爸爸不　有　在家　通常　妈妈（连词）
menggantikannya.
代替　他
"我很喜欢书，因为每天晚上爸爸都会给我读书。如果爸爸不在家，妈妈通常会替他读。"

b. "Siapa yang menggores badan Pipi?" "Ibu tahu," kata induk Pipi,
谁（连词）抓　身体　皮皮　妈妈知道　说　妈妈　皮皮
"ini pasti karena kuku panjang Pipi," lanjutn ya. . . . Lalu,
这　一定　因为　指甲　长　皮皮　继续说她　然后
induknya cerita kalau kadang-kadang，ketika tidur，kita tidak sadar
妈妈　他讲解　如何　有时　当……时　睡觉　我们不　知道
menggaruk badan kita. Karena kuku kita panjang，akibatnya badan
抓挠　身体　我们　因为　指甲　我们长　所以　身体
yang kita garuk tergores.（Muakhir & Firdaus，2009a：21）
（连词）我们　抓　抓痕
"皮皮问：'谁抓我了？'妈妈说：'我知道，这一定是因为皮皮的指甲太长了。'接着，妈妈给他讲解说：'我们在睡觉时，有时会不知不觉地抓自己。就是因为我们的指甲长，所以会在自己身上抓出道道。'"

例（6a），karena 从句在主句后，引出新信息"ayahku...（我爸爸……）"，但没有强调。接着下一句的"kalau ayah tidak ada di rumah（如果爸爸不在家）"，又以上文的"爸爸"为旧信息，引出下句"bunda...（妈妈……）"。例（6b）用了两次 karena，只有第二句是状语从句。第一次，主句 ini 在前，表示旧信息（皮皮被抓伤），karena 在主句后表示原因（指甲长），是新信息。然后，妈妈给皮皮讲为什么会把自己抓伤。第二次使用 karena 从句时，将其放在主句前，强调原因 kuku kita panjang（我们的指甲长）。把主句 badan yang kita garuk tergores（我们抓挠的身上会有道道）放在后面，表示结果。

22.4 印尼学生使用“因为”从句的偏误

笔者在印尼教汉语写作的过程中，发现印尼学生常常将“因为”从句放在主句后，很少用其他语序。例（7）引自印尼大学中文系二年级学生的作文。

（7）a. 因为没有人教我，而我希望自己会弹，所以我打算自学。

b. 我最喜欢钓鱼因为钓鱼可以磨炼一个人的耐性。

c. 我对音乐感兴趣是因为能让我开心和轻松。

d. 我喜欢看成功人故事。因为里面常常写着怎样去追理想，无论放弃要见到多少困难，要坚持。所以我每次有困难，自己没办法解决事情，我会鼓励自己，别放弃，一定会有出路的。

例（7a）、例（7b）和例（7c）都合法。例（7d）中，“因为”既连接上文的“我喜欢看成功人故事”，也试图呼应下文的“所以”，结果语段的逻辑比较混乱。

为了进一步探讨印尼学生习得“因为”从句的情况，笔者调查了10位无汉语背景的印尼学生的作文，共10 700个汉字，其中使用“因为”从句的情况如表22－2所示。

表22－2 印尼学生写作中“因为”从句的使用情况

句子类型	数量（例）	比率
因为……，（所以）……	3	9%
……，因为……	24	70%
……是因为……	6	18%
因为……（回答问题）	1	3%
“因为”从句总数	34	100%

从表22－2看出，印尼学生将“因为”从句放在主句后边的情况多达70%，远远超过母语为汉语的人（33.3%）。而用“因为……，（所以）……”的只有9%，远远低于母语为汉语的人（46.7%）。

从语法上看，汉语是允许将“因为”从句放在主句后的。但是从语用看，就不一定合适。我们还是以印尼大学中文系二年级学生的作文为例，说明“因为”从句用在一定语境中的情况，如例（8）。

（8）a. 我最大的爱好是旅游。每到假期我和家人都会到各地旅游。因为旅游可以让人觉得更轻松，所以我很喜欢去旅游。

b. 我的理想是当商人。原因是因为我喜欢跟别人做生意，买卖东西。关于我的打算，大学毕业以后再做，因为我不要事业影响我的学习。每个人都一定希望有个好家庭，因为家庭可以让我们幸福，我们随时都可以靠家里的人。我觉得有个好家庭是很好的事，因为如果我们遇见困难时，我们可以跟家里的人商量。

例（8a），“因为”从句既是前边“每到假期我和家人都会到各地旅游”的原因，也是后边“所以我很喜欢去旅游”的原因，结构上混乱。从语用方面看，最后一句“所以我很喜欢去旅游”重复前边“每到假期……”一句的意思，可以删去。将“因为”从句改为前一句的状语即可。例（8b），一连用了四个“因为”从句，从句法结构看，语序重复，显得单调。从语用看，四个“因为”从句都在主句后，都得到强调，没有必要，而且没有考虑句子之间的衔接和连贯。例（8）两句可以分别改为例（9a）和例（9b）。

（9）a. 我最大的爱好是旅游。因为旅游可以让人觉得更轻松，所以每到假期我和家人都会到各地旅游。

b. 我的理想是当商人，因为我喜欢跟人做生意，买卖东西。至于今后的计划，我大学毕业以后再做，以免影响现在的学业。因为家庭也很重要，所以我希望有一个好家庭。有了家庭，我们可以得到家人的帮助，遇到困难可以找家人商量，会感到更幸福。

可以初步确定，学生在作文中多将“因为”从句放在主句后，主要是因为其母语印尼语的干扰。我们在表 22 –1 看到，汉语“因为”从句多出现在主句前（46.7%），如果强调原因，就放在主句后。而印尼语的 karena 从句多出现在主句之后，如果强调原因，就放在主句前。但是学生并不知道汉语“因为”与印尼语 karena 的语篇功能差异，以致在写作时，常常按照印尼语的习惯将“因为”从句放在主句后边，其所占的百分比高达 70%。如果加上“……是因为……”句，则高达 88%（见表 22 –2）。

22.5 小结

汉语“因为”与印尼语的 karena 都是表示原因的连接词。从句法看，汉语“因为”引导的状语从句多出现在主句前，而印尼语 karena 从句多出现在主句后。从语义看，汉语“因为”对原因的强调更重，而印尼语 karena 相对更弱，因此使用更为广泛。而且，表示转折、目的和时间的状语从句一般在主句前，包括原因在内的其他从句则有后置的情况。从语用看，汉语“因为”从句在主句后时更为强调，表示新信息；而印尼语 karena 移到主句前时更为强调，表示新信息。两者在主句前后均与所在语篇的话题结构有关，起着重要的衔接作用。印尼学生使用汉语“因为”从句时不注意这些差异，以致按照印尼语的习惯，一般将“因为”从句放在主句之后，造成语义和语用的偏误。

第 23 章　汉语和印尼语的语篇衔接

23.1　语篇衔接手段

句子都是在一定的语境下使用的，每个句子的结构都与其上下文有关联。孤立地研究句子结构，有时无法解释语法变化。Halliday & Hasan（1976）提出替换、省略、词汇衔接等语篇衔接手段。胡明亮（2007）考虑到汉语实际，总结出指代、重复、省略、连接词语、词汇、语序、韵律和标点八种衔接手段。先看下面汉语的段落例（1）：

（1）小水默默地听金狗说着，她完全理解他，同情他，想再为他说些什么，却觉得金狗比她想得更深更开，突然间倒感到金狗是一个极聪明极有心劲的人，他表面上似乎随随便便，漫不经心，其实他把什么都看到了，想到了，是一个真正的男人！（贾平凹，1993：124）

例（1）中，作者使用各种衔接手段，使各小句连接成一个段落，非常通顺，好像一气呵成。具体衔接手段如例（2）所示。

（2）a. 指代："她"和"他"分别回指小水和金狗。

b. 重复："金狗"用了三次。"想得更深更开"和"想到了"重复"想"。

c. 省略："同情他""想再为他说些什么""却觉得……"和"倒感到"等谓语前省略了主语（话题）"小水"。"是一个真正的男人"也省略了主语"金狗"。

d. 连接词：书中小水曾劝说金狗，本段用"再"与上文联系。"却"将两个相邻的小句联系到一起。"倒"使"感到金狗是一个极聪明极有心劲的人”与上文她对金狗的看法相对立。“其实”也起着联系作用。

e. 词汇：“想得更深更开”“极聪明极有心劲”“都看到了，想到了”是近义关系；“随随便便”与“漫不经心”近义。而前一组与后一组又形成反义关系。“理解”与“同情”也算近义词语。“人”是“男人”的上位词。“表面”和“其实”也属于反义关系。另外，“理解”“同情”“觉得”“感到”等都表示心理活动。

f. 语序：“是一个极聪明极有心劲的人”和“是一个真正的男人”形成排比关系。前者的“极聪明”和“极有心劲”也用相同结构。“理解他”和“同情他”都是动宾语序。

g. 韵律：“理解他”“同情他”“看到了”“想到了”都是三个字。“随随便便”“漫不经心”都是四个字。

h. 标点：一逗到底，反映了小水当时紧张、急促的思绪，体现了小水对金狗的关心。

可见，语篇衔接手段是作家以及普通说话者实实在在使用的工具，并不是语言学家空想出来的。印尼语的情况非常类似。本章主要对比汉语和印尼语前六种衔接手段（指代、重复、省略、连接词语、词汇、语序），其他两类（韵律和标点）将另文讨论。

23.2 指代和省略衔接

汉语使用代词较少，而印尼语使用代词较多。请先看例（3）［同例（1）］的一段汉语。

（3）小水默默地听金狗说着，她完全理解他，同情他，想再为他说些什么，却觉得金狗比她想得更深更开，突然间倒感到金狗是一个极聪明极有心劲的人，他表面上似乎随随便便，漫不经心，其实他把什么都看到了，想到了，是一个真正的男人！（贾平凹，1993：124）

汉语例（3）使用了指代、省略和重复等衔接手段。两位主要人物第一次出现时，用人名“小水”和“金狗”。第二小句回指时，则用代词“她”和“他”。在联系更紧密的谓语“理解他”“同情他”等之间，则省略后两个谓语的主语（小水或者“他”）。谓语“感到”后边的宾语从句“金狗是一个极聪明……”等，为了转移话题，用名字“金狗”，接着在“他表面上……”和“其实他……”两个小句里用“他”，承接话题，接着在“想到了”和“是一个真正的男人”前又省略了话题。早在 1985 年，李樱就提出，名词、代词和省略分别代表汉语语篇的三个层面，名词是段落的开头，代词是段落内一个主题链的开头，而省略则是主题链内部各评述之间的分界。

那么，印尼语如何使用名词、代词和省略呢？Chaer（2009：227）认识到，代词和省略等也是印尼语的语篇衔接手段。我们看下面的一段印尼语例（4）。

（4）Suatu pagi，Nora terbangun oleh satu suara yang memekakkan telinga.
一 早晨 诺拉被吵醒 被 一 声音（连词）震 耳朵
Suara itu berasal dari rumah di mana dulu ia tinggal. Itu suara alat penghisap
声音 那 来自 从 房子 在那里 先前她住 那 声音 机器 吸
debu. Alat itu kemarin dibeli Bu Lina. Pagi ini alat itu digunakannya.
尘 机器那 昨天 被买 太太丽娜 早晨这 机器 那 被用 她
（Muakhir & Firdaus 2009b：53）
“一天早晨，诺拉被一个震耳欲聋的声音吵醒。那个声音来自她原先住的房子。是吸尘器的声音。那台吸尘器是丽娜太太昨天买的，今早她用上了。”

例（4）采用了名词和代词的衔接手段。第一句，主语 Nora（诺拉）是专用名词，做话题，同时用不定指普通名词短语 satu suara yang memekakkan telinga（一个震耳欲聋的声音），引出新信息“声音”。接着在下一句里，由名词 suara（声音）加指示代词 itu（那）组成定指的名词短语 suara itu（那个声音）作话题，回指上文的信息“声音”。这几句都重复了 suara（声音）这个词语。再下来一句，话题只用代词 itu（那），回指“声音”。同句中谓语又用 suara 的定语 alat penghisap debu（吸尘器）引出新信息，这个新信息成为下两句的话题，并用 alat itu（那台吸尘器）回指。人物 Bu Lina 第一次出现是其所在句子的施事，但不是话题，出现在动词被动形式 dibeli（被买）之后，并且用专用名词的形式。最后一句她仍然是施事，但不是话题，因为是第二次出现，所以用附着代词 nya（她）回指。可见，例（4）的整个段落的衔接，代词是很重要的手段，就像汉语一样。

但我们看到，例（4）没有用省略的衔接手段。其实，印尼语也会省略主语和其他成分，只是多半用于口语等非正式语言，如例（5a）。另外，在书面语里，虽然少用省略，但主语会以附着代词的形式附着在动词之后，效果相当于汉语的主语省略，如例（5b）。

（5）a. Saya baru beberapa hari di sini. Belum punya kenalan，belum ke
我 刚 几个 天 在这里 还未 有 熟人 还未 去
mana-mana.（Chaer，2009：227）
什么地方
"我刚来这里几天，还不认识什么人，也没去过什么地方。"

b. Maka，dengan penuh kebingungan，pengrajin itu mencoba membuatnya.
因此 带着 很多 糊涂 匠人 那 尝试 做 它
Pertama disiapkannya beberapa jenis tali. Kemudian dimasukkannya air ke
首先 准备 他 几 种 绳子 然后 放入 他 水 在
dalam bak besar. Setelah itu ia merendam tangannya ke air lalu
里 盆子 大 在后 那 他 浸入 手 他 到 水 然后
diangkatnya. Dibiarkannya butir-butir air di tangannya menimpa sebuah tali.
拿出 他 让 他 珠子 水 在 手 他 落 一 绳
（Muakhir & Firdaus，2009b：20）
"于是，工匠满腹疑惑地开始尝试用水做珍珠项链。他先准备了几根不同的绳子。然后往大盆子里倒水，接着把手浸入水中，再拿出来。他让手上的水珠落在一根绳子上。"

c. Mendengar jawaban Pipi，induknya tersenyum.
听到 回答 皮皮 妈妈 他 笑
（Muakhir & Firdaus，2009a：20）
"妈妈听到皮皮的回答，笑了。"

例（5a）比较简单，多用于口语等非正式语言。其中第一句出现主语 saya（我），后面两小句则省略了主语。除了省略，该语段还重复使用副词 belum（还未），加强了衔接。例（5b）的一大段话，讲工匠执行国王的命令，为公主做"水珠项链"的故事。第一句带定指代词 itu 的名词短语 pengrajin itu（那个工匠）是施事，作主语，表示一个新段落开始。接下来两句，都把施事主语变为 nya

（他）分别附着在动词被动形式 disiapkan（被准备）和 dimasukkan（被放入）之后，效果与汉语的省略类似，都是把施事主语 pengrajin（工匠），即话题，推到后台，同时凸显谓语即评述表示的信息。接着，第四句的主语又用代词 ia（他），放在动词前，标志一个新话题链的开始，而第五句则用被动形式加附着代词 nya（他），加强上下两部分的衔接。例（5c），第一个分句省略了主语 induknya（他妈妈），是蒙后省略，也可以看成动词短语，做第二个分句的状语。

可以说，汉语和印尼语的主语（话题）都以名词短语表示较大段落的开始，用代词表示段落内不同的话题链的开始。但是在划分话题链内部各部分时有所不同：汉语用省略话题的手段，印尼语用被动式加附着代词将话题背景化的手段，取得类似的衔接效果，可谓是殊途同归。

除了省略名词短语以外，印尼语还可以像英语那样省略动词，如例（6）。

（6）a. Dalam liburan yang lalu beliau berlibur ke Singapura dan Hongkong,
在 假期 （连词）过去 他 度假 去 新加坡 和 香港
saya cuma ke Yogyakarta.（Chaer，2009：227）
我 只 去 日惹
"上次假期，他去新加坡和香港度假，而我只去日惹度假。"

b. Saya sudah makan tapi mereka belum.（Sneddon，2010：377）
我 已经 吃 但 他们 还没有
"我已经吃过饭，但他们还没有。"

例（6a），最后的分句 saya cuma ke Yogyakarta（我只是去了日惹）在介词短语 ke Yogyakarta 前省略了动词 berlibur（度假），而汉语多半会保留"度假"。例（6b），mereka belum（他们还没有）后边省略了动词 makan（吃）。汉语译文在"还没有"后也可以省略"吃饭"。

23.3　重复和词汇衔接

重复指同样或类似的词语形式出现在不同的句子里，它们可能指同一个对象，也可能指不同对象。这里的重复与 Halliday & Hasan（1976）的 reiteration（重述）不同，后者指词语的所指，如在一定语境中，"老张"和"那位老师"

指同一个人，就是 reiteration。词汇衔接是指通过不同小句或词语的意义，实现小句或者句子之间的衔接。其主要指语篇内词汇之间的同义近义、反义、上下位和语义场等词义关系。汉语例子如例（7）。

（7）宝贝儿妈妈满脑子都是破案的情节，她经常会有错觉，认为她就是波罗先生，波罗先生就是她。她甚至不知从哪里找来一个旧烟斗，虽然她不抽烟，但拿在手上，也会找到一点点波罗先生的感觉。因为波罗先生在分析案情的时候，总是抽烟斗。（杨红樱，2011：28）

例（7），重复的情况有："波罗先生"出现四次，"烟斗"两次；"破案"和"案情"，"抽烟"和"抽烟斗"，"错觉"和"感觉"则属于部分重复。从词汇衔接看：同义近义词汇有"破案"和"分析案情"，"认为"和"感觉"。同义的句子如"她就是波罗先生"和"波罗先生就是她"。反义词汇有"不抽烟"和"抽烟斗"。而"错觉"是"感觉"的下位词。构成破案语义场的词汇有："破案""波罗先生""烟斗""抽烟斗""分析案情"等。

同样，印尼语语篇也会利用词汇语义的衔接手段，如例（8）。

（8）Grup sirkus itu memasuki kota. Bunyi terompet dan drum ramai mengiringi.
团　杂技　那　进入　城市　声音　喇叭　和　鼓　喧闹　伴随
Biasanya, mendengar itu orang ribut mendatangi, tetapi kali ini hal itu
通常　听到　那人　争着来看　但是　次　这　事　那
tidak terjadi. Iring-iringan grup sirkus itu pun akhirnya berhenti.
不　发生　队伍　团　杂技　那　也　最后　停
Musik tak terdengar lagi.（Muakhir & Firdaus, 2009a：64）
音乐　不　被听到　也
"杂技团来到城市里，伴随着喧闹的喇叭声和鼓声。通常，人们听到鼓乐声就会争相跑来。但是这次却没有人来。最后，杂技团的队伍停下来了，鼓乐声也停了。"

例（8）描写杂技团到一个城市的情况。词语 grup sirkus（杂技团）重复。mengiringi（伴随）和 iring-iringan（队伍）的词根相同，词根 iring 的意思是"伴随"。mendengar（听到）和 terdengar（被听到）的词根 dengar（听）也一样。biasanya（通常）和 kali ini（这次）形成对比。mendengar（听到）和 tak terdengar（听不到）构成反义关系。bunyi terompet dan drum（喇叭声和鼓声）是 musik（音乐）的下位词。mendengar（听到）和 bunyi（声音）构成动宾关系。而 grup sirkus（杂技团）、terompet（喇叭）、drum（鼓）和 iring-iringan（队伍）等构成杂技团的语义场。

从上面的例子看，汉语重复的情况比印尼语多。印尼语似乎用代词更多，如用 hal itu（那样的事情）代替上文提到的 orang ribut mendatangi（人们争着来看）。在词汇衔接方面，两者区别不太明显。

23.4　语序衔接

语序在语言中是重要的衔接手段，只是不同的语言表现不同。学者早已注意到句子内部词语的顺序，即语序，也是重要的衔接手段。如 Brown & Yule（1985：128）提到，Halliday 讲课时曾用例（9）说明英语语序的衔接功能。

（9） a. It's the sun that's shining, the day that's perfect. The astronauts come here. The Great Hall they're just passing; he'll perhaps come out to greet them, the President. No, it's the ceremony that the admiral's taking…

b. The sun is shining, it's a perfect day. Here come the astronauts. They are just passing the Great Hall; perhaps the President will come out to greet them. No, it's the admiral who's taking the ceremony...

例（9a）的衔接较差。正如 Brown & Yule（1985：129）所指出的，"it is hard for the processor to construct a coherent model of what is going on from the text"（"读者很难将原文理解为一个连贯的语篇"）。例（9a）很难懂的重要原因，就是该段各句的语序不合适，句子话题和焦点变动得太频繁，读者难以理解（胡明亮，2007：187）。而例（9b）各句的语序符合上下文的要求，所以整个语篇的衔接就比较自然。

汉语和印尼语同样需要通过句子的语序来达到语篇衔接的目的。先看汉语的例子（10）。

（10） a. 英英<u>是</u>极少到铁匠铺来<u>的</u>，她<u>不是</u>不好意思，存心有一点小小的忌妒。每当营业时，没有顾客，就双手支着脑袋往斜对面看，就思想许多东西。是她从小水的手里夺走了金狗，金狗也是为了小水而走脱了她，世上的事实在奇怪，一个金狗把两个女人害了，这金狗该千刀万剐的！（贾平凹，1993：363）

b. 金狗把前前后后的事体说了，他一点不保留，将他与英英发生关系的事也说了。小水完全被这突如其来的事变击倒，退坐在椅子上，一言不发。（贾平凹，1993：139）

例（10a），第一小句用“是……的”强调句，突出“极少”，第二小句又用“不是”强调“不好意思”。后边的“就双手支着脑袋”和“就思想许多东西”两小句省略主语，都用常式句型。接着用“是”强调“她”，又用“也是”强调目的“为了小水”。下文里用“把”字句将受事“两个女人”移到动词“害”前，作为有定信息，承接上文的“她”（英英）和“小水”。例（10b），第一部分的话题是“金狗”，先后用“把”和“将”把上文提到的事情作为旧信息放在动词“说”前。接着，在第二部分话题转变为“小水”，第一句用“被”字句将回指上文“事体”和“发生关系”的“突如其来的事变”标记为旧信息，同时强调结果“击倒”。

Chaer（2009：230）提到，排比句是印尼语的一种衔接手段，如例（11a）。但是排比句只是语序衔接的一种，还有其他语序尚未引起学者注意，如例（11b～d）的例子。

（11）a. Berpikirlah dengan tenang. Bertindaklah secara bijiak. Hidupmu akan bahagia.
思想 用 冷静 行动 方式 明智 生活 你 将 幸福
（Chaer，2009：230）
“冷静思考，明智行动，生活才能幸福。”

b. Fu Sen cepat pulang. Ia masuk ke kamarnya. Dinyalakannya lampu.
福 生 快 回 他 进 到 房间 他 被点燃 他 灯
Dipungutnya semua buku dan meletakkannya di meja.
被拾起 他 所有 书 并 放 它们 在 桌子
（Muakhir & Firdaus，2009b：49）
“福生赶忙跑回家，进了房间，点燃油灯，拾起书，放在桌子上。”

c. Dan，apa yang dilihat bunda di luar? Ternyata bukan maling atau
然后 什么（连词）看到 妈妈 在外边 其实 不 小偷 或

hantu，melainkan kakek Surya　yang　matanya sudah rabun.
鬼怪　反而　　爷爷　苏利亚(连词) 眼睛 他 已经　失明
(Muakhir & Firdaus，2000b：13)
"然后妈妈发现外边有什么了？其实，不是小偷，也不是鬼，而是苏利亚爷爷，他已经失明了。"

d. Awalnya，Ita　tidak menghiraukan，tetapi tidak lama kemudian，Ita
开始　　依塔不　在乎　　　　但是 不　久　以后　　　依塔
mulai merasa sendirian.（Muakhir & Firdaus，2009b：12）
开始 感到　孤单
"开始，依塔不在乎（一个人玩儿），但是过了一会儿，她就开始感到孤单。"

例（11a），前边两句是排比结构，都将状语放在动词后，使两句紧密结合。例（11b），第三、四两句都用被动形式，而且将施事以附着代词 nya 的形式附着在动词后，也将受事 lampu（灯）和 semua buku（所有的书）放在动词和施事之后，这样加强了与上句的衔接。例（11c），用 yang 强调受事 apa（什么），并放在动词 dilihat（看到）前面。接着下面句子回答不是小偷，不是鬼，而是苏利亚爷爷。例（11d），前后两部分均将状语前置，以便对比 awalnya（开始）和 tidak lama kemudian（不久以后）这两个时间，通过对比达到衔接。

汉语和印尼语都通过语序调整内部信息的分布，达到衔接的目的。只是两者使用的手段有时不一样。汉语有其特殊的"把"字句、"被"字句和"是……的"强调句等，而印尼语有自己的 di-动词句、yang 强调句等。

23.5　连接词和标点衔接

连接词衔接指通过连词等词语，将不同句子或者小句连接到一起。汉语的连接词不仅包括连词，也包括起关联作用的副词，如例（12）。

（12）a. 虽然马小跳没有说什么，但宝贝儿妈妈看得出来，马小跳的心里还是有点难过。毕竟，如果不是他硬要宝贝儿妈妈买那双银色的高跟鞋，不是他硬要宝贝儿妈妈穿着高跟鞋逛街，宝贝儿妈妈也不会摔

成这样。(杨红樱，2011：42)

b. 一说这话，田中正就软下来，当场会给嫂嫂跪下，指天诅咒说要娶她，但日期总是一月推迟一月，甚至到后来就长日子不回来了。(贾平凹，1993：49)

例（12a～b）都是叙述文。例（12a），“虽然……但……”将第一句的两个分句联系起来，构成一个复句。第二个分句的后一部分“马小跳的心里还是有点难过”中的“还是”将该部分与语境联系起来，表示“难过”的情况仍然存在。接下来，“毕竟”表示所引导的句子是进一步澄清马小跳难过的原因的，所以起着与上文衔接的作用。“如果……也……”将假设的两种情况：不买高跟鞋、不穿高跟鞋，与下文假设的结果“不会摔成这样”连接。其中，两个“不是”将所在小句互相排列在一起，也是一种衔接。例（12b），首先，“一……就……”将两个分句连成一个承接复句。接着，“但”表示转折，“甚至”表示递进：田中正不仅推迟婚事，而且也不来看女方（嫂嫂）了。

有人说，汉语段落重意合，不重形合。这种说法与汉语的事实不符。我们看到，例（12）的两个段落，用了不少连接词，并不是靠“意合”就能取得段落的衔接和连贯。

除了连接词以外，标点符号也起着重要的衔接作用。逗号比分号联系紧密，而分号又比句号联系紧密。在上面例（12a）和例（12b）的汉语段落中，逗号用得较多，句号很少。例（12a）中间只用了一次句号，而例（12b）一次也没有用。这类一逗到底的“流水句”，并不是表示汉语没有逻辑性，只是在形式上不同于欧洲语言而已。我们再看印尼语使用连接词和标点的情况，如例（13）。

(13) a. Suatu hari，Ali pergi ke Khorasan untuk menemui orangtuanya. Setiba
一 天 阿里 去 到 呼罗珊 为一 见 父母 他 到达
di sana，saudagar Abu dan istrinya sangat gembira melihatnya kembali.
在那里 商人 阿布 和 妻子他 很 高兴 看到 他 回来
Kebetulan，Hasyim juga berada di sana. Ali menceritakan pengalamannya
恰好 哈希姆 也 在 在那里 阿里 讲述 经历 他
panjang lebar. Sementara Hasyim sangat malu dengan apa yang telah
长 宽 同时 哈希姆 很 羞愧 对 什么（连词）已经
diramalkannya tempo dulu. Dan tanpa permisi ditinggalkannya rumah
预言 他 时候 过去 并 没有 告辞 离开 他 家

saudagar Abu.（Muakhir & Firdaus，2009a：33）
商人 阿布
“一天，阿里去呼罗珊看望父母。他回家时，父母看他回来，非常高兴。恰好，那时哈希姆也在他们家。阿里详细地讲述了自己的经历。这时，哈希姆为自己过去的预言感到羞愧，便没有告辞就离开了。”

b. Juru masak memeras otak mencari jalan keluar. Ia mendapatkannya juga
厨师 挤压 脑子找 路 出 他找到 它也
akhirnya. Daging ular itu akan ia biarkan lumat di dalam sup. Maka,
最后 肉 蛇 那 将 他让 煮烂 在里 汤 然后
setelah daging ular itu lumat，ia pun menghidangkannya kepada
在后 肉 蛇 那 烂 他还 端上 它 向
Kaisar.（Muakhir & Firdaus，2009a：41）
皇帝
“厨师绞尽脑汁想办法，最后终于找到一个办法。他把蛇肉在汤里煮烂，等蛇肉煮烂后，就将肉汤给皇帝端上去。”

c. Ayah dan ibu sang Putri menyuruh Hasan tinggal bersama mereka. Hasan
父亲 和 母亲 公主 命令 哈桑 住 一起 他们 哈桑
senang sekali. Beberapa tahun kemudian，ia menikah dengan sang Putri.
高兴 非常 几个 年 以后 他结婚 与 公主
Dan ia tak pernah merasa sedih dan kesepian lagi.
和 他不 再 感到 伤心 和 孤独 再
（Muakhir & Firdaus 2009b：33）
“公主的父母命令哈桑跟他们一起住（在宫殿）。哈桑非常高兴。几年后，他与公主结了婚，所以他再也不感到伤心和孤独了。”

与汉语例（12）一样，例（13）三例印尼语段落也使用了连接词和标点符号。例（13a）各句衔接的连接词比较明显。例（13b）的连接词语不是很明显，第二句的 juga 是副词，这里表示“也”，就是“厨师想办法，（而且）也想到办法了”，将该句与上文“想办法”的意思联系起来。下一句通过指示代词 itu（那）回指上文提到的蛇肉，与上文衔接。接着一句的副词 maka（然后）引出下一句。setelah 连接前后两个小句，构成偏正复句。最后一小句里的 pun（还），表示“而且”的意思，就是厨师不仅做好汤，“而且”给皇帝端上去。例

(13c)，前两句没有用连接词语，通过 Hasan（哈桑）的回指衔接。第三句，kemudian（以后）在时间上将前后两句连成一体。最后一句开头用 dan（和、并且），使该句与前文的关系更为密切，可翻译成“所以”。

从标点符号看，印尼语使用句号较多，句子内部的小句之间常用连接词。而汉语使用逗号较多，小句之间的连接既通过连接词，也通过其他手段，如时态助词“了、着、过”和结构助词“的、地、得”等。

23.6 小结

语言都会通过各种手段将句子连接成语篇。不同语言会多用某些衔接手段，而少用或者不用另一些衔接手段。汉语使用指代较少，而使用重复较多。印尼语使用指代较多。两者都大量使用词义衔接。在连接词方面，两者表现非常类似。汉语和印尼语的语序都起着重要的衔接作用，但是由于印尼语词缀丰富，故语序相对更灵活，变式句的句首一般用来表示强调。汉语语序变化较少，除强调句和倒装句外，句首一般表示话题，句末表示评述。

第 24 章　汉语和印尼语的反身代词

反身代词常用来回指动作的发出者，也可用来表示强调。本章从句法特征、语义关系和语用功能三个方面对汉语和印尼语的反身代词进行对比，以期为语言教学和研究提供参考。

24.1　反身代词的句法特征

24.1.1　形式

汉语的反身代词是“自己”，还可以根据情况，在前边加人称代词，称为复合代词。所以汉语只有“自己”和“他自己”等 7 种反身代词形式，如例（1）所示。

（1）自己　　我们自己
　　我自己
　　你自己　　你们自己
　　他自己　　他们自己

印尼语的反身代词是 diri（自己），还可以根据先行词的人称变为 diri saya（我自己）等词语，如例（2）所示。

（2）diri（自己）　　diri kami（我们自己）
　　diri saya（我自己）
　　diri kau/Anda（你自己）　　diri kalian（你们自己）
　　dirinya［他/她/它（们）自己］　　diri mereka（他们自己）

印尼语表示强调的反身代词是 sendiri（自己），还可以放在人称代词的后边。如果是第三人称 dia（他/她/它/他们等），代词还可以用黏着形式-nya 附在 sendiri 后边。强调类反身代词如例（3）所示。

（3）sendiri（自己）
saya sendiri（我自己）
kau/Anda sendiri（你自己）
dia sendiri（他/她/它自己）
sendirinya（他/她/它自己）
kami sendiri（我们自己）
kalian sendiri（你们自己）
mereka sendiri（他们自己）

上面例（2）和例（3）两类形式相结合以后，印尼语反身代词形式可以多达6种，如例（4）所示。

（4）diri（自己）
sendiri（自己）
sendirinya（他/她/它自己）
dirinya [他/她/它（们）自己]
dia sendiri（他/她/它自己）
dirinya sendiri [他/她/它（们）自己]

24.1.2 句子成分

汉语反身代词“自己”等可作句子的宾语、定语、状语和主语，如例（5）。

（5）a. 他只关心自己。
b. 不要忘了自己的作业。
c. 鱼不会自己跳出鱼缸。
d. 自己安排学习时间。

例（5a），“自己”是动词“关心”的宾语。例（5b），“自己”是“作业”的定语。例（5c），“自己”是“跳出鱼缸”的状语。例（5d），“自己”是句子的主语。

笔者统计了14万个汉字的汉语语料中“自己”的使用情况，结果如表24－1所示。

表 24－1 汉语“自己”的使用情况

句子成分（例）/反身代词	主语（主句）	主语（宾语从句）	主语（定语从句）	兼语	动词宾语	介词宾语	状语	定语	合计
自己	12（8.6%）	25（17.9%）	35（25.0%）	3（2.1%）	15（10.7%）	14（10.0%）	1（0.7%）	35（25.0%）	140
我自己	3（27.3%）		2（18.2%）	2（18.2）	1（9.1%）	2（18.2%）		1（9.1%）	11
你自己	6（60%）	1（10.0%）	1（10.0%）		1（10.0%）			1（10.0%）	10
他/她自己	3（100%）								3
我们自己	1（100%）								1
合计	25	26	38	5	17	16	1	37	165

从表 24－1 可以看出，“自己”主要作从句的主语（占 42.9%），还可以作动词和介词的宾语（占 20.7%）等。用作定语（占 25%）时，该定语修饰的是动词或者介词的宾语。兼语也是动词的宾语。用作主句主语的只有 8.6%。可见，“自己”主要用于句内照应，回指同一句内的事物。有时作为句子的主语，回指上句提到的事物。“自己”的各种用例如例（6）。

（6）a. 主句主语

你不一定非得叫上她，自己来也行。（王朔，2004：3）

b. 宾语从句主语

我回到牌的屋里坐下傻笑着发愣，脑子短路忘了自己刚才盘算着要干什么。（王朔，2004：26）

c. 定语从句主语

高晋始终用眼睛盯着女招待，她退回自己待的位置高晋还一直盯着她。（王朔，2004：19）

d. 兼语

我猛地坐起，发现自己睡在地板上，室内空无一物，地面落着厚厚的灰尘，墙角挂着蜘蛛网。（王朔，2004：128）

e. 动词宾语

现在后方没人觉得自个欠别人，都觉得别人欠自己。（王朔，2004：181）

f. 介词宾语

你现在对自己很清醒，可是对我你还不清醒。（王朔，2004：63）

g. 状语

我的一个女朋友自己有套单元，我给你说说，你可以在她那儿住几天。（王朔，2004：65）

h. 定语

一看到这个包我就感到惶惑不安，就像笼罩在雾里，自己也看不清自己的面目了，自己也闹不清自己从前干过什么了。（王朔，2004：39）

例（6）是使用“自己”的例句。例（6a），“自己”作第二小句的主语，与第一小句形成对比。在调查的语料中，“自己”作主句的主语，往往是用来接续上句的，正如例（6a）所示。例（6b）、例（6c）和例（6d）中，“自己”虽然分别是宾语从句、定语从句或者兼语结构的主语，但是都出现在主句的动词之后。例（6e）和例（6f），“自己”分别是动词和介词的宾语。例（6g），“自己”可以是“女朋友”的同位语，也可看作句子的状语。例（6h），“自己的”作“面目”的定语，该例的其他三个“自己”，前两个作句子的主语，第三个作兼语。

笔者统计了2.4万多个单词的印尼语叙述文，各种反身代词的使用情况如表24－2所示。

表24－2　印尼语反身代词的使用情况

句子成分（例） 反身代词	主语（主句）	主语（宾语从句）	动词宾语	介词宾语	状语	定语	合计
diri			11（100%）				11
dirinya		6（54.5%）	5（45.5%）				11

（续上表）

句子成分（例） 反身代词	主语（主句）	主语（宾语从句）	动词宾语	介词宾语	状语	定语	合计
diri mereka				1（100%）			1
sendiri			1（11.1%）	1（11.1%）	1（11.1%）	6（66.7%）	9
sendirinya				1（100%）			1
dirinya sendiri				1（100%）			1
seorang diri					1（100%）		1
sendirian					2（100%）		2
合计		6	17	4	4	6	37

表24－2显示，光杆diri只能用作动词宾语，dirinya除了作动词宾语，也可以作宾语从句的主语，所有反身代词从来不充当主句的主语。语料中，diri后边所带的人称代词，多为-nya［他/她/它（们）］的例子，极少用其他代词。sendiri主要用作定语，有时也用作宾语和状语。另外，seorang diri（独自）和sendirian（独自）属于副词，只用作状语。各种用法如例（7）所示。

（7）a. diri为动词宾语

Dari kemarin Rara sudah menyiapkan diri untuk ikut.

从　昨天　拉拉已经　准备　　自己为　参加(比赛)

（Muakhir & Firdaus，2009b：5）

“从昨天起，拉拉就开始准备参加比赛了。”

b. dirinya为宾语从句主语

Ayu kemudian mendapatkan dirinya berada di kaki bukit.

阿宇后来　发现　　自己他到　在脚　山

（Muakhir & Firdaus，2009b：77）

“阿宇后来发现自己到了山脚下。”

c. dirinya为动词宾语

Setelah kejadian itu，dayang Sumbi sangat menyesali dirinya.

后　事情　那　宫女　苏米　很　怨恨　自己她

(SEAsite. com，2015)
“那次事情以后，苏米宫女非常后悔。”

d. diri mereka 为介词宾语
Timbul perasaan iri dalam diri mereka. (SEAsite. com，2015)
廷布尔感到 妒忌 在……里 自己 他们
“廷布尔感到他们（自己）心里在妒忌（他）。”

e. sendiri 为状语
Tetapi perahu yang akan mereka pakai adalah perahu buatan sendiri
但是 船 （连词）将 他们 用 是 船 制造 自己
dari tanah liat. (SEAsite. com，2015)
从 土 黏
“但是，他们要乘坐的船是他们自己用黏土做的。”

f. sendiri 为定语
Mereka pun menjadikannya sebagai anak sendiri.
他们 也 对待 他 以 孩子 自己
(Muakhir & Firdaus，2009a：32)
“他们像对自己的孩子一样对待他。”

g. sendirinya 为介词宾语
Pernyataan itu dengan sendirinya membuka rahasia dari isterinya.
表白 那 与 自己 打开 秘密 从 妻子他
(SEAsite. com，2015)
“他的自言自语暴露了他妻子的秘密。”

h. dirinya sendiri 为介词宾语
Tiba-tiba，ia merasa malu pada dirinya sendiri.
突然 他 感到 羞愧 对 他 自己
(Muakhir & Firdaus，2009b：49)
“突然，他感到很羞愧。”

例（7a），diri（自己）是动词 menyiapkan（准备）的宾语。例（7b），dirinya（他自己）是动词 mendapatkan（发现）的宾语，同时是 berada（到）的主语。例（7c），dirinya（她自己）是动词 menyesali（怨恨）的宾语。例（7d），diri mereka（他们自己）是介词 dalam（在……里）的宾语。例（7e），sendiri 是方式状语。例（7f），sendiri 是 anak（孩子）的定语。例（7g），sendirinya（他

自己）是介词 dengan（与）的宾语。例（7h），dirinya sendiri 是介词 pada（对）的宾语。

印尼语 diri 有时会与动词结合为短语，相当于英语的不及物动词，例（8）是 Sneddon（2010：212－213）所给的例子。

（8）melarikan diri
使跑　　自己　　“escape，逃跑”
mengundurkan diri
退出　　自己　　“resign，辞职”
mendarik diri
拉　　自己　　“withdraw，退出”
mencalonkan diri
推举　　自己　　“stand for office，竞选”
mengkhususkan diri
使专门化　　自己　　“specialize in，以……为专业”
menyerahkan diri
交出　　自己　　“surrender，投降”
（mem）bunuh diri
杀　　自己　　“commit suicide，自杀”

总之，汉语反身代词形式相对简单，印尼语反身代词则形式多样。从句子成分看，汉语“自己”大多作动词或者介词的宾语，或者作宾语从句甚至主句的主语。但是印尼语 diri 等反身代词则大多只能作宾语或者定语，未发现它们作主句主语的例子。

24.2　反身代词的语义关系

我们看反身代词和其他名词短语之间的照应关系。许余龙（2004：199）的统计表明，汉语大多数反身代词（60.6%）的先行词在同一个小句内，个别（17.7%）在同一句话的前一小句内，只有极少数反身代词（5.9%）在前一个句子。由此看来，汉语反身代词的主要作用是同句内的回指。下面是汉语的例子。

(9) a. “不干吗。”我保护着自己，“就问她个人问完就走”。(王朔，2004：99)

b. 老太太知道这帮年轻人在笑自己，直翻白眼，众人愈发地乐。(王朔，2004：186)

c. 你不一定非得叫上她，自己来也行。(王朔，2004：3)

d. 我撑住地铁车厢门，让李江云先进然后跟进，“怎么样？比较绅士吧？”“噢，自己说出来就不好了。”李江云笑，“效果差多了。”(王朔，2004：64)

例（9a），“自己”回指同一小句内前边的“我”。例（9b），“自己”回指同一小句内前边的“老太太”。例（9c），“自己”回指同一句话中，但在前边另一小句的“你”。例（9d），“自己”回指前一句话里的“我”。语料中未发现“自己”照应后项（即后指）的情况。“自己都不喜欢张三”之类的句子里，“自己”只能回指上文句子中的先行词。

印尼语反身代词同汉语一样，只有回指（anaphora），没有下指（cataphora）。Arka & Manning（1998）在讨论印尼语被动句的照应时曾涉及反身代词，如例（10）。

(10) a. Saya menyerahkan diri saya ke polisi.
我 交出 自己 我 向 警察
“我把自己交给警察。”(即：“我向警察投降。”)

b. Saya yang menyerahkan diri saya ke polisi.
我 （连词）交出 自己 我 向 警察
“是我向警察投降的。”

c. * Diri saya yang saya menyerahkan ke polisi.
自己我 （连词）我 交出 向 警察
“是我自己把我交给警察的。”(或：“我交给警察的是我自己。”)

d. * Diri saya menyerahkan saya ke polisi.
自己我 交出 自己向 警察
“我自己把我交给警察。”

e. Diamatinya dirinya di kaca dengan cermat. (Sneddon, 2010：264)
被审视 她 自己她 在 镜子 用 仔细
“她在镜子前仔细地审视着自己。”

例（10a），diri saya（我自己）回指主语 saya（我），句子合法。例（10b），diri saya（我自己）回指强调句的主语 saya（我），句子合法。Arka & Manning（1998）用管辖制约理论解释例（10c）和例（10d）的不合法，认为反身代词 diri saya 的先行词是 saya，但是 diri saya 在句首时无法被 saya 约束，所以句子不合法。Sneddon（2010：264）也认为，如果反身代词作被动句的主语，应该放在动词和附着的施事代词的后边。如在例（10e）中，受事宾语 dirinya（她自己）只能放在动词及其附着施事代词 nya 的后边。

从现有语料看，印尼语反身代词一般只回指同一个小句（clause）内的先行词。sendirinya 回指上一句内先行词只有一例，即例（11）。

（11）Pemuda itu sangat jengkelnya berkata：“dasar anak keturunan ikan!”
年轻人 那 非常 烦恼 说 天性 孩子 后代 鱼
Pernyataan itu dengan sendirinya membuka rahasia dari isterinya.
表白 那 与 自己 他 打开 秘密 从 妻子 他
“年轻人非常烦恼，说：‘天性难改，到底是鱼的后代呀！’他的自言自语暴露了他妻子的秘密。”

例（11），原文讲年轻人遇到一条大鱼，后来鱼变成美丽的姑娘，成为他的妻子，但是结婚的条件是他不能说出她的身世。可是后来结婚后，年轻人看到他们的孩子太能吃了，所以就叹息：“天性难改，到底是鱼的后代呀！”这一下就泄露了其妻子的秘密。句中介词 dengan（与）的宾语 sendirinya（他自己）回指上句的 pemuda itu（那个年轻人）。

总之，汉语和印尼语的反身代词都出现在先行词之后。汉语反身代词可以回指小句，甚至句子之外的成分，但印尼语反身代词一般仅仅回指同一小句的先行词。

24.3　反身代词的语用功能

世界上，超过半数语言的反身代词与强调代词同形（陆丙甫、金立鑫，2015：69），说明除句子之内或者句子之间的照应功能，反身代词也具有特殊的语用功能。下面讨论汉语和印尼语反身代词的强调功能和衔接功能。

24.3.1 强调功能

首先，汉语和印尼语的反身代词都可以强调“自己亲自”做某事，例如：

（12）a. 刘炎是自己飞到广州去的，……（王朔，2004：79）

b. 我过去跟你说过的那些话，我过去跟你说过不少话，你也对我说过不少话，就算你把自己说过的话都忘了，别人的话你也忘了？（王朔，2004：161）

例（12a），强调不是别人让刘炎去，而是她“自己”选择去。例（12b），强调“自己”说过的话跟“别人”说过的话不一样。

印尼语表示强调用反身代词 sendiri（亲自，自己），或者 diri 后加人称代词，如 dirinya（他自己）等。单独的 diri 只用于回指，不用来强调。

（13）a. Ibu sendiri yang memasak kue ini.（Sneddon，2010：156）

妈妈 自己 （连词） 烹饪 糕 这

“这黄金糕是妈妈自己做的。”

b. Dia sendiri datang/Dia datang sendiri.（Sneddon，2010：156）

他 亲自 来 他 来 亲自

“他亲自来了。”

c. Kami sendiri membangun rumah ini/Kami membangun rumah ini sendiri.

我们 自己 建造 房子 这 我们 建造 房子 这 自己

（Sneddon，2010：156）

“我们亲手盖起这座房子。”

d. Ayu kemudian mendapatkan dirinya berada di kaki bukit.

阿宇后来 发现 自己他到 在脚 山

（Muakhir & Firdaus，2009b：77）

“阿宇后来发现自己来到山脚下。”

另外，汉语和印尼语的反身代词都可以强调“独自一人，不靠外力”的意思。汉语例子如：

（14）a. 你放心住吧，一会儿我去找她，一切没问题，你会像仍住在自己家里那样感到舒适。（王朔，2004：68）

b. 让我自己来让我自己来，你慢点，你把这个都扯坏了，这儿还有个暗扣，这种机关就是专门设计用来防范你这种人的。（王朔，2004：104）

例（14a），强调不是他人的家，是“你”自己的家。例（14b），“我自己来”，强调不需要他人帮忙。

印尼语的口语中，sendiri 可以代替 sendirian（独自）和 seorang diri（独自），表示“独自一人、独立完成”的意思（Sneddon，2010：157）。

（15）a. Sayur-sayur ini dari kebun ibu sendiri.（Sneddon，2010：157）
菜 这 从 菜地 妈妈 自己
“这些菜是从妈妈自己的菜地里摘的。”

b. Budi harus membayar dari kantongnya sendiri.（Sneddon，2010：157）
布迪 必须 缴纳 从 口袋 他 自己
“布迪必须掏自己的腰包（缴费）。”

c. Ini rumahku sendiri.（Sneddon，2010：175）
这 房子我 自己
“这是我自己的房子。”

d. Kamu sendiri harus pergi/Kamu harus sendiri pergi.
你 自己 必须 去 你 必须 自己 去
（Sneddon，2010：175）
“你自己必须去。”

上面例（15）各句，如果没有 sendiri 也成立，sendiri 的作用就是强调“某人而非他人”的意思。例（15a），强调“妈妈自己的”菜地，不是他人的菜地。例（15b），强调“自己的”腰包，没有他人代替交钱。例（15c），强调是“我自己的”房子，不是借他人的，或者父母的。例（15d），强调“你自己”必须去，不要管别人去不去。

24.3.2　衔接功能

反身代词除了通过回指加强语篇的衔接（许余龙，2004：199）以外，其强调的作用实际也加强了语篇的衔接。反身代词的强调功能，就是根据语篇的需要突出某些信息，以加强语篇衔接，使交流更通畅。请看下面汉语的段落。

（16）a. “我送送你。”“不不，千万别送，我自己走挺好。”（王朔，2004：22）

b. “你不在这儿住吗?”我问李江云。“我自己有家。”李江云笑着看着我。“我又没干过什么亏心事，需要抛家别业地躲藏。”（王朔，2004：68）

c. 有一次我午睡起来发觉他不在，便自己下楼去饭店商店区逛，路过一个酒吧时看见他和一个男人坐在一起。（王朔，2004：97）

d. 有一天，我们已经不再邀请那个女同学参加我们的聚会，她自己突然来了，带着一个年轻人，就是那个你使我想起的年轻人。（王朔，2004：111）

例（16）各句都是通过“自己”，强调与上下文其他成分的对比，并通过这种对比，达到与上下文衔接的目的。例（16a），“我自己走”与上文“我送送你”对比。例（16b），“我自己有家”，与上文“在这儿住”对比。例（16c），“自己下楼”强调没有与上文的“他”一起行动；同时“自己”单独一人下楼，也与下文“他和一个男人坐在一起”形成对比。例（16d），先说“我们已经不再邀请那个女同学参加我们的聚会”，接着“她自己突然来了”造成对比，而且不是一个人来，还“带着一个年轻人”。

同样，印尼语反身代词在强调的同时，也起着语篇衔接的作用，如例（17）。

（17）a. Hampir Ayu menangkap tikus-tikus itu ketika tiba-tiba jam dinding di
快要 阿宇 抓住 老鼠 那 当 突然 钟 墙 在
ruang tamu berdentang. Teng! Ayu tersentak. Ia mendapatkan dirinya
厅 客 叮当响 当当 阿宇一惊 他发现 自己他
berada di tempat tidur. （Muakhir & Firdaus，2009b：77）
在 在床
“阿宇快要抓住老鼠的时候，突然客厅的挂钟响了起来。‘当当……’阿宇惊醒，发现自己躺在床上。”

b. Sedangkan si Kulomang sudah menyiapkan sepuluh teman-temannya.
当时 库罗芒 已经 准备 十个 朋友 他

Setiap ekor dari temannya ditempatkan mulai dari tanjung ke dua hingga
每一个　从　朋友他　安置　　开始从　树　　第二到
tanjung ke sebelas. Dia sendiri akan berada di tempat mulainya
树　　第十一　他　自己　将　在　　在地方　开始他
pertandingan. (SEAsite. com, 2015)
比赛
"库罗芒找了十个朋友，从第二棵树到第十一棵树（共九段），每棵树安排一个朋友跑一段。而他自己则站在起跑线上。"

例（17a），主人公在梦中要抓住老鼠了，可是突然被挂钟吵醒，感到很奇怪，"发现自己躺在床上"。反身代词 diri 加 nya（他）比单用 diri 的语气更强，凸显了刚才梦中抓老鼠，现在醒来却在床上的反差。对比加强了故事段落的衔接。例（17b），原文是田螺库罗芒要跟鹿赛跑，距离是从起点第一棵树到第十一棵树。他知道自己不行，所以请九个朋友帮他。他安排九个朋友从第二棵树开始跑，每个朋友跑一段。所以，"他自己"跑第一段，这与上文让其他朋友替他跑后九段的大部分距离形成对比。这种对比，又使这段故事更为连贯。

24.4　小结

通过考察汉语和印尼语反身代词的句法、语义和语用特征，发现汉语和印尼语的反身代词在句法、语义和语用上的一些共性和特性。汉语反身代词的形式相对简单，只有"自己"和"他自己"等7种。印尼语反身代词形式多样，共有6种。汉语"自己"大多作动词或者介词的宾语，或者作宾语从句甚至主句的主语。但是印尼语 diri 和 dirinya 则只能作动词宾语或者宾语从句的主语。sendiri 主要用作定语。从语义上看，汉语和印尼语的反身代词都出现在先行词之后。汉语反身代词可以回指小句，甚至句子之外的成分，但印尼语反身代词一般仅仅回指同一小句的先行词。在语用上，两者都可以表示强调，并通过强调达到语篇衔接的目的。但是汉语"自己"本身就可以表示强调，而印尼语 diri 只是照应，表示强调要加人称代词，或者用 sendiri 等形式。

第 25 章　语言对比与汉语教学

25.1　语言对比

25.1.1　对比研究对教学的意义

语言对比研究与语言教学密切相关。拉多曾指出，语言对比是“通过比较任何两种语言和文化，来发现和描写一种语言的使用者在学习另一种语言时会碰到的问题”（Lado，1957：vii；引自潘文国、谭慧敏，2006：23）。Ellis（1994：698）也认为，母语和外语的对比分析可以在一定程度上预测外语学习中可能出现的偏误。正如许余龙（1992：19）所说，“我们不能指望应用对比语言学能解决外语教学中的所有问题，同时也不能因为对比语言学解决不了某一个问题而全盘否认它对外语教学的指导意义，甚至全盘否认对比语言学的价值”。

在对印尼学生的汉语教学中，恰当地将汉语与印尼语进行对比，首先，可以使学生发现汉语和印尼语的共性，更好地利用正迁移。其次，可以使学生对汉语和印尼语的差异更加重视，从而自觉地加强有关方面的训练，减少负迁移。另外，汉印对比也可以减少学生对汉语的陌生感和恐惧感，增加学习兴趣。编写教材，也可以利用语言对比，揭示汉语与印尼语的异同，有针对性地设计课文、注解和练习，突出难点和重点。

25.1.2　汉语和印尼语的对应关系

Stockwell 等（1965；转引自 Ellis，1996：307）根据母语和目的语的对比，列出的目的语的难度，分 5 个等级，分别为分裂（split）、新增（new）、空缺（absent）、合并（coalesced）和对应（correspondence），并认为其中“分裂”最难，“对应”最容易。Stockwell 等（1965）的表格原来采用英语和西班牙语的资料。我们将内容更换为汉语和印尼语，并假设母语为印尼语，目的语为汉语，对应情况如下表所示，表中 X、Y 等表示语法形式。

语言对比和目的语难度表

语言难点	印尼语	汉语	印尼语和汉语例子
1. 分裂（split）	X	X，Y……	印尼语 mengambil buku（拿书）； 汉语“拿书”“把书拿”
2. 新增（new）	0	X	印尼语无时态语气助词； 汉语两个“了”
3. 空缺（absent）	X	0	印尼语动词有 di-被动形式； 汉语动词本身无被动形式
4. 合并（coalesced）	X，Y……	X	印尼语定语位置在中心语前后； 汉语定语几乎均在中心语前
5. 对应（correspondence）	X	X	汉语“是……的”强调句； 印尼语 yang 强调句

我们根据上表的假设，进一步分析汉语和印尼语语法的分裂、新增、空缺、合并、对应五种对应情况。

1. 分裂

分裂，指印尼语只有一种形式，而汉语有多种形式的情况。如，印尼语主谓句与汉语有两种句型相对应，如例（1）所示。

（1）a. Alim　mengambil bukumu.
　　　阿里木拿　　书　你
　　　“阿里木拿走了你的书。”
　　b. 阿里木拿走了你的书。
　　c. 阿里木把你的书拿走了。

印尼语例（1a）的动宾结构 mengambil bukumu（拿走了你的书）可以翻译成汉语例（1b），也可以翻译成汉语例（1c）。而汉语的两个句子的含义不同，例（1b）是一般的陈述句，可能强调“你的书”；例（1c）是“把”字句，则强调“拿走”。用哪种句型，取决于上下文。这对印尼学生来说，比较困难。

2. 新增

新增，指印尼语没有，但是汉语有的情况。典型的例子是汉语的“了”。什么时候用，什么时候不用，必须结合句法、语义和语用三个方面，才能讲得稍微清楚一些。

（2）a. Saya sudah membaca koran.
我 已经 看 报纸
我已经看了报纸。
b. 我已经看了报纸。
c. 我已经看了报纸了。

例（2a），印尼语只是陈述了过去发生的一件事，副词 sudah 表示“已经”完成。汉语例（2b）只用“了-1”，单纯表示过去发生的事情。而例（2c）加了“了-2”，不仅表示已经发生，而且还表示情况发生了变化。两个“了”的学习，对印尼学生也有一定难度。

3. 空缺

空缺，指印尼语有，汉语无的情况。如印尼语经常使用动词的 di-形式，将第二、三人称代词的施事移到主语和动词之间的位置，将受事移到句首，或留在句尾，如例（3）所示。

（3）a. Anak itu membaca buku komik.
孩子 那 读 书 漫画
“那个孩子读漫画书。”
b. Buku komik itu dibaca oleh anak itu.
书 漫画 那 被读 被 孩子 那
“那本漫画书被那个孩子读。”
c. 那本漫画书被那个孩子读。
d. 那本漫画书那个孩子读。

印尼语中及物动词分主动和被动两种形式，分别如例（3a）和例（3b）所示。例（3a）中，施事 anak itu（那个孩子）在句首，受事 buku komik（漫画书）在动词后。在例（3b）中，动词用 di-形式，受事 buku komik（漫画书）移到主语位置，施事 anak itu（那个孩子）移到句尾，并加介词 oleh（被）。汉语中是没有这种语序的，唯一接近的是“被”字句。但是 di-被动句和“被”字句两者在形式和语义上有很多不同的地方。

4. 合并

合并，指印尼语的多个形式，在汉语中对应一个形式的情况。如，印尼语的数词、量词和一些限定词作定语时，位于中心语前；其他词语作定语均在中心语后。在汉语中，几乎所有定语都在中心语前。对于印尼学生来说，汉语的定语应该比较容易掌握。

（4） a. dua orang guru itu
二 个 老师那
“那两个老师”
b. tiga ekor anjing tua dengan mata hitam yang sering menggonggong itu
三 只 狗 老 带着 眼睛黑 （连词）常 吠叫 那
“那三只经常汪汪叫的黑眼睛的老狗”

例（4a），印尼语的数词 dua（二）和量词 orang（个）均放在中心语 guru（老师）之前，与汉语一样，但是指示代词 itu（那）却在中心语之后。例（4b）里，数词 tiga（三）和量词 ekor（只）在中心语前，但是其他定语，包括形容词 tua（老）、介词短语 dengan mata hitam（有黑眼睛）、定语从句 yang sering menggonggong（常常吠叫）和指示代词 itu（那），都在中心语之后。所以，印尼学生学习汉语定语时，如能摆脱母语影响，应该比较顺利。

5. 对应

对应，指汉印之间形式和功能基本对应的结构。例如，汉语“是……的”强调句和印尼语 yang 强调句基本对应，汉语“有”存现句和印尼语 ada 存现句也基本对应。这些属于 Stockwell 等（1965）的第五种情况。但是，我们的观察与 Stockwell 等（1965）的观察并不一样，这些结构并没有方便印尼学生习得，反而给他们造成困难。语言之间完全对应的情况极少，所谓“基本对应”的结构在句法、语义和语用上还是会有差异。所以，我们对这些基本对应的结构，更应该警惕。

另外，将语言之间的异同概括为分裂、新增、空缺、合并和对应五种情况，只是一种简单的做法。语言之间的对应关系非常复杂，仅仅用“有”“无”等概括远远不够。即使是功能和形式都对应的结构，也会在句法、语义和语用方面有所不同。

下面，我们具体分析印尼学生习得“把”字句、“了”以及“是……的”强调句的偏误。“把”字句属于印尼语少、汉语多的分裂关系；“了”字句属于汉语有、印尼语无的新增关系；“是……的”强调句则属于与印尼语 yang 强调句在句法和意义上基本对应的关系。

25.2 印尼学生使用“把”字句的偏误分析

汉语“把”字句是一个非常特殊的句型，也是对外汉语教学中的一个难点。从句法结构上看，“把”为介词，其引导的介词短语出现在动词前。从语义特征看，“把”所引导的名词短语，主要是受事；而“把”前边的主语，一般是施事。从语用功能上看，“把”字句具有与其他语序不同的特殊功能，主要有信息功能、人际功能和语篇衔接功能。

25.2.1 “把”字句的句法、语义和语用特征

从句法上看，“把”为介词，其引导的介词短语出现在动词前，如“（他）把书拿来”等。

（5） a. 他把书拿来了。
b. ？把书他拿来了。
c. *他拿来了把书。
d. *他把书拿。
e. 他拿来了书。
f. 他把书放在桌子上。
g. ？他放在桌子上书。

例（5a），“把”连同其宾语“书”出现在动词前，动词后有补语“来了”，合法。例（5b），“把书”出现在主语“他”前，不太好。例（5c），“把书”出现在动词短语“拿来了”后边，不合法。例（5d），动词“拿”后没有补语，句子也不合法。例（5a）也有主谓宾形式，如例（5e）“他拿来了书”。但是，有

些句法特征，如宾语后边有补语时，必须使用“把”字句。金立鑫（1997）指出，补语越复杂，就越有可能用“把”字句。例（5f）“他把书放在桌子上”就比例（5g）“他放在桌子上书”好。

从语义上看，“把”引导的名词短语一般为受事，放在动词前。邵敬敏、赵春利（2005）认为，除了受事［如例（6a）］以外，“把”的宾语还可以是工具和材料等其他语义成分。

（6）a. 他把书拿来了。（受事）

b. 他把牙齿吃坏了。（工具）

c. 他把矿泉水都浇了花。（材料）

d. 他把墙壁涂满了颜料。（处所）

e. 他把我吵醒了。（直接影响对象）

f. 帮人抢老婆，结果把自己抢进了监狱。（间接影响对象）

例（6a）中，“把”的宾语“书”是受事。按照邵敬敏和赵春利（2005）的看法，例（6b）“把”的宾语“牙齿”是工具，例（6c）的“矿泉水”是材料，例（6d）的“墙壁”是处所，例（6e）的“我”是直接影响对象，例（6f）的“自己”是间接影响对象。

但是例（6b～f）各例，并不能否定“把”的宾语一般是受事。首先，正如崔希亮（1995）所说，“把”字句表示“把”的宾语“在某一行动的作用下所发生的变化或将要发生的变化”，而例（6）各例“把”的宾语都符合崔希亮的定义。其次，如果将受事的定义扩大一些，即受事指受到动词影响而发生变化的事物，那么就可以将例（6）各句“把”的宾语都看作受事，起码是“非典型受事”。

从语用上看，“把”字句具有与其他句型不同的语用功能，主要指信息功能和语篇衔接功能。“把”字句的信息功能，是一般将后面的宾语标记为有定（definite），就是说话者认为听话者已知的信息。语篇衔接功能，是指该句的语序具有承接上文、启发下文的功能。

“把”字句的宾语一般与语境和上文词语有一定关联（孙海霞，2006），如例（7）。

（7）a. 想到这里，鸿渐顿足大笑，把天空月亮当作张小姐，向她挥手作别。（孙海霞，2006）

b. 猎人捕到一只很小很小的鸟。小鸟突然说话了：“你捉我没有用！吃我吧，太小了！倒不如把我放了，我能帮你做国王呢！”（孙海霞，2006）

例（7a），“把”的宾语“天空”和“月亮”是语境中独一无二的事物。例（7b）里，选择“把我放了”，而不是“放了我”，一个原因是跟下文的“我能帮你做国王呢”相联系。

25.2.2 “把”字句的偏误分析

对外汉语教学中，“把”字句一般出现在大学一年级第二学期。这时，学生已经掌握了汉语的基本句法，学习过动词加“了”和趋向补语“过来”等结构。但是，由于印尼语没有类似结构，学生感觉“把”字句较难掌握，会造出一些错误或者不合适的句子（陈延河，2002：18）。下面，我们从句法、语义和语用三个方面将印尼学生使用“把”字句的偏误分为三类：语法错误、语义怪诞和语用欠妥。偏误例句引自陈延河（2002）、徐富平（2005）、杨寄洲（2007）的研究，以及笔者在印尼任教时所搜集的印尼大学中文系二年级学生的作文。

1. 句法错误

学生造出的错句，最多是错在句法上，主要是该用而没有用“把”字句，如例（8）。

（8） a. ＊他洗衣服干净了。（陈延河，2002：18）
b. ＊你不要扔我衣服在地上。（陈延河，2002：18）
c. ＊我吃饭的时候我放我的书包在我的身边儿。（徐富平，2005：33）
d. ＊有些朋友放她的东西在桌子上，她们先放她的包然后放外衣在上面。（徐富平，2005：33）
e. ＊什么地方都很美丽。路易丝拍照这里的景色很多很多。（笔者的学生）

例（8）各句的共同错误，是在动词后边出现了两个成分。所以，都可以用“把”字句修改。如例（8a）可以改为“他把衣服洗干净了”。例（8b）可以改为“你不要把我的衣服扔在地上”。例（8c）可以改为“……把书包放在身边”。例（8d）可以改为“有些朋友把她的东西放在桌子上……”。例（8e）可以改为“……把这里的景色拍成了很多照片”。

2. 语义怪诞

语义怪诞，指句子符合语法，但是“把”宾语的语义成分有误，或者句子成分之间的语义关系有误，如例（9）。

（9）a. ＊我常常把晚饭吃在饭店里。（杨寄洲，2007：273）

b. ＊走下山的路很长，他没有够时间下去，于是对卖礼品的人问：有没有近一点的路。她说：没有，如果你要快地到在停车场，只好把吉普车坐下去。（笔者的学生）

c. ＊他对服务员说："拿这间（件）衣服让我试穿一下儿。"服务员拿给他。这位服务员把手竖起拇指向他，表示称赞。（笔者的学生）

例（9a），单纯从句法结构看没有问题，但是"在饭店里"是动作发生的地点，不是动作的结果，所以该句从语义上看不合法，应该改为"我常常在饭店里吃晚饭"。例（9b），"吉普车"是"下去"动作的工具，不是动作的受事，所以不能成为"把"的宾语，应该改为"只好坐吉普车下去"。例（9c），"拇指"是"手"的一部分，貌似"把橘子剥了皮"。但是"把橘子剥了皮""把门安上锁子""把桌子去掉腿"都可以说，但是"把手竖起拇指"却不好。为什么？仔细想一下，"剥"的受事是"皮"，不是"橘子"；"安"的受事是"锁子"，不是"门"；"去掉"的受事是"腿"，不是"桌子"，所以都只有一个受事。而竖"拇指"的时候，同时也会把"手"竖起来，"拇指"和"手"都可以是动词"竖起"的受事，所以句子听着很奇怪。就好像"把嘴张开上唇""把腿抬起脚""把汽车扭转方向盘"，都是两个受事，不符合"把"字句的要求。

3. 语用欠妥

有些句子不好，不是因为句法错误或者语义怪诞，而是在特定的语境中不合适。这主要体现在误用和该用不用。下面例（10）是学生作文中误用"把"字句的例子。

（10）a. ＊林先生想快点逃走，但是那个"秤"先生把他的衣服揪了起来。这时，林先生觉对（得）跑不了了。一直追着林先生的人也到了林先生被挡住的地方。最后，林先生卖（买）了那件礼服，也给那位"秤"先生交款。回到家，林先生觉得非常累。跑了很久，还要把一件贵的礼服买下来。真是倒霉的日子呀！（笔者的学生）

b. ＊那位老板就介绍很多衬衫。小伙子看了又很感兴趣，想买一件衬衫。那位老板就让这小伙子试一下，看合适不合适。他就把这件衬衫试了。他一边试穿，老板一边一直说好。（笔者的学生）

例（10a），上文提到“林先生”，接着用“他的衣服”，所指是清楚的，可以当“把”的宾语。但是，“他的衣服”并没有在下文继续讨论，所以“把”字句在这里不合适，不如直接说“揪住他的衣服”。例（10a）的第二个“把”字句“还要把一件贵的礼服买下来”，其中的“礼服”虽然在上文提到过，但是“贵”却是新信息，另外下文也没有继续讨论“礼服”。故可改为“还买了一件贵的礼服”。例（10b），上文只泛指“一件衬衫”，是无指，即没有特定的所指，故下文用“把这件衬衫试了”显得太突然。可以改为“试了一件”。

（11）a. 我清楚看了那些字。（我把那些字看清楚了。/那些字我看清楚了。）（陈延河，2002：18）

b. 到了市场她看中国的东西很便宜。那时候她就随便花钱，花了很多。后来她刚在银行换的钱都花完了。（笔者的学生）

例（11a），“清楚看了”应为“清楚地看了”，与“看清楚了”语义上差别不大，但是在语用功能上很不相同。“清楚地看了”，没有强调“清楚”这一结果。如果改为“把”字句，将“看清楚了”放在句尾，就可以强调“清楚”这一结果。例（11b）的语法和语义没有问题，但是如果加上“把”字，改为“……把刚在银行换的钱都花完了”，将“刚在银行换的钱”明确标记为旧信息，就可以突出动词后的新信息“花完了”。

总之，对“把”字句使用偏误的分析要从句法结构、语义关系和语用功能三个方面进行。在句法上，介词“把”连同其宾语置于动词前，以避免动词后形成太多短语。在语义上，“把”的典型宾语是受事。在语用上，“把”字句用来承接上文，引出下文。印尼语中没有类似结构，所以学习汉语的印尼学生一般避免使用“把”字句，或者使用错误。

25.3 印尼学生使用“了”的偏误分析

一般认为，现代汉语的“了”表示两个助词，一个是附着在动词后的动态助词，一个是附着在句尾的语气助词。我们将前者称为“了-1”，将后者称为“了-2”。

25.3.1　两个“了”的句法、语义和语用特征

“了 -1”附着在动词之后，也可以简称为“词尾 - 了”。“了 -2”附着在整个动词短语后，可以称为“短语 - 了”（胡明亮，2015b）。下面是两者在句中的位置。

（12）a. 他买了两本书。
　　　b. 乔治从图书馆走了出来。
　　　c. 他买了两本书了。
　　　d. 他买了书了吗?

例（12a），“了 -1”用于动词“买”后，宾语“两本书”之前。例（12b），“了 -1”用于动词“走”和补语“出来”之间。例（12c），“了 -1”用在动词“买”后，“了 -2”用在整个短语“买了两本书”之后，在该句中正好也是句尾。例（12d），“了 -1”用在动词“买”之后，“了 -2”用于整个动词短语“买了书”之后，而句尾语气助词“吗”则用于“了 -2”之后。

因为两个“了”都是从动词“了（liǎo）”虚化而来，所以在语义上必然会有一定的相似性。“了 -1”附着在动词后，语义是该动词表示的行为或者过程完成了。“了 -2”附着在动词短语后，表示情况的改变，这就比较正确地概括了“了 -2”的语义。既然表示改变，其动词就不局限于可以完成的行为和过程，也可以是状态。请看例（13）。

（13）a. 他打算吃了饭就走。
　　　b. 他要打球了。
　　　c. 我不想当老师了。

例（13a），“了 -1”附着在动词“吃”后，表示“吃饭”这个行为的完成，但这个完成是在“走”之前，而不一定是比说话时间更早的时间。所以，“了 -1”的核心语义是“完成”，而不是“过去”。例（13b），“了 -2”附着在整个动词短语“要打球”之后，表示情况变化为“要打球”（可能刚才他没有想要打球）。所以，“了 -2”的核心语义是“变化”。这样就容易解释例（13c）“我不想当老师了”：“我”以前想当老师，可是现在不想当老师，情况由“想当老师”变为“不想当老师”。

“了-1”和“了-2”的使用，与语境密切相关。下面我们将通过更长的语篇来看这两个“了”的语用功能。首先，两个“了”都可以改变句子的信息分布。汉语句子通常将话题放在句子的前部，将评述放在句子的后部。评述往往是新信息，需要突出。但是，“了-1”的省略，可以突出“了-2”的信息，如例(14)(叶南，2006)。

(14) a. 史工程师正准备去上海时，儿子来（了）信了。
b. 已经闻到（了）大海的气息了。

例（14a）中，“来”后省去“了-1”，则可以突出“了-2”表示的结果，即“信”。同样，例（14b），省去“闻到”后的“了-1”，也突出了“了-2”表示的结果，即“大海的气息”。

两个“了”的省略，也可以加强语句之间的衔接。如，Chu & Chang (1987)注意到，一连串带“了-1”的谓语出现时，省略前边的“了”，只保留最后的一个“了”，可以加强语句的衔接，如例（15b）。

(15) a. 两国政党领导人交换了意见，交流了经验，加深了了解。
b. 两国政党领导人交换意见，交流经验，加深了了解。

比较例（15）两句，可以看出例（15a）各个评述都得到强调，但是节奏放慢，衔接也较松散。而例（15b）省略了前两个“了-1”，各部分的衔接更紧凑，节奏更快。

下面，我们用例（16）的句子，说明两个“了”的句法、语义和语用功能。该语段可以分为四个话题链，如例（17）所示。

(16) 有一次，陈二在外面赌博，输了不少钱，债主追上门来，陈大很生气，拿出家法将陈二狠狠打一顿。陈二怀恨在心，心想若哥哥死了，那就轮到自己当家做主，也不至于为一笔小小赌账挨打了。[燕垒生，2013 (8)]

(17) A. a. 有一次，陈二在外面赌博。
b. 输了不少钱。
B. 债主追上门来。
C. a. 陈大很生气。

b. 拿出家法
c. 将陈二狠狠打了一顿。
D. a. 陈二怀恨在心。
b. (a) 心想若哥哥死了。
(b) 那就轮到自己当家做主。
(c) 也不至于为一笔小小赌账挨打了。

话题链例（17A）以“陈二”为话题，用两个小句说明“陈二”的两件事，“赌博”和“输了不少钱”，其中第二个小句“输了不少钱”用了“了-1”，表示一个话题链的结束。话题链例（17B）的话题是“债主”，只有一个小句，与下个话题链例（17C）联系紧密，因此没有用“了-1”或者“了-2”。话题链例（17C）以“陈大”为话题，用三个小句说明“陈大”的三件事，“很生气”“拿出家法”和“将陈二狠狠打了一顿”。只在最后一个小句“将陈二狠狠打了一顿”用“了-1”，表示焦点，也表示话题链例（17C）的结束。话题链例（17D）以“陈二”为话题，用两部分例（17Da）和例（17Db）说明该话题。其中例（17Db）本身又由三个小句构成，是“心想”的内容。“若哥哥死了”用“了-1”，表示假设的情况，即“死”这个行为的完成。“那就轮到自己当家做主”不用任何“了”，是为了与下面“也不至于……”一句紧密相连。而最后一个小句“也不至于为一笔小小赌账挨打了”用了“了-2”，表示假设的变化，同时也表示话题链例（17Db）、话题链例（17D），以及整个语段例（16）的结束。

25.3.2 印尼学生使用“了”的偏误分析

印尼学生使用“了”的偏误，大致分为句法、语义和语用三大类。其中句法方面的偏误很少，如例（18）。例句均引自笔者在印尼任教期间搜集的印尼大学中文系二年级学生的作文。

（18）最后我决定买了一个黑色的手机，质量好，又打折，价格大概是230万。

例（18），“决定买了”不对，去掉“了”就行了。改为“最后我决定买一个黑色的手机”。

语义方面的偏误较多。这类偏误如果仅从句法上看，都不算偏误，可是从语义上看，就不能接受，如例（19）。

（19）a. *我最大的爱好是书法。我觉得练书法太有意思了。每星期下午，我参加了书法课。

b. *上个月，我妈妈去批发市场买衣服，她穿了一两次就不能穿，因为衣服都收缩了。

c. *我认为看书不仅可以丰富我们的课余生活，还可以增长我们的知识，开阔了我们的视野，使我们懂得了更多的道理。

d. *在书店我看到一本好书《聪明的梅花鹿》。我就拉着妈妈让她给我买，但是妈妈不愿意买。我一见这招不灵，就使出了我的绝招，我装出一副可怜相，妈妈终于给我买一本，然后指着我的鼻子说："你这小鬼，你像那梅花鹿一样了，你用这样的绝招来叫我买。"

例（19a），第一个"了"正确。后边"每星期下午"表示经常的行为，而"参加了"表示完成，两者的语义互相矛盾，所以句子不合法。例（19b），"就不能穿"表示持续的状态，而该语境是开始能穿，经过"穿了一两次"就不能穿了。从能穿到不能穿，是一种变化，应该用"了-2"，把该句改为"穿了一两次就不能穿了"。例（19c），前边是"可以"，是一种状态，没有变化，所以后边的动词"开阔"和"懂得"的后边都不应该加"了"。例（19d），"给我买一本"应该加"了-1"，改为"给我买了一本"。

语用方面的偏误是从语用的角度考虑判定的偏误。下面例（20）中的单个小句，从句法和语义上都是可以接受的，但是在复句和句群等上下文里，"了"的使用就可以看作偏误。

（20）a. 各种各样的书我都看，比如历史、自专［传］、漫画、小说、星座预言等书籍。看书让我学到了不少东西，获得很多知识。

b. 一次比一次的练习越来越重，他觉得练习打篮球越来越吃力了，受不了了。而且他是个吸烟者，从高中就吸烟了，所以现在运动呼吸能力差多了，而他也是个三十岁的人了，没有十多岁以前的力气了。后来他决定停止练习打篮球了。

例（20a），兼语句"看书让我……"后边的动词短语"学到了……"和

“获得……”本身单独用都不算错。但是放在一起，一个有“了”，一个没有，就影响了语篇衔接。如果为了加强衔接而省略，也应该省略前边“学到”的“了”，保留后边“获得”的“了”。例（20b）的每句话的“了”都没有句法和语义的错误。可是在同一段话里，用了七个助词“了”，那么段落就显得支离破碎、结结巴巴，读起来很困难。

25.4 印尼学生使用“是……的”强调句的偏误分析

汉语和印尼语的口语都可以通过重音和停顿表示强调。书面语很难表示重音，所以需要更多词汇和句法手段。汉语表示强调的句式有：“是……的”“……的是……”“连……也……”等。印尼语表示强调的句式有：...yang...，其中 yang 前的部分得到强调，还可以使用-lah 助词、副词 memang（的确）等、强调连词 bahkan（甚至）等，以及倒装句等句式。下面主要讨论汉语“是……的”强调句的习得。

“是……的”句方面的偏误，主要是句法和语用方面的。例句均引自笔者在印尼任教期间搜集的印尼大学中文系二年级学生的作文。

（21）a. 另一个爱好是看电影，我最喜欢看的电影是《新白娘子传奇》。我觉得那是最浪漫的电影。虽然有很多浪漫的电影，但最吸引到我是《新白娘子传奇》。

b. 我另一大爱好是看电影，又（尤）其是美国电影，我房间里有很多美国电影光盘。我觉得看电影不都是好，要靠自己选好的电影，不只是随便看，一定要看很有意思的。

c. 我喜欢听音乐，因为我觉得音乐是最好的陪伴。每晚睡前，我都听音乐睡着的，让我觉得很容易睡着，心理（里）很轻松，很不容易生气，有什么不好的事，只要听音乐，都能放松一下儿。

例（21a），“最吸引到我”后边需要加“的”，改为“最吸引我的是《新白娘子传奇》”。例（21b），“不都是好”的形容词“好”后可以加“的”，改为“不都是好的”；或者去掉“好”前的“是”，改为“不都好”。“不都是好”不行。例（21c），“我都听音乐睡着的”中的“是……的”结构不完整，应该在

"都"后加"是"，改为"我都是听音乐睡着的"。

语用方面的偏误主要是过多使用"是"和"的"，如例（22）。

（22）a. 我最大的爱好是跳舞。对我来说，跳舞是很有意思。
b. 专卖店大部分是讲信誉，从来没有弄虚作假，欺骗顾客。
c. 我从小都喜欢打羽毛球。我想打羽毛球是好办法，如果我有心事的时候，可以跟朋友一起打羽毛球。有时候会打到一个小时。打的（得）很开心、很愉快。这个运动可以帮助我锻炼身体，也可以帮我方（放）下压力。不过有些人会说，我打的（得）羽毛球不多的，打的很好。其实打羽毛球，我一个人学的。没有人来教我的，不过我有一点儿不懂打羽毛球的规则。不过现在打羽毛球我最拿手的。哈哈！我直（真）是开玩笑的，不要当真的。我还需要学怎样打好羽毛球的，不能顺（随）便来的。如果有朋友愿因（意）教我，那不用客气的，我当然会跟朋友学的。

例（22a），"跳舞是很有意思"单独说符合语法，但是在所处的语境中就有点莫名其妙了。"跳舞是很有意思"有些过分强调"很有意思"。如果上下文允许，比如有人说跳舞有意思，但你想先承认跳舞有意思，然后指出跳舞的弊端的时候，就可以说"跳舞是很有意思，但是很费时间"。例（22b），"专卖店大部分是讲信誉"也可以单说，但是在语境中也有点过分强调"讲信誉"。例（22c），"的"用得太多，跟滥用"了"一样，给人一种支离破碎的感觉。

25.5 小结

语言对比，要从句法、语义和语用三个方面进行。语言之间的对应关系非常复杂，Stockwell 等（1965）的五种对应关系只是大概的分类。语言实际要比五种关系复杂得多。汉语有、印尼语没有的"把"字句和"了"会给学生造成困难。即使是对应的"是……的"句与 yang 强调句，也存在着很多差异。需要教师在教学过程中细致分析，帮助学生把握"是……的"句的主要句法、语义和语用规则。这种综合分析的方法，不仅可以用于汉语和印尼语的对比，也可以用来分析语言习得偏误，以便更清楚地发现偏误的原因，帮助教师和学生进行语言教授和学习，提高教学和学习效率。

第 26 章　结语

本书主要从句法结构、语义关系和语用功能三个方面，对比汉语和印尼语的语法。讨论了一些具体的语法现象，探讨了汉语和印尼语的一些异同。

26.1　汉语、印尼语的主要异同

汉语和印尼语的词形变化都很少。两者的名词没有性、数、格等形态变化，动词没有时态的变化。但相比而言，汉语更接近孤立语，句法结构和语义关系主要靠虚词和语序表示。印尼语的动词仍然有表示主动的 men-和表示被动的 di-的前缀，可以算作句法黏着成分。可以说，印尼语基本属于黏着语言，同时有很多孤立语的特征，依靠虚词和语序表示句法结构和语义关系。

从语序看，汉语和印尼语都属于 SVO 型语言，但是在细节方面有差异。如果仅仅停留在“两者都属于 SVO 型语言”认识，那么对于了解两者的特点远远不够，对于教学和翻译更不够。对比的目的，就是找出这些具体的细节。从词的形态来看，汉语几乎没有形态变化，所以语序相对固定。印尼语则有 men-、di-、ke-、pe-、-nya 等大量词缀表示不同词类，所以其语序较为多变。

从语义关系看，汉语和印尼语的语序都受一些语义的限制。符合句法的，不一定符合语义条件。如汉语“猫被抓住尾巴”和相应的印尼语 kucing ditangkap ekornya 都可以接受，但是“猫被抓住牛角”和相应的印尼语 kucing ditangkap tanduknya 就不行。又如，汉语状语的顺序倾向于时间—处所—方式，时间离动词中心语最远。印尼语时间状语也在离动词最远的位置，但处所和方式的相对位置还不太清楚，需要继续研究。两者的最大不同，就是汉语的施事总是在动词之前，而印尼语施事在被动句中可以在动词之后。

从语用功能看，同样的语用规律，在不同语言中有不同的表现。汉语和印尼语的句子一般都体现了旧信息在前、新信息在后的规律。但是该规律的应用会有差异。汉语的“是……的”句也会用“是我找到狗的”将评述的主要部分即焦点“我”放在句子前边，改变了汉语中更为普遍的话题—评述的语序。同样，印尼语的常式句也遵循话题—评述的语序，但是其他句式，如状语和谓语前置的句子、yang 强调句、疑问词前置的问句，则体现评述在前、话题在后的情况。可见，汉语和印尼语都会根据语境，采用话题—评述，或者评述—话题的不同语序。

26.2 综合对比的方法

对比的基础就是不同语言在形式和功能上的相似性。例如，汉语用“是……的”结构表示强调，印尼语用 yang 结构表示强调，功能相似。在结构上，两者都涉及焦点标记和有关成分的语序。又如，汉语“被”字句和印尼语 di－被动句都将受事移到句首，同时将施事后移，降低其凸显度。

语言对比要从句法、语义和语用三个方面进行。汉语和印尼语的语序都受语法规则的制约。两者的语序也都受句子成分之间的语义关系的制约。语序的变化也与句子所在的语境有关。就是说，句子的语序，同时受到三方面规则的约束。句法规则决定一个句子是否成立，语义关系决定一个句子是否符合该语言的表达习惯，而语用规则决定一个句子是否符合所在的语境（上下文）。只有从上述三个方面，才可以更全面地解释句子语序的合理性。

本书比较重视不同句子结构的语用功能，利用实际语料对比汉语和印尼语句子结构在语篇中的使用情况，试图为句子的变化找到语用方面的理据。只有在语境中研究句子的语法，才能更好地理解“强调”和“话题”的意义，才能更好地理解句子语法结构的语篇衔接作用。

26.3 微观和宏观

本书对比汉语和印尼语的语法，从具体的语言现象出发，在微观对比的基础上，寻找两者的共性和特性。我们发现，一些宏观的说法显得空洞，缺乏微观论据的支持。例如，汉语是“人治”的语言，是“意合”的语言等。所谓法治，指硬性的，特别是涉及句法的一些规则；所谓人治，是指说话人根据语境对语言作出的调整。如果这样定义的话，那么，世界上的语言都是“法治”的，也都是“人治”的。没有什么纯粹“人治”的语言。就拿汉语和印尼语来说，两者都有“法治”，遵守一些硬性的句法规则。两者也都有“人治”，说话人在一定范围内可以对语言的语序作出调整，以适应语境的需要。

另外，汉语和印尼语都有“形合”和“意合”的成分。说汉语是“意合”的语言，英语等西方语言是“形合”的语言，是不了解语言的真相。通过对比汉语和印尼语的语法，我们也看到，这两种语言都有“形合”的成分，比如句子的语序都受一些句法规则的限制。同时，两者都有“意合”的成分，如果句子的语序违反了语义的限制，句子也不合法。所以，在 2015 年第 13 届国际汉语教学学术研讨会上，针对有学者“汉语是意合的语言，英语是形合的语言”的说法，邓守信教授当场反驳说，世界上没有所谓“意合”的语言。

一切宏观的对比，要建立在具体的、微观的对比之上。有人得出汉语是“人治”的语言，是“意合”的语言，大概是因为只看到某些个别现象，或者凭借大致的印象，就得出了上述结论。本书对汉语和印尼语的语法对比研究，说明所谓“人治”和“意合”等说法以偏概全，没有建立在具体的微观的对比之上。

26.4　其他问题

还有很多方面，本书未涉及。如，汉语和印尼语都有补语，都有否定形式，都使用“但是”、“也”、pula（也）等连词和副词实现跨句衔接，限于篇幅和资料，本书没有讨论。由于本书主要讨论书面语的语序，对口语未多考虑，故未涉及语气助词。汉语口语句尾有语气助词“啊、呀、吧、嘛、呢”等，表示一些微妙的语义（屈承熹，2011；胡明亮，2015a），在汉语教学中也是重点和难点。印尼语口语的句尾也会用 deh、dong、sih 和 toh 等表示不同语气。两者的语气助词有何异同，学习过程中的偏误如何，也需要深入探讨。

又如，附着代词-nya 是印尼语的特色，有时其作用不仅仅是指代“他/她/它/他们”等，还可以表示“这个、那个”等意思，在一定程度上起着英语定冠词的作用；还可以将动词或形容词名物化，如 ditutupnya berberapa jalan（几条道路的关闭）；还可以附着在名词、形容词和介词等词根后边构成副词，如 biasanya（通常）、sebelumnya（此前）等。-nya 的语义和语用功能很值得进一步探讨。

汉语、印尼语语法的对比是一个非常广阔的研究领域，未研究的问题还很多，需要学界不断探讨，以期为语言教学和研究提供重要的参考。本书只是汉语、印尼语语法对比的一个尝试，还不够全面和深入，姑且算作抛砖引玉，以期能引起学界的重视。如果本书能推动学界对汉语和印尼语语法对比的研究，就算达到本书的编写目的了。

参考文献

［1］常敬宇．语用对句法句式的制约［J］．语文研究，2000（1）：38－43.

［2］陈光．汉语结果补语在印尼语中的表述形式及其对印尼学生习得的影响［D］．广州：暨南大学，2007.

［3］陈延河．印尼语、汉语语序对比及印尼学生汉语学习中常见语序偏误分析［J］．暨南大学华文学院学报（华文教学与研究），2002（1）：9－18.

［4］陈玉兰．汉语、印尼语动词重叠对比研究［D］．上海：上海师范大学，2007.

［5］崔希亮．“把”字句的若干句法语义问题［J］．世界汉语教学，1995（3）：14－21.

［6］黛安娜．汉语与印尼语定中短语的比较研究［D］．石家庄：河北师范大学，2007.

［7］戴丽芳．印尼留学生复合趋向补语偏误分析［J］．福建论坛（人文社会科学版），2011（专刊）：245－246.

［8］邓建萍．汉语易序现象的语用分析［J］．西华师范大学学报（哲学社会科学版），2007（2）：39－42.

［9］范继淹．论介词短语“在＋处所”［J］．语言研究，1982（1）：71－86.

［10］范晓．关于汉语的语序问题（一）［J］．汉语学习，2001（5）：1－12.

［11］高华年．印度尼西亚语的句子结构［J］．中山大学学报，1961（4）：53－77.

［12］高增霞．现代汉语肯否连动句式考察［J］．汉语学习，1998（2）：134－137.

［13］郭婷婷．现代汉语疑问句的信息结构与功能类型［D］．武汉：武汉大学，2005.

［14］顾作峰．美德故事［M］．哈尔滨：哈尔滨出版社，2009.

［15］胡明亮．“是……的”结构的形式、语义和语用［A］//胡明亮．语言思索集．太原：山西人民出版社，2002：65－75.

[16] 胡明亮．语篇衔接与翻译［M］．成都：巴蜀书社，2007.

[17] 胡明亮．现代汉语五个语气词的语义语用分析［J］．安庆师范学院学报，2015（2）84－87.

[18] 胡明亮．两个“了”的句法、语义和语用分析［J］．语文学刊，2015b（6）：1－3.

[19] 胡明亮，郑继娥．汉英语序对比研究［M］．北京：中国社会科学出版社，2014.

[20] 黄伯荣，廖序东．现代汉语（下）［M］．北京：高等教育出版社，2002.

[21] 贾平凹．浮躁［M］．北京：作家出版社，1993.

[22] 贾秀英．汉法语言句法结构对比研究［M］．北京：科学出版社，2012.

[23] 姜冬梅．汉语印尼语语序中的顺序象似性和接近象似性对比［J］．云南师范大学学报，2012（1）：76－79.

[24] 金立鑫．“把”字句的句法、语义、语用特征［J］．中国语文，1997（6）：415－523.

[25] 黎东良．最新德语汉语对比语法［M］．天津：天津大学出版社，2007.

[26] 李春风．类型学视角下的印尼语差比句［J］．黔东南民族师范高等专科学校学报，2016（1）：43－47.

[27] 梁立基．新印度尼西亚语－汉语词典［Z］．北京：商务印书馆，1989.

[28] 林优娜．印尼语和汉语定语的结构类型及其特征［D］．北京：北京语言大学，2008.

[29] 刘金凤．印尼学生汉语语篇连接词语偏误研究［J］．长春理工大学学报，2012（1）：150－151.

[30] 刘美丽．汉语“比”字句与印尼语“lebih... dari（pada）”结构对比研究［D］．南宁：广西民族大学，2011.

[31] 刘月华，潘文娱，顾锋．实用现代汉语语法［M］．北京：商务印书馆，2001.

[32] 陆丙甫．核心推导语法［M］．上海：上海教育出版社，1993.

[33] 陆丙甫，金立鑫．语言类型学教程［M］．北京：北京大学出版

社，2015.

［34］吕叔湘. 中国文法要略［M］. 北京：商务印书馆，1942/2015.

［35］吕叔湘. 现代汉语八百词［M］. 北京：商务印书馆，1996.

［36］毛薇. 英汉多项前置修饰语次序的认知功能分析［J］. 解放军外国语学院学报，2004（3）：7－12.

［37］蒙斯牧. 印尼语和侗泰语的关系词［J］. 民族语文，1990（6）：56－60.

［38］纳爱仁. 汉语和印尼语被动句对比分析［D］. 福州：福建师范大学，2015.

［39］潘文国. 汉英语言对比概论［M］. 北京：商务印书馆，2010.

［40］潘文国，谭慧敏. 对比语言学——历史与哲学思考［M］. 上海：上海教育出版社，2006.

［41］彭志平，赵冬梅. 汉语阅读教程［M］. 北京：北京语言大学出版社，2005.

［42］齐沪扬. “N＋在＋处所＋V”句式语义特征分析［J］. 语文学习，1994（6）：21－28.

［43］屈承熹. 语言学论集：理论、应用及汉语法［M］. 台北：文鹤出版有限公司，1983.

［44］屈承熹. 话题的表达形式和语用关系［A］//徐烈炯，刘丹青. 话题和焦点新论［M］. 上海：上海教育出版社，2003.

［45］屈承熹. 汉语篇章结构［A］//姜望琪. 语篇语言学研究［M］. 北京：北京大学出版社，2011.

［46］邵敬敏. 现代汉语疑问句研究［M］. 上海：华东师范大学出版社，1996.

［47］邵敬敏，赵春利. “致使把字句”和“省隐被字句”及其语用解释［J］. 汉语学习，2005（4）：11－18.

［48］沈家煊. “在”字句和“给”字句［J］. 中国语文，1999（2）：94－102.

［49］孙爱玲. 汉语、印尼语限定性与描写性状语对比研究［D］. 广州：暨南大学，2011.

［50］孙海霞. “把”字句在篇章中的使用情况考察［J］. 绍兴文理学院学报，2006（3）：74－78.

［51］唐慧. 汉语印尼语被动句的比较与翻译［J］. 暨南大学华文学院学报（华文教学与研究），2009（4）：80－87.

［52］王朔，沈旭佳．浮出海面［J］．当代，1985（6）：139－174．

［53］王朔．玩的就是心跳［M］．昆明：云南人民出版社，2004．

［54］温端政．汉语语汇学教程［M］．北京：商务印书馆，2006．

［55］温燕强．汉语与印尼语介词“给”的差异分析及印尼学生习得汉语介词“给”的偏误研究［D］．长沙：湖南师范大学，2011．

［56］吴早生．现代汉语疑问句的语义与逻辑分析［J］．河西学院学报，2008（4）：67－70，111．

［57］伍秀玉．汉印表时间常用词语的语义和语用之比较分析［D］．福州：福建师范大学，2013．

［58］肖祥忠．汉语印尼语形容词句法功能及重叠形式比较［J］．暨南大学华文学院学报（华文教学与研究），2007（3）：71－78．

［59］徐富平．汉印状语表述差异及对汉语习得的影响［D］．广州：暨南大学，2005．

［60］徐富平．汉语多项状语与印尼语相关表述的比较［J］．暨南学报，2008（5）：123－127，157．

［61］徐富平，黄兆龙．汉语印尼语复杂定语的对比分析［J］．暨南大学华文学院学报（华文教学与研究），2004（3）：72－79．

［62］徐富平，黄兆龙．汉语递加式多项定语与印尼语相关表述的比较［J］．暨南大学华文学院学报（华文教学与研究），2007（4）：68－73．

［63］徐杰．普遍语法原则与汉语语法现象［M］．北京：北京大学出版社，2001．

［64］徐烈炯，刘丹青．话题与焦点新论［M］．上海：上海教育出版社，2003．

［65］许冬林．不如跳舞［OL］．（2008－12－29）．许冬林的博客．http：//blog. sina. com. cn/s/blog－4a95d5600100buyg. html．

［66］许余龙．对比语言学概论［M］．上海：上海教育出版社，1992．

［67］许余龙．篇章回指的功能语用探索—— 一项基于汉语民间故事和报刊语料的研究［M］．上海：上海外语教育出版社，2004．

［68］颜天惠，宗世海．汉语、印尼语构词词缀差异分析［J］．暨南大学华文学院学报（华文教学与研究），2003（3）：61－71．

［69］杨红樱．非常妈妈［M］．杭州：浙江少年儿童出版社，2011．

［70］杨寄洲．《汉语教程（修订本）》教师用书：第1、2册［M］．北京：

北京语言大学出版社，2007.

[71] 杨萍萍. 汉语和印尼语因果复句比较及偏误分析 [D]. 福州：福建师范大学，2013.

[72] 叶蜚声，徐通锵. 语言学纲要 [M]. 北京：北京大学出版社，1997.

[73] 叶南. “了”在单句、复句和语段中的时体意义及其分布 [J]. 西南民族大学学报，2006 (7).

[74] 叶舒雅. 汉语介词短语“在 + 处所”与印尼语相关表述的比较研究 [D]. 杭州：浙江师范大学，2011.

[75] 尹洪波. 现代汉语疑问句焦点研究 [J]. 江汉大学学报（人文科学版），2008 (1)：92 - 96.

[76] 张健. 英、汉语存现句的句法象似性探讨 [J]. 四川外语学院学报，2002 (2)：129 - 131，146.

[77] 张金桥，熊玉珍，彭志锋，等. 印尼语主动句、被动句的命题表征项目顺序特点 [J]. 心理与行为研究，2006 (4)：28 - 33.

[78] 张麟声. 汉日对比研究与日语教学 [M]. 北京：北京大学出版社，1993.

[79] 张美. 印度尼西亚学生习得汉语带关联词语的句子偏误分析 [D]. 长沙：湖南师范大学，2011.

[80] 张清华. 人民日报“有”字句研究 [J]. 现代语文，2006 (11)：78 - 79.

[81] 张琼郁. 现代印尼语语法 [M]. 北京：外语教学与研究出版社，1993.

[82] 张先亮，郑娟曼. 试论篇章对“有”字句主宾语的制约 [J]. 华东师范大学学报（哲学社会科学版），2005 (7)：61 - 67.

[83] 张豫峰，范晓. “有”字句的后续成分 [J]. 语言教学与研究，1996 (4)：22 - 36.

[84] 赵士钰. 汉语西班牙语双语比较 [M]. 北京：外语教学与研究出版社，1999.

[85] 甄芙菁. 汉语印尼语复谓结构比较研究 [D]. 石家庄：河北师范大学，2008.

[86] 周士宏. 从信息结构角度看汉语口语中的“主谓倒装句” [J]. 汉语学习，2010 (3)：28 - 36.

[87] 朱刚琴. 印尼语被动语态常见错误分析 [J]. 科技信息（学术研究），2007（35）：127－128.

[88] 朱刚琴. 基础印度尼西亚语：1 [M]. 广州：广东世界图书出版有限公司，2008.

[89] 朱刚琴，杨安华. 基础印度尼西亚语：2 [M]. 广州：广东世界图书出版有限公司，2008.

[90] ARKA, I WAYAN, CHRISTOPHER D. MANNING. Voice and grammatical relations in Indonesian: A new perspective [A] //Mirriam Butt, Tracy Holloway King, Proceedings of the LFG98 Conference. The University of Queensland, Brisbane. CSLI Publications, 1998.

[91] BROWN, GILLIAN, GEORGE YULE. Discourse Analysis [M]. Cambridge: Cambridge University Press, 1985.

[92] CHAER, ABDUL. Sintaksis Bahasa Indonesia [M]. Jakarta: Rineka Cipta, 2009.

[93] CHAO, YUEN REN（赵元任）. A Grammar of Spoken Chinese [M]. Berkeley, California: University of California Press, 1968.

[94] . Chaos@work. My Stupid Boss－－Favorite Stories [M]. Yogyakarta: Gradien Mediatama, 2012.

[95] CHU, CHAUNCEY C.（屈承熹），VINCENT CHANG（张武昌）. The discourse function of the verbal suffix －le in Mandarin [J]. Journal of Chinese Linguistics, 1987 (2): 309－327.

[96] COLE, PETER, GABRIELLA HERMON. Subject and Non－subject relativization in Indonesian [J]. Journal of Southeastern Asian Linguistics, 2005 (14): 59－88.

[97] CROFT, WILLIAM. Typology and Universals [M]. Beijing: Foreign Language Teaching and Research Press, 2000.

[98] ELLIS, ROD. The Study of Second Language Acquisition [M]. Oxford: Oxford University Press, 1994.

[99] GREENBERG, J. H. Some Universals of Grammar with Particular Reference to the Order of Meaningful Elements [A] //J. H. Greenberg. Universals of Language. Cambridge, Mass.: MIT Press, 1963. 73－112.

[100] HALLIDAY, M. A. K., R. HASAN. Cohesion in English [M]. London:

Longman, 1976.

[101] HAWKINS, JOHN A. On Implicational and Distributional Universals of Word Order [J]. Journal of Linguistics, 1980 (16): 193 -235.

[102] HU, JIANHUA, PAN HAIHUA. Focus and the basic function of Chinese existential you-sentences [J]. Studies in Linguistics and Philosophy, 2007 (84): 133 -145.

[103] JESPERSEN, OTTO. The Philosophy of Grammar [M]. London: George Allen and Unwin, 1924—1951.

[104] KRIDALAKSANA, HARIMURTI. Kamus Linguistik [Z]. Jakarta: Gramedia Pustaka Utama, 2008.

[105] LADO, ROBERT. Linguisitics Across Cultures: Applied Linguistics for Language Teachers [M]. Ann Arbor, Michigan: University of Michigan Press, 1957.

[106] LEWIS, M. B. Teach Yourself Malay [M]. London: The English Universities Press, 1963.

[107] LI, CHARLES, SANDRA THOMPSON. Mandarin Chinese: A Functional Reference Grammar [M]. Berkeley, CA: University of California Press, 1981.

[108] LI, CHERRY ING (李樱). Participant Anaphora in Mandarin Chinese [D]. Florida: University of Florida, 1985.

[109] LIAW, YOK FONG. Standard Indonesian Made Simple [M]. Singapore: Times Books International, 1989.

[110] MUAKHIR, Ali, ENDANG FIRDAUS. Favorite Stories for Boys [M]. Jawa Barat, Indonesia: Chilpress, 2009a.

[111] MUAKHIR, Ali, ENDANG FIRDAUS. Favorite Stories for Girls [M]. Jawa Barat, Indonesia: Chilpress, 2009b.

[112] PRENTICE, D. J. MALAY (Indonesian and malaysian) [A] //Bernard Comrie. The World's Major Languages. Oxford University Press, 1987. pp: 913 -935.

[113] SEASITE. COM. Cerita Rakyat Nusantara [OL] . SEAsite. com. North Illinois University. (2015 - 12 - 21). http: //www. seasite. niu. edu/indonesian/Budaya_ Bangsa/Cerita_ Rakyat/default. htm.

[114] SNEDDON, JAMES NEIL. Indonesian: A Comprehensive Grammar [M]. London and New York: Routledge, 2010.

[115] SOEDJITO, DIOKO SARYONO. Morphology Bahasa Indonesia [M]. Malang, Indonesia: Aditya Media Publishing, 2014.

[116] STACK, MAGGIE. Word order and intonation in Indonesian [A]. LSO Working Papers in Linguistics 5: Proceedings of WIGL. 2005, 168 - 182.

[117] STOCKWELL, R. , J. BOWEN, J. Martin. The Grammatical Structures of English and Spanish [M]. Chicago: Chicago University Press, 1965.

[118] SYAHRIN, ALVI. Dilema [M]. Jakarta: Bukune, 2012.

[119] . TAI, JAMES H-Y (戴浩一). Temporal sequence and Chinese word order [A]. John Haiman. Iconicity in Syntax. John Benjamins, 1985: 49 - 72.

后　记

2009 年至 2010 年，笔者受国家侨办委派，赴印尼棉兰亚洲友好学院教汉语。在赴印尼前的几个月，即开始学习印尼语，读完两本初级课本，对印尼语有了一定了解。到印尼后，一边教学，一边参加该校为中国教师办的印尼语学习。后来，笔者又于 2015 年赴亚洲国际友好学院进行两个多月的教学和研究活动。在两次教学过程中，我有意识地进行汉语和印尼语的对比，帮助印尼学生学习汉语语法。

有一次，我把拙作《汉英语序对比概论》寄给陆丙甫教授。陆教授在回信中提到，可以再写一部汉语和印尼语语序对比的书。他的话鼓舞我利用语言学知识和对汉语、印尼语语法的了解，写出一本相关书籍，为印尼的汉语教学提供参考。所以，这本书的完成，特别要感谢陆丙甫教授。

我在佛罗里达大学读博士学位时的导师屈承熹教授，一直鼓励我进行研究。不论是会议论文，还是书稿，我写的东西都要交给屈教授批阅。非常感谢屈教授长期以来对我的大力支持和耐心指导。

在撰写本书期间，亚洲国际友好学院华文系主任罗爱瑾博士（Dr. Elly Romy）帮助我搜集资料，对汉语和印尼语的研究贡献很大。亚洲国际友好学院助理院长邓舜心（Sundari）为我们讲授印尼语课程，使我的印尼语有很大进步。还要感谢华文系 2016 届张家钱（Mei Rianto Chandra）、倪瑜霞（Rika Nilawaty），以及叶贤智（Christina Noviyap）等同学核实全书的印尼语例句及翻译。亚洲国际友好学院的院长柏林博士（Dr. Berlin Sibarani）、助理院长邱志龙（Sanjaya Kusumah）、吴璨光（Sinar Anwar）、黄卿栋（Darmawan Wijaya）、黄瑜茜（Yenny Marlim）等领导和老师对我的教学和生活也非常关心，在这里一并表示感谢。我还要感谢印尼苏北华联的各位华界领袖，他们为支教老师提供了非常舒适的生活环境和工作条件。他们热心华文教学、传承中华文化、促进中印交流，永远是我学习的楷模。

本书在写作期间，受到广东岭南师范学院重点科研项目的资助，在此表示衷心感谢。还要特别感谢暨南大学出版社人文社科分社杜小陆社长、责任编辑刘晶女士等人士的大力支持。

我的妻子郑继娥博士不仅是我的生活伴侣，更是我的学术同仁。她除了自己不懈地研究探讨以外，也时时鼓励我完成各项研究课题，并为我输入有关语料。我们也常常就语言学问题展开讨论，使我受益良多。她认真地审阅了书稿，并提出了很多非常中肯的意见。

由于本人对汉语和印尼语的对比研究刚起步，书中难免会有不足和错误，也恳请读者指正。

胡明亮

2016 年 9 月 26 日

山西太原